教师
职业道德教育

JIAOSHI ZHIYE DAODE JIAOYU

陈华 ● 主编

·广州·

版权所有　翻印必究

图书在版编目（CIP）数据

教师职业道德教育/陈华主编. —广州：中山大学出版社，2020.8
ISBN 978 - 7 - 306 - 06902 - 3

Ⅰ.①教… Ⅱ.①陈… Ⅲ.①师德—高等学校—教材 Ⅳ.①G451.6

中国版本图书馆 CIP 数据核字（2020）第 129313 号

出 版 人：	王天琪
策划编辑：	嵇春霞
责任编辑：	翁慧怡
封面设计：	刘　犇
责任校对：	苏深梅
责任技编：	何雅涛
出版发行：	中山大学出版社
电　　话：	编辑部 020 - 84110283，84111996，84111997，84113349
发行部 020 - 84111998，84111981，84111160
地　　址：	广州市新港西路 135 号
邮　　编：	510275　传　真：020 - 84036565
网　　址：	http：//www.zsup.com.cn
	E - mail：zdcbs@ mail.sysu.edu.cn
印 刷 者：	广州市友盛彩印有限公司
规　　格：	787mm×1092mm　1/16　15.75 印张　282 千字
版次印次：	2020 年 8 月第 1 版　2023 年 8 月第 2 次印刷
定　　价：	48.00 元

如发现本书因印装质量影响阅读，请与出版社发行部联系调换。

目　　录

前　言 ··· 1

第一章　学校教育与教师劳动 ·· 1
　　第一节　学校教育的历史 ·· 1
　　第二节　学校教育的价值 ·· 9
　　第三节　教师劳动的特点 ·· 16

第二章　教师职业道德概说 ··· 24
　　第一节　教师职业道德的概念 ···································· 25
　　第二节　教师职业道德的功能 ···································· 31
　　第三节　教师职业道德的评鉴 ···································· 35

第三章　教育的良心、爱与宽容 ····································· 48
　　第一节　教育良心 ·· 49
　　第二节　教育爱 ·· 56
　　第三节　教育宽容 ·· 62

第四章　教育公平及其价值 ··· 70
　　第一节　教育公平的内涵 ·· 71
　　第二节　教师的教育公平 ·· 78
　　第三节　我国促进教育公平的努力 ································ 84

第五章　教师威信与教育惩戒 ······································· 90
　　第一节　教师威信 ·· 90
　　第二节　教育惩戒 ·· 98
　　第三节　反思体罚 ·· 104

第六章　正确认识学生 ··· 113
　　第一节　学生的身心特征 ·· 114

第二节　建立科学的学生观 …………………………… 122
　　第三节　学生是学习活动的主体 ……………………… 127

第七章　师生关系 …………………………………………… 133
　　第一节　师生关系的内涵与本质 ……………………… 134
　　第二节　师生关系的特点与矛盾 ……………………… 140
　　第三节　和谐师生关系的建立 ………………………… 146

第八章　教师的其他人际关系 ……………………………… 154
　　第一节　教师与家长 …………………………………… 154
　　第二节　教师与同事 …………………………………… 162
　　第三节　教师与领导 …………………………………… 168

第九章　教师的学术道德 …………………………………… 173
　　第一节　教师学术素养的构成与提升 ………………… 174
　　第二节　教师学术道德的原则与要求 ………………… 179
　　第三节　教师学术诚信的缺失与重建 ………………… 185

第十章　教师职业道德规范 ………………………………… 191
　　第一节　教师职业道德规范的内容 …………………… 192
　　第二节　教师职业道德规范的边界 …………………… 200
　　第三节　教师职业道德规范的讨论 …………………… 206

参考文献 ……………………………………………………… 213

附录一　中小学教师职业道德规范 ………………………… 216
附录二　高等学校教师职业道德规范 ……………………… 219
附录三　十项行为准则 ……………………………………… 223
附录四　中小学教师违反职业道德行为处理办法 ………… 229
附录五　关于加强和改进新时代师德师风建设的意见 …… 233

后　记 ………………………………………………………… 240

国家繁荣、民族振兴、教育发展，需要我们大力培养造就一支师德高尚、业务精湛、结构合理、充满活力的高素质专业化教师队伍，需要涌现一大批好老师。

——习近平①

前　言

一

百年大计，教育为本；教育大计，教师为本。

二

教育不仅立足现实，更面向未来。教育的对象主要是未来世界的主人，教育的内容充满对未来生活的期许，因而教育立足于现实，但也必然面向未来。教师需要认清学校教育的现实——我们培养的是未来社会的主人，而教给他们的则多是过去和现在的知识。因此，邓小平提醒："教育要面向现代化，面向世界，面向未来。"② 习近平总书记也强调："教育决定着人类的今天，也决定着人类的未来"③，"教育传承过去、造就现在、开创未来，是推动人类文明进步的重要力量"④。未来总是与社会现实存在一定距离，也终归是一种超越——既是对生命的超越，也是对现实的超

---

① 《习近平号召全国广大教师做党和人民满意的好老师》，新华网，2014年9月9日，见 http://www.xinhuanet.com/politics/2014-09/09/c_1112412989.htm。
② 《邓小平文选》第3卷，人民出版社1993年版，第35页。
③ 《清华大学苏世民学者项目启动仪式在京举行　习近平奥巴马致贺信　刘延东出席仪式》，载《人民日报》2013年4月22日第1版。
④ 《习近平向首届清华大学苏世民书院开学典礼致贺信》，新华网，2016年9月11日，见 http://www.xinhuanet.com/politics/2016-09/11/c_1119545120.htm。

越。教育当然需要根植于当时社会的现实,服务于国家建设与社会需要。但是,教育活动不应当仅止于此,而是既需要"脚踏实地"的务实精神,也需要"仰望星空"的高远情怀。教育不是为服务国家而存在,而是国家应当服务于教育。因此,教育应当既服务国家又服务真理,学校应该成为与世俗保持适当距离的"象牙塔"。

教师不仅传授知识,更激发情感。教师是教育教学的践行者,是学校教育中影响学生最重要的因素,也是最重要的教育资源。当教育从其他社会实践活动中分离出来以后,教育在一定意义上就是教师的活动。没有教师,就没有学校,没有教育;有什么样的教师决定了有什么样的教育。教育实践是以教师的职业活动为基础建立起来的,所有课程目标、课程内容、教学计划都要通过教师的教育教学行为才能得以贯彻与实施,才能发挥作用。信息时代,教师传授知识的主导地位被削弱,在掌握知识、传授知识方面,其不再具有绝对的优势——实际上,1 000多年前的韩愈已经认识到了这一点,他认为:"弟子不必不如师,师不必贤于弟子。"① 现代教育也认识到,教育的过程不仅仅是知识传授的过程,更是师生交往、互动、对话的过程。对于学生而言,学习过程,不仅仅是一个接受知识的过程,更是一个精神培育和情感激发的成长过程;对于教师而言,教育者不仅仅是知识的传授者,更是陪伴者、倾听者、守望者,所以,教师才被称为"灵魂工程师"。也正因此,教育对教师在学科知识传授以外的精神层面和道德领域,提出了更高的要求。

三

传统教育的价值取向是实用主义。中国传统文化向来崇尚实用主义,教育也不曾例外。中国传统文化生长、传承于资源相对紧缺、生存压力相对严酷的"灾民社会"之中,几乎所有对知识的探究和对规律的把握都在于应用,目的是生存或更好地生存。"活着"几乎是唯一目的,"信仰"似乎十分遥远。中国传统社会的教育和教师的确肩负着崇高的使命,但并非超凡脱俗。人们对教育和教师,也只有尊重,没有膜拜;孔子是

---

① 〔唐〕韩愈:《师说》,见韩愈著,杨义、蒋业伟今译《韩昌黎全集》上,北京燕山出版社1996年版,第361页。

"圣",不是"神"。人们尊师重道,是因为"道"无处不在的功用和"师"在世俗社会的地位,而不是对"道"和"师"虚无缥缈的信仰。"万般皆下品,唯有读书高""书中自有黄金屋"等观念体现了知识对个人的价值;"格致诚正,修齐治平""学而优则仕"的追求则体现了知识对社会的价值。人们尊重读书人,是因为知道读书对个人、社会的工具价值和读书人潜在可期的荣耀的未来。

近代教育的价值取向是爱国主义。近代以来,西方传教士较早创办纯粹启迪心灵的教育,中国人在对待教育问题上也逐步发展出价值理性。但是,遭受西方列强欺凌的强烈屈辱感和"救亡图存"的现实压力,使"救亡"最终压倒了"启蒙"。洋务运动后,富国强兵的"器物中心主义",表面上是学习西方科学技术,发展现代实业,实际上则是现代国家观念的萌发和国家主义的生长。精英们强调科学、技术和实业为国家服务,教育当然也首先要为国家服务。维新运动时期创办的京师大学堂,"新政"时期推广的新式学堂,辛亥革命前后主张的军国民教育,以及民国初年的平民教育、科学教育、乡村教育、工读教育、生活教育等思潮和实践,其主要目的就是培养救济时艰、报效国家的人才。陈独秀在新文化运动前期明确提出"今日之教育方针"应当采取"现实主义""惟民主义""职业主义""兽性主义",主张教育"是世俗的而非神圣的,是直观的而非幻想的"。[①]

当代教育的价值取向是功利主义。教育首先是为了使人成为"人",其次才可能使人成为"人才"。人类社会的知识积累越来越多,现代社会的分工也越来越细,专业教育确有其必要性。但是,过于狭窄的专业化教育,并不利于个体的发展和社会整体的进步,现在已经有不少批评的声音和矫正的努力。家长和学生追求就业、证书是功利主义;学校和教师注重升学率、唯分数论也是功利主义;国家与社会所主导的教育价值取向同样存在功利主义倾向,因为国家对生存、贫困、环境、发展、竞争力等社会现实问题的关注,远远超过对人的境界问题的关注。基于此,国家和社会的确需要优质教育资源,因此,人们会把这种认识合理化。

---

① 陈独秀:《今日之教育方针》《近代西洋教育——在天津南开学校演讲》,见陈独秀著,任建树等编《陈独秀著作选》第1卷,上海人民出版社1993年版,第141—146、324页。

四

现代社会，基础教育的普及化、高等教育的大众化，使知识和传承知识的学校教育活动不再高高在上。系统的书本知识不再是少数人才能掌握的奢侈品，接受教育也不再是少数人才能享有的特权。在信息时代，人们接受知识的方式趋于多样化，教师没有了拥有知识和传授知识的优势，也不再是传承知识的唯一渠道，甚至不是主要渠道。教师传承知识的社会功能部分地被弱化了。在科学时代，教育实践的理性化、教育内容的课程化，使教育活动固化为按部就班的程式，越来越失去魅力与激情。教师对学生在学习和成长过程中的异见或歧见、失误或错误更加宽容，也意味着教师的传统权威受到挑战。

工业化时代的人是作为工具而存在的，工具性被强化，人性就相应地被弱化。生产技术通过大规模培训而被更多的人掌握，不再像农业时代师徒之间的私相传授。工业时代的学校教育中，教师是严密教育体系的一部分，是教育生产线上的工人；学生则是教育生产线上的产品。世界进入工业3.0时代以后，由以信息技术为核心的科技创新和科技成果转化构成的经济形态被称作"知识经济"。"科学技术是第一生产力"的著名论断也是建立在知识推动经济发展的基础之上的。"知识经济"观念的确立，不仅影响着人们对经济的理解，也影响着人们对知识和教育的理解。教育的市场化、产业化发展政策和功利化价值取向也因此而风靡世界。工业4.0时代的"智能经济"正在迅速向我们走来，对未来教育会产生什么影响，尚无法预知。但是，2020年突如其来的线上教学的广泛运用，让我们切实感受到了"互联网＋"对教育的深刻影响。

五

教师职业道德规范，既有社会赋予的外部期望和教育规律规定的职业理想，即"师道"，又有教师个体职业发展的目标设定和职业实践所达到的现实表征，即"师德"。因此，教师职业道德也总是带有鲜明的时代特征。道德的内在力量可以在教师的职业实践中通过决策、行动而被感知。在信息时代，教师传授知识的功能越来越弱化，道德教化功能则越来越凸显。在应聘教师从取得教师资格证到真正走上教师岗位这一过程中，有关部门应该对其进行进一步的考核与选拔，尤其要注重从道德层面进行考察。

教师是被社会公众赋予信任和责任的职业，也是具有较高专业性的职业，教师职业道德应该成为全社会道德规范的高标。认识到教育对人的发展和社会进步的重要意义，以及教育赋予自己的重大责任，是教师践行职业道德、保持较高道德水准的内在动力。全社会应当对教育活动保持敬畏与信仰，教师尤其要对自己所从事的工作保持敬畏和强烈的认同感，如此才能尊重教育规律，坚守教育理想，维护教育尊严。

较高的道德水准应当是从事教师职业的必备条件，但是，教师职业道德的情感和行为只有在教育教学实践活动过程中才能形成。教师是一个不断成长的职业，道德观念也通常会在反思中不断得到加强。师德，既不是教师心理的隐性方面，也不是固定的人格特征，而是责任、思想和行为习惯，会随着教师职业生涯的发展而不断进步。在教师职业发展的不同阶段，也会有不同的道德认知与道德实践。刚毕业的师范生即使取得了教师资格认证，也只是职业的入门级新手，还需要在职业实践中慢慢成长；新手教师和熟手教师在日常教育教学工作中会表现出专业性和道德性的差异。

不一定是最优秀的人来做教师，但是，一定是最适合的人才能做教师。并不是所有人都适合做教师，也不是凡是通过教师资格考试而获得教师资格认证的人都能做教师。我国目前的教师资格认证，主要是对拟从事教师职业的人以考试的形式进行静态考察，这种方式只能考察一个人对职业道德和职业发展的认知，却难以衡量他的道德情感和道德行为。也就是说，是否通过考试取得教师资格证，并不足以作为判断一个人是否在道德层面胜任教师这一职业的标准。个别道德水准不高或者存在性格缺陷的人通过资格考试、取得教师资格、从事教师职业，都是有可能会发生的事情。

六

道德教育，是指所有能够培养学生的道德认知、道德选择、道德评价，从而促进学生正确分析和解决生活中遇到的伦理问题，进而养成良好的道德行为习惯的教育。随着教师专业化程度的提高，教师职业道德教育应当注意从一般性的职业道德转向专业伦理，应该着重提高师范生的职业认同感，更加注重教师的服务理念、专业精神、专业态度、专业信念等的养成。教师职业道德的培训与养成，既需要把"教师职业道德"概念化，又需要把与职业行为相关的道德准则清晰厘定，以便执行。将"教师职业道德"概念化有助于了解其内涵，厘清可执行的准则则有助于界定其外延。

师德是高效能教学不可分割的一部分，师德的养成、知识的积累和技能的训练相辅相成。知识、技能与师德是教师专业紧密联系的三个基本要素。职业道德总是在职业实践中产生与发展，职前的道德教育既要注重规范和理论，也应当注重实践。师范生教育作为教师培养的关键阶段，其职业道德的养成需要专门的道德教育。师范生职业道德教育主要有三种方式。

一是围绕职业道德规范，开展教师职业道德教育。职业道德规范通常能够清晰阐释一些模糊的伦理问题，使职前教师对实践中的道德规范有更清晰的理解，能够让准教师在成为正式教师之前得到有效的指引，对教师的职业道德教育起到积极作用。但是，职业道德规范不可能阐释职业实践中的所有道德问题，也很难深入分析道德规范的伦理学原理。

二是开设伦理学理论的相关课程，并关注理论应用于职业实践活动的方法。伦理学理论的系统学习，能够帮助学生认识和理解生活的本质、职业活动的本质和意义，能够帮助学生理解人类价值判断的复杂性和伦理价值的多元性。例如，在职业实践中，我们会遇到很多复杂的问题，不是简单的是或非、对或错、善或恶、美或丑。但是，伦理学理论学习容易脱离实际，对道德问题的理解往往流于一般与抽象。

三是通过分析具体的实践案例，进行教师职业道德教育。实践取向的职前教师职业道德教育，通过对具体案例的分析和对现实中道德两难问题的探讨，使师范生在指导下对案例的具体细节进行细致的研究和分析，共同探索可能的解决途径，从而得出正确的结论。案例分析能使准教师提高道德同情能力、洞察能力、想象能力。但是，案例往往是根据需要设定的简化场景，缺乏普遍性，难以举一反三地应用。

以上三种职业道德教育的方式各有特点，各有功用，需要相互补充，配合使用。当然，师范生的职业道德教育不能过于理想化。要求师范生在职前教育阶段就具备处理宏观层次道德问题的经验和能力，显然是不合适的。

七

本书共十章。

第一章为学校教育与教师劳动。本章概述了中外学校教育的历史，分析了学校教育对个体成长、国家建设和社会进步的价值，讨论了教师职业劳动的创造性、迟效性、示范性、专业性、主体性等主要特点。

第二章为教师职业道德概说。本章论述了教师职业道德的概念、内涵及其对教师、对学生、对教育、对社会的功能，也对我国传统教师职业道德观念和西方教师职业道德观念做了分析、评价与比较，有助于我们现时代的师德建设。

第三章为教育的良心、爱与宽容。教育活动是教育者与受教育者心灵交往和相互作用的过程，需要教育者具有高度的道德自觉和灵魂觉悟；爱是教育的灵魂，教育爱是无私的、主动的、社会的、理智的，也是有边界的；宽容是容许、忍耐那些不顺从自己的或被普遍接受的行为或观点，宽容是教育活动的必要方式。

第四章为教育公平及其价值。教育公平是社会公平的起点。本章讨论了教育公平的概念、原则、表现、价值，以及教师在教育教学活动中所应持有的基本教育公平观念；介绍了我国改革开放以来促进教育公平的努力。

第五章为教师威信与教育惩戒。教师威信是教师开展教育教学工作的内在力量，直接影响着教育教学的效果。教师威信的形成需要内在的和外部的必要条件。教育惩戒是教育的必要手段，也是教师的教育权力。教育惩戒有其必要性，但是，惩戒不同于体罚。

第六章为正确认识学生。儿童和青少年时期是一个快速发展与成长的时期，他们在成长过程中会与既有的社会规则产生冲突。教师要以发展的眼光看待具有鲜明的身心特点的学生，要真正认识到学生是独立的社会个体和学习活动的主体，要尊重和平等对待学生。

第七章为师生关系。师生关系，是指在学校教育活动中，教师与学生于教育活动过程中所结成的特定人际关系。师生关系直接影响教育活动的

过程、方式和最终的教育教学效果。教育教学中的师生关系也是一对矛盾关系。新型的师生关系应该是平等民主、互相尊重、互相理解、互相信任、亲密和谐的。

第八章为教师的其他人际关系。本章主要讨论了教师与家长、同事和领导的人际关系。教师与家长有着共同的教育对象、教育目标和社会责任，双方应建立平等合作的关系；教师与同事之间主要表现为一种平等互助、良性竞争的关系；教师与领导之间的关系带有权力与服从的色彩，双方应互相支持、互相理解。

第九章为教师的学术道德。教师群体的学术道德和学术素养的高低，不仅直接关系到学术水平的进步，也关系到广大学生和一批又一批新的学术人群的成长。教育科学研究应当遵循学术研究中的一些基本道德准则，研究方法规范和研究结果所呈现的要求中也有相应的道德蕴含。

第十章为教师职业道德规范。本章阐述了我国不同历史时期的教师职业道德规范，介绍了其他国家和国际组织的相关规范及文本，探讨了教师职业道德规范的泛化与窄化、教师职业道德规范与其他社会规范的关系。

每一章的最后，提出了教育工作者在理论研究和教育教学实践中值得进一步思考的问题。

教师做的是传播知识、传播思想、传播真理的工作,是塑造灵魂、塑造生命、塑造人的工作。

——习近平①

第一章　学校教育与教师劳动

学校教育并不是一般意义上的社会实践活动,教师劳动也不是单纯意义上的教师个体的谋生手段。

一个真正的教育者应该把教育实践当作实现自己生命价值的基本途径,其教育思想应体现在自己全部的人生之中,教育与生活同在。把教育当作职业与把教育当作自己的生活,这是两种完全不同的教育境界。后者要求教师善于用敏锐的目光去捕捉生活中每一个具有教育意义的细节,与学生一起去体验生命的意义和价值。

第一节　学校教育的历史

教育是在人类生存和劳动过程中发生、发展起来的一种社会现象,是人类社会特有的有目的、有意识、有计划的活动。学校教育,是指教育者根据一定社会的要求和受教育者身心发展的规律,通过专门的教育机构对受教育者进行的一种有目的、有计划、有组织、有系统地传授知识、技能,培养思想品德,发展智力和体力的教育劳动。

学校教育出现于人类进入文明社会以后,文字的出现是重要标志。文

---

① 《习近平寄语教师金句:要成为塑造学生的"人先生"》,人民网·中国共产党新闻网,2018年9月7日,见http://cpc.people.com.cn/xuexi/n1/2018/0906/c421030-30276689.html。

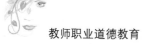

字是人们在生产生活中发明的抽象符号,有着相对固定的丰富含义,用于承载和传播知识。一个文化共同体的成员只有通过学习才能理解文字等抽象符号的含义,这就需要有专门的人掌握并传授文字及其蕴含的丰富知识,也需要有专门的场所来完成这一社会活动。于是,学校和教师出现了。

一、中国学校教育源远流长

相传,我国夏朝时已有学校,称为"校""庠""序";商朝有了成熟的文字和相当高度的文明,具有了设立完备学校的条件,甲骨文中也多次出现"学""教""师"等字;西周的学校分为国学和乡学两种,国学还分为小学和大学两个阶段,大学称为"辟雍""泮宫",并设有专司教育的官职,称为师氏或师民,有大师、小师的区别,负责教授音乐、射箭、道德和礼仪等。

西周之前,学在官府,以吏为师,学校教育并不普及,学习的内容很繁杂,但不系统。随着生产力的发展,春秋时期开始,学术和思想兴盛起来,极大地丰富了教育教学的内容,有力地促进了教育事业的发展。孔子以"有教无类"的心态开办私学,对送上束脩的人都施以教育,培养各种人才,主要传授礼、乐、射、御、书、数和基本的为人处事规则,以及"先王之道"的理想要求。具有划时代意义的私学由此开始创设并繁盛起来,许多人广收门徒,传授知识和技艺,并出现了儒、墨、道、法等重要学派,形成了学术和思想上"百家争鸣"的辉煌时期。

汉代自武帝时实行"罢黜百家,独尊儒术"的政策以后,大力提倡学校教育,无论官学或私学都得到空前的发展,并逐渐建立了中央和地方的学校制度,为以后中国历代封建王朝的学校制度奠定了初步的基础。汉武帝元朔五年(前124)正式设立太学,这是以传授知识、研究学问为主要内容的正式最高学府,最初招置太学生50人,并设有五经博士为教官。以后太学生人数逐渐增多,东汉中期曾经达到3万多人。除了太学,汉代还有"鸿都门学""四姓小侯学"等中央官学和各郡国设立的地方官学。官学毕竟有限,因此,汉代私学也很繁盛,有经学大师自己开门授徒的"精舍""精庐",也有启蒙儿童识字读书的"学馆""书馆"。董仲舒、马融、李膺、郑玄等一些名师大儒收徒教授,随读学生和著录弟子经常达到数千人乃至上万人。

唐代的学校教育空前昌盛，学校制度也已经相当完备。中央有国子学、太学、四门学、书学、算学、律学和弘文馆、崇文馆等"六学二馆"，学生曾达8000多人，教师设有博士、助教、直讲等；府、州、县也各有地方官学。同时，与学校教育制度密切相关的科举制度也已创立并逐渐完备，成为国家通过教育、考试选拔人才的重要方式。

宋代以后的学校教育，官学的设置和前代相比变化不大；但由于要求受教育人数的增加和教育范围的扩大，故私学的设置更为普遍了。私学大体可以分为两类：一类是教授识字和基本知识的蒙学，有私塾、村校、乡校、义学等；另一类是为年龄较长、程度较高的学生研究学问或研习科举内容所设的经馆和书院。始于唐末五代的书院作为中国古代一种重要的教育组织，也开始在宋代兴盛，有官办的，也有民办的，时兴时废，在政治、教育和学术研究方面都有重要地位。明末清初，出现了黄宗羲、王夫之、顾炎武、颜元等一批启蒙思想家，他们对传统的理学教育思想提出了批判，尤其反对宋明理学家"存天理，灭人欲"的道德教育教条，重新认识"人性"，主张"经世致用"，并对当时的科举制度、学校教育制度提出了许多具有实践意义的看法，对后世产生了深远的影响。

就中国传统教育的整体而言，数量更多的学校和学生还是在民间。"兴学"的传统，民间的私学比官学更加兴盛和持久，能直接在官学里学习的人毕竟比较少，相比之下，私学也不像官学那样随着政策的改变和王朝的更替而剧烈动荡。一方面，是由于隋代以后几乎没有间断的科举制度；另一方面，是人们深刻地认识到了知识的重要性和通情达理的读书人对社会进步的巨大影响。

中国人自办的近代学校教育最早出现于19世纪70年代。1878年，正蒙书院小班（后改名为梅溪小学堂）在上海创办。1895年，津海关道盛宣怀奏办天津中西学堂（后改为北洋学堂，1903年改为北洋大学堂），是我国官办近代学校教育的开端。1897年，盛宣怀又在上海创设南洋公学，分师范、外院（小学院）、中院（二等学堂）、上院（头等学堂）四院。1898年，"百日维新"期间，总理衙门筹办京师大学堂。1901年，"上谕"明令各地创办现代新式的大、中、小学堂。

1903年（光绪二十九年），清政府颁布《奏定学堂章程》，其规定的学校系统是中国第一个在全国范围内实际推行的学制，通常称为"癸卯

学制"。该学制对中国近代学校教育制度在组织上、形式上定型影响甚大,清末民初的新学校教育制度,主要都是以此为依据。"癸卯学制"共分初等教育、中等教育、高等教育三段七级,长达20多年。除普通教育体系以外,还设有师范教育和实业教育:师范教育分初级师范学堂(中等教育性质)及优级师范学堂(高等教育性质)两等,修学年限共8年;实业教育除艺徒学堂和实业补习普通学堂外,分初等实业学堂(程度相当于高等小学堂)、中等实业学堂(中等教育性质)、高等实业学堂(高等教育性质)三等,修业年限合计15年。①

《奏定学堂章程》规定了各级学堂的办学宗旨、入学条件、学习科目、上课时长、教学原则等。例如,初等小学堂的设学宗旨是"以启其人生应有的知识,立其明伦理爱国家之根基,并调护儿童身体,令其发育为宗旨;以识字之民日多为成效"。初等小学堂收年满6岁以上的儿童入学,必修学科有修身、读经讲经、中国文学、算术、历史、地理、格致、体操,随意科有图画、手工;每周上课30小时,另有读经讲经课每周12小时。《奏定学堂章程》规定小学堂普遍实施班级授课制:"同一学级者,讲授时同为一班";还要求采取"循循善诱之法","夏楚②只可示威,不可轻施,尤以不用为最善"。③

中华民国建立后,根据临时教育会议的决议,教育部于1912年9月—10月先后公布了小学、中学、师范、大学及专门学校令,对清末颁布的相关教育法规制度做了修改。

中国现代教育兴起之初,即较为重视师范教育。梁启超在其《变法通议》中就有一节专门"论师范",强调师范学堂对革除旧习、开启民智的重要性。1897年,盛宣怀创办南洋公学时即设立了师范院。1902年颁布的《钦定学堂章程》,正式规定了系统的师范教育,要求各中等、高等学堂内可附设师范教育。京师大学堂即于1902年附设师范馆(辛亥革命后,师范馆改为北京高等师范学校,1923年改为北京师范大学)。1903年的《奏定学堂章程》把师范教育设立成为一个独立系统,将其分为初、优两级。初级师范学堂在省城的设五年制的完全科和一年制的简易科,在

---

① 参见熊明安《中国高等教育史》,重庆出版社1983年版,第311—312页。
② 夏楚(jiǎchǔ)即教鞭。
③ 参见陈景磐《中国近代教育史》第2版,人民教育出版社1983年版,第156—157页。

第一章　学校教育与教师劳动

州县的设完全科。凡师范生不纳学费，但毕业后都有充当小学教员的义务。师范生服务年限：由官费毕业者，本科生服务 6 年，简易科 3 年；由私费毕业者，本科生 3 年，简易科 2 年。此外，在师范学堂内还附有预备科及小学教员讲习科。每一学堂应有附设小学堂一所，以供师范生实地练习之用。优级师范学堂分公共科（1912 年改为预科）、分类科（1912 年改为本科）、加习科（1912 年改为研究科），公共科和分类科为必修科，各有内容，学习年限共 4 年，学生在学费用均以官费支给；加习科为随意科，加习与否可听其自便。1903 年，张謇在南通创立的师范学校是师范教育专设机构的起点。1912 年 9 月公布的《师范教育令》规定：师范教育分为师范学校、女子师范学校、高等师范学校、女子高等师范学校和私立师范学校。师范学校以造就小学教员为目的，以省立为主，以县立或两县以上联合设立为例外，应设附属小学并附设小学教员讲习所；女子师范以造就小学教员及蒙养园保姆为目的；高等师范学校以造就中学校、师范学校教员为目的，定为国立，由教育总长通计全国，规定地点及学校数分别设立，应设附属小学和附属中学。①

二、外国学校教育发展脉络

古代埃及、巴比伦、亚述、印度等文明古国很早就出现了学校教育，教授内容广泛，形式多样。学校按性质分四类：一是专供王子、高级官吏的子女就学的宫廷学校；二是设在大的寺庙之内，专供高级僧侣子弟就学的僧侣学校；三是普通民众学习自然、社会知识的文士学校；四是教授读写、天文、几何以及吠陀经的音韵等的古儒学校（古印度）等。教授的内容主要包括经典文献、神学与法律、道德与政治规范、军事武备、语言与修辞，以及几何、天文、计算、医学、建筑等科学知识。

在古希腊，斯巴达把 7～18 岁的青少年集中起来，由城邦统一实行集中的军事化教育：男子接受忍耐劳苦、忍受鞭打、体育、秘密服役等严酷的体能训练和服从、勇敢、忠于祖国的精神训练；女子也接受适当的组织、纪律、体育等训练。雅典的教育在于把年轻人培养成不仅仅是军人，

---

① 参见陈景磐《中国近代教育史》第 2 版，人民教育出版社 1983 年版，第 162—164、199—200 页。

而且是多才多艺、能言善辩、善于工商业事务的政治家和商人。① 希腊化时期，马其顿的教育形式、内容、目的等都发生了一些明显的变化，扩大了希腊文化的对外影响。古希腊丰富的教育实践也孕育了深刻的教育理论：苏格拉底认为"美德即知识"，主张"产婆术"教学法；柏拉图创办希腊学园，主张国家控制教育、教育为国家服务；亚里士多德提出德、智、体三种教育，主张儿童按照年龄段进行不同的教育，把学科分为实用与文雅两种，实用学科为实际生活服务，文雅学科专供闲暇和享受生活。

古罗马早期的学校教育，从形式到内容多是从希腊移植而来，不少学校甚至直接使用希腊文。自公元前3世纪至公元前30年，罗马大肆向外扩张，逐步形成了以培养演说家和政治家为目标、以私立学校为主要模式的教育体制，建立了相对完整的学校教育体系（包括初等、中等和高等教育机构），分别有希腊语的学校和拉丁语的学校，学习内容主要有道德、法律、文法、语言、地理、历史、数学、天文、几何、修辞、辩证法、伦理学、音乐等，总体是希腊文化主导学校教育内容。罗马帝国时期，国家控制教育，拉丁文取代希腊文，教授雄辩术，以培养忠诚的官吏和忠实的顺民为目标。西塞罗（前106—前43）是古罗马政治家、教育家，他认为，雄辩家必须能够就眼前任何需要用语言艺术阐述的问题，进行得体而审慎的演说。昆体良（约35—95）认为，学校教育对人的成长非常重要，能够培养孩子适应公共生活、参与社会政治活动的习惯。他所著的《雄辩术原理》是西方第一部系统论述教育问题的著作，在文艺复兴时期产生了巨大的影响。

中世纪的欧洲，宗教成了封建制度的精神支柱，文化和教育为教会所垄断，僧侣教育和骑士教育都具有浓厚的宗教性。城市人口增加，市民阶层逐渐扩大，为适应手工业和商业发展的需要，出现了手工业者和商人办的基尔特②学校。学校由基尔特组织负担校舍、经费，教师工资由学生缴纳的学费支付，学习内容包括实用的手工业技术、读写算、文法与修辞，以及宗教、外语等。在基尔特学校的基础上，欧洲学校在中世纪后期逐渐演变成了城市学校。城市学校由市政机关办理，校长、教师由政府选派。城市学校的出现，标志着新兴工商业阶级的力量强大了。至15世纪，城

---

① 参见刘新科《国外教育发展史纲》，中国社会科学出版社2002年版，第29—30页。
② 基尔特即行会。

市学校在西欧各大城市都出现了，这为高等教育创造了条件，提出了需求。农业、手工业、商业的发展为大学的产生提供了物质基础，新兴资产阶级力量的增强和城市自治为大学的产生提出了需求，古代文明的重现和东西方文化交流的增加为大学教育提供了内容。1108年，法国创办巴黎大学；1137年，意大利在南部设立了以医学闻名的萨莱诺大学；1158年，意大利在北部创立了以法学闻名的波隆那大学；1168年，英国创建了牛津大学；1209年，牛津大学部分师生移居剑桥，创办剑桥大学。至13世纪末，欧洲已有20多所大学。

文艺复兴时期，许多人文主义哲学家、政治家和文学家都非常关注青年一代的教育，进行了新的理论探索和教育教学的实践探索，留下了丰富的教育遗产。如意大利的维多里诺（1378—1446）、荷兰的伊拉斯谟（1466—1536）、法国的拉伯雷（1494—1553）、法国的蒙旦（1533—1592）、英国的莫尔（1478—1535）等。夸美纽斯（1592—1670）是捷克著名教育家、近代教育思想的先驱。夸美纽斯在批判旧教育的基础上提出了一整套比较系统的教育理论体系，为近代西方教育理论的发展奠定了基础①；他所创立的班级制授课和学年制是教育史上的伟大创举；他发现的教育与儿童身心发展规律以及所提出的一些教育教学原则，至今仍被广泛接受。

17世纪中叶的资产阶级革命对英国近代教育发展影响重大，英国出现大量私立的文法学校。18世纪的工业革命使城市人口剧增，人们也更加迫切地需要基本的教育。宗教组织和慈善机构对英国近代初等教育的普及颇有贡献。英国政府直到19世纪30年代才更多地介入教育管理。1870年，英国议会通过《福斯特教育法》，较快地促进了初等教育的发展，全国学龄儿童入学率很快达到90%。1918年通过的《费舍尔教育法》，推动英国逐步建立面向所有人的现代公共教育制度。洛克（1632—1704）著有《教育漫话》，他主张教育的目的是培养绅士。赫·斯宾塞（1820—1903）认为："真有教育意义和真正有益健康的后果并不是家长们自封为自然代理人所给予的，而是自然本身所给予的。"②

---

① 参见刘新科《国外教育发展史纲》，中国社会科学出版社2002年版，第108页。
② ［英］赫·斯宾塞著、胡毅译：《教育论：智育、德育和体育》，人民教育出版社1962年版，第95页。

1804年，拿破仑建立法兰西第一帝国。1808年，他将全国划分为27个大学区，建立了中央集权的教育领导体制，为近代教育体制奠定基础，也成为法国近现代教育的重要特点。1870年，法兰西第三共和国成立，法国工业革命业已完成，法国的教育才有较为完善的制度建设。1881年和1882年，法国政治家费里提出两项法案，促进法国初等教育迅速走向普及、义务、免费和世俗。《费里法案》为以后百年间法国国民教育的发展奠定了基础。卢梭是法国著名教育家，其代表作《爱弥儿：论教育》提出了根据儿童年龄划分教育阶段的思想，分为四个阶段——婴儿期（0～2岁）、童年期（2～12岁）、前青春期（12～15岁）和青春期（15～20岁），揭示了婴幼儿、少年和青年身心发展变化的一些规律，以及对教育的深刻意义。裴斯泰洛奇、康德、杜威等欧美教育家，都深受卢梭教育思想的启发与影响。

美国独立之初，"教育便朝着分权、自由、普及、无宗教派别限制的方向发展"①。美国教育有普通教育公立化、高等教育州立化、教育制度法制化等特点。1821年，美国建立第一所公立中学；1839年，马萨诸塞州创办了美国第一所州立师范学校。至1919年，美国所有的州都通过了义务教育法，普及了6～8年的义务教育。杜威（1859—1952）的教育思想在世界范围内产生了较大影响，他强调实用主义、经验主义和民主主义，主张"教育即生活""学校即社会""教育无目的"。杜威认为，学校生活组织应该以儿童为中心，"现在，我们教育中将引起的改变是重心的转移。这是一种变革，这是一种革命，这是和哥白尼把天文学的中心从地球转到太阳一样的那种革命。这里，儿童变成了太阳，而教育的一切措施则围绕着他们转动，儿童是中心，教育的措施便围绕他们而组织起来"②。杜威的教育思想在20世纪前半期统治了教育舞台，极大地冲击了传统学校教育，也使整个教育理论和实践发生了变革。

日本的近代教育是从明治维新开始的。教育革新是日本明治维新的一个重要方面，也是日本完成现代化的重要推动力。1872年，日本文部省颁布仿行法国的《学制令》，全国教育由文部省管辖；全国设八大学区

---

① 刘新科：《国外教育发展史纲》，中国社会科学出版社2002年版，第224页。
② ［美］约翰·杜威著，赵祥麟、王承绪编译：《杜威教育论著选》，华东师范大学出版社1981年版，第32页。

第一章 学校教育与教师劳动

（1874年改为七大学区），各设一所大学；各大学区分为32个中学区，各设一所中学；每个中学区又分为210个小学区，各设一所小学；强调普及教育。1879年，明治政府又颁布《教育令》，矫正了学区划分理想化、学制单一等缺点。《教育令》效仿美国，有自由化倾向，被称为"自由教育令"。1886年开始，日本内阁第一任文部大臣森有礼主持并先后颁布了《帝国大学令》《师范学校令》《中学校令》《小学校令》，对各级各类学校做出调整和修正。至此，日本的现代教育制度初步建立。1907年，日本废除私立小学，全部改为公立，义务教育延长至小学6年。1920年，日本小学入学率达99.03%。"二战"后，日本在盟军占领下开始民主化进程。1947年3月，日本颁布《教育基本法》《学校教育法》，确立了"二战"后日本教育制度的基本原则。福泽谕吉（1835—1901）是日本近代百科全书式的启蒙思想家、教育家，他注重体育、智育、德育均衡发展，认为德育最大的目的只在于"不妨碍这个善的发展而已。家庭朋友间的劝善归过，并不是从外部灌输这个人天性中所无的东西，而是教给他怎样排除为善的障碍的方法，使他自己努力来归到自己固有的善而已。所以，道德不是单纯依靠人为的教诲可以造成的，而是由于学者的自修产生的"①，即道德观念的培养要靠教育者躬身实践的榜样作用，使受教育者在潜移默化中受到教育，形成良好的道德习惯。

第二节　学校教育的价值

学校教育是人类社会发展到一定阶段出现的一个相对独立的专门体系，极大地提高了教育活动的专业化程度、自觉程度及价值蕴含。个体的成长、国家的建设、社会的进步是学校教育的三个价值维度，学校教育对个体、国家与社会三者都具有根本上的价值合理性，三者之间既互相联系，也存在一定程度的对立。综括而言，"现代公民作为一种理想人格集中代表了国家、个体和社会三者的教育价值需求，因此应明确把培养现代

---

① ［日］福泽谕吉著、北京编译社译：《文明论概略》，商务印书馆1959年版，第91页。

公民作为学校教育的核心价值目标"①。在学校教育的实践中，应当承认三个维度各自的价值合理性，尽量避免各自的局限性，力求学校教育价值取向的均衡。

一、学校教育塑造独立个人

人类教育活动所追求的终极目标是个体的理性与自由精神。教育的前提、对象和结果都是自由而活泼的社会个体。在教育者眼中，每个人都是独一无二的、不能重复的。学校教育应不断促进个体的自我认知，使人忠实于自己的本性，充分实现自己的本性。早在20世纪70年代，联合国教科文组织的国际教育发展委员会就认为："教育的目的在于使人成为他自己。"②

学校教育应当基于受教育者的立场，教育的过程常常也是受教育者成长的过程。对未成年人而言，受教育者正在通过学校从家庭走向社会，生活的空间在不断扩大，自我意识在不断觉醒，也逐渐开始构建理想的自我并以此规划自己的行为。学校是未成年人极为重要的生活与成长场所，学校教育应当服务于受教育者，通过学校生活来引领家庭生活与社会生活。然而，现实是，应试教育的价值导向和功利追求，使未成年人的成长空间被分隔，成长时间被分割。在学校教育中，空间将时间最基本的使用价值即成长视为一种抽象而予以漠视或抛弃，时间被碎片化为一节一节的知识教学，并转化为不同空间的教育教学活动。学校空间又以封闭性与区域化、专业性与标准化围隔、规训着处在这一空间里的学生，并为学生未来进入社会相应的职位或阶层提供了教育分等的准备。孩子一出生就在竞争攀比的心态中接受着"成才"教育。③

教育面向未来，学校教育培养的是未来社会的主人。未来不仅在时间维度上表明我们将要去往的方向，更意味着在时空意义上我们对现实的选

---

① 杨颖东：《失衡与反拨：我国学校教育价值取向的偏差反思和调整》，华东师范大学博士学位论文，2014年。

② 联合国教科文组织国际教育发展委员会著、华东师范大学比较教育研究所译：《学会生存——教育世界的今天和明天》，教育科学出版社1996年版，第14页。

③ 参见王枬《学校教育时间和空间的价值研究》，载《教育科学研究》2019年第11期，第93—96页。

择决定着在不远的将来可能的存在状态。随着科技的进步和对人认知的不断进步，学校教育的形式、内容都在发生着巨大的变化，也必将发生更大的变化。"互联网+"、云计算、大数据、人工智能、虚拟现实等科技理念与手段深刻影响着未来人们的生活，也会使人的成长方式发生变革，学校、教室、课程、教师等传统的教育教学要素可能不再重要，去标准化、个性化、定制化或许将成为未来主流的学习方式。学校将根据学生的个体差异构建多类型、多层次的学习平台，为每一个学生提供定制化的"学习体检表"。学习不再是人生某个特定阶段的统一任务或强迫要求，而是个体自觉自愿且伴随终身的一段又一段快乐旅程。①

卢梭思考教育的价值起点在个人，他强调，教育在于培养一个具有自然本性的独立个人。在《爱弥儿》开篇，卢梭谈到的便是个人天性被社会压抑的状况。"出自造物主之手的东西，都是好的，而一到了人的手里，就全变坏了……偏见、威严、索求、经验和压在我们身上的一切社会制度，都将抹杀他的本性……孩子的本性就如一棵偶然生长在大路上的小树，被路人来回冲撞，扭扭折折，很快就会奄奄一息。"② 保护人的自然本性也并不是放任自流，任人野蛮生长。所以卢梭说："虽然是我想把他培养成一个自然的人，但不能因此就一定要使他成为一个野蛮人，一定要把他赶到森林中去。我的目的是：只要他处在社会生活的漩流中，不至于被种种欲念或人的偏见拖进旋涡里去就行了；只要他能够用他自己的眼睛去看，用他自己的心去想，而且，除了他自己的理智以外，不为任何其他的权威所控制就行了。"③

教育同时具有本体价值和工具价值，二者是不可分割的。教育的本体价值是促进受教育者身心的健康发展，使受教育者的社会化和主体性高度弘扬。教育的本质就是培养人的一种活动，而个体又是社会的基础，因此，任何一种教育的工具价值的实现都要以其本体价值的实现为前提条件。如果教育不能促使个体身心按社会要求发展，不能促进个体的社会化

---

① 参见王栩《学校教育时间和空间的价值研究》，载《教育科学研究》2019年第11期，第93—96页。
② [法]让-雅克·卢梭著、王媛编译：《爱弥儿：精华本》，中国妇女出版社2015年版，第8页。
③ [法]让-雅克·卢梭著、李平沤译：《爱弥儿：论教育》上卷，商务印书馆2017年版，第396页。

及在社会化基础上的进一步成熟和完善化,人类社会就不可能得到进步和发展,教育的工具价值就无从实现;同时,由于个体又是社会的产物,因此,在具体的社会历史发展过程中,教育要培养什么规格的个体,必须以社会发展的要求为标准,还要考虑社会发展条件允许的程度,离开社会条件去片面强调教育的本体价值是不现实的。[①]

回到学校教育,学校教育过于强调国家集体利益和社会整体进步,就容易忽视个体的自然本性、内在生命力,以及个人的人文兴趣和基本社会权利,使个人淹没在国家和社会的需要之中。个人的理性和自由是国家发展、社会进步的根基所在,如果个人的理性与自由难以得到保障,则不但个人无法获得真正的幸福,国家和社会也难以实现其长远和根本的利益。因此,学校教育应当首先关注学生的人格独立、理性和自由精神的培养,国家与社会也应当为学校教育更好地培养个人的理性和自由精神而提供有利条件。

二、学校教育建构国家认同

教育价值取向从根本上是与某种特定类型的社会理想紧密联系在一起的,从这个意义上讲,任何教育价值取向都具有政治性的本质特征。

现代教育是国家举办的事业,国家主导教育政策,通过实施公民教育来实现国家认同。"国家统一实施的义务教育,首先应该让所有的青少年都能够享受同样的教育。"[②] 在相同的教育体制下,统一的教育塑造的是有着共同语言文字、共同文化习俗、共同价值观念的公民,这样的公民会构成有机的整体——民族国家。公平的、普惠的学校教育是增强国家认同的基本方式之一。共同的教育体系传递共同价值,共同价值塑造国家认同。

古希腊哲学家柏拉图认为,人类要想摆脱灾祸,获得真正的幸福,就必须首先认识和追求一个贯穿正义原则的国家,要认识和追求这样一种国

---

① 参见王卫东《现代化进程中的教育价值观:西方之鉴与本土之路》,中国社会科学出版社2002年版,第70页。

② 韩震:《全球化时代的公民教育与国家认同及文化认同》,载《社会科学战线》2010年第5期,第224页。

第一章 学校教育与教师劳动

家,教育是一个根本的基础。所以他认为:"我们必须劝导护卫者及其辅助者,竭力尽责,做好自己的工作。也劝导其他的人,大家和他们一样。这样一来,整个国家将得到非常和谐的发展,各个阶级将得到自然赋予他们的那一份幸福。"①

国家利益是一种事关全体公民的整体性和根本性的利益。国家利益就意味着公民利益,亦即个人利益,国家利益的实现就是个人利益的实现,而国家最大、最根本的利益就在于能够时刻保持整体上的协调一致。为了确保这种整体的国家利益,就需要从国家的立场上来对实现这种利益需要的因素进行必要的调节。这种调节的结果反映在教育上,就是按照国家的利益和需要来规划公民的一切培养活动,国家的整体利益和需要就是一切具体的教育认识和教育活动的内在准则。为了国家整体利益的实现,自然需要由国家来全面掌管和控制教育,建立一个循序渐进的国民教育制度。需要注意的是,以国家整体利益实现为价值取向的教育实践,极有可能会走向一条重视和发挥教育的甄别与选拔功能,不断追求培养精英人物的道路。

现代民族国家都以法律形式规定了个人所具有的不可侵犯的基本权利,但国家作为一种主体在教育上仍然有着不同于个人和社会的整体性利益与需求,其中,最根本和重大的需求就是促进经济的不断发展、政治的稳定和意识形态合法性的维持,以及作为一种民族国家传统文化的继承发扬,而且,这些代表整体利益的国家需求在近代以来民族国家形成和发展中已经确立了其毋庸置疑的合理性与合法性。一个现代国家,仍然有可能会以这种整体利益和需求作为衡量教育活动的终极价值基础,仍然有可能通过把这种在经济上、政治上和文化上的整体利益与需求强调到类似于柏拉图的那种地步,以至于最终掩盖和淹没个人、社会群体在教育上的具体利益和需求。

伴随着近代以来国民教育制度在许多国家教育实践中的普及,以及教育因其在国家建设中重要性的增加而出现的教育不断国家化的现实,以上所言的那种可能性,在任何一个现代的民族国家,尤其是具有中央集权传统的国家里是曾经存在和仍将可能持续存在的一个现实,这需要我们时刻对教育实践保持一份理论上的清醒。人类社会长远和平的基础在于彼此之

---

① [古希腊]柏拉图著,郭斌和、张竹明译:《理想国》,商务印书馆1986年版,第134页。

间都将对方视为人类的成员而非彼此竞争的国民来自由交往,民主主义的理想必须求助于政府实施和管理的学校教育,但学校教育不能变成一种狭隘的公民训练,不能局限于因民族国家需要而界定出来的各种狭隘的社会效率目标。①

三、学校教育铸就民主社会

共同的教育体系传递共同的社会价值,共同体塑造共同的价值标准,公共价值形成共识,理性共识促成进步。个人与社会在现实中是无法分离的,如杜威所说:"我认为受教育的个人是社会的个人,而社会便是许多个人的有机结合。如果从儿童身上舍去社会的因素,我们便只剩下一个抽象的东西;如果我们从社会方面舍去个人的因素,我们便只剩下一个死板的、没有生命力的集体。"②

教育应致力于实现人类作为一种民主共同体的社会利益,只有在这种民主社会中,一方面,个人能不断地认识到自身与其他人类成员的共同利益并以此引导自身的发展,从而使个人的发展实际上是在不断地扩大和巩固着社会的共同利益;另一方面,社会生活中的每一个进步和开放都在实质上为个人的发展提供着更加充分和自由的支持性条件,社会的发展始终意味着个人生活质量和价值的不断提升。同样,教育也不是为了实现某个孤立个人的利益,孤立的原子式的个人并不存在,个人只有吸收组织的、制度的目的和意义,并通过这个过程,才能获得真正的人格。所以,学校教育在未来的价值追求上,还必须有一种更高的人类社会的立场,具有世界主义的教育理想。

"在社会发展的一切阶段上,教育对社会的命运都曾有过贡献。教育本身从未停止过发展。它传播着人类最高尚的理想。人类历史上最伟大的个人与集体的成就都是和教育分不开的。"③ 在民主社会,教育具有两种

---

① 参见杨颖东《失衡与反拨:我国学校教育价值取向的偏差反思和调整》,华东师范大学博士学位论文,2014年。
② [美] 约翰·杜威著,赵祥麟、任钟印、吴志宏译:《学校与社会 明日之学校》,人民教育出版社2005年版,第5页。
③ 联合国教科文组织国际教育发展委员会著、华东师范大学比较教育研究所译:《学会生存——教育世界的今天和明天》教育科学出版社1996年版,第26页。

内在价值:第一,个人经验的不断发展本身就是一种自足的价值。个人经验的发展包括感觉能力的增强、判断能力的增强、审美能力的增强,以及懂得如何保持自己的身体健康、如何让自己更加愉快幸福地生活、如何形成内在的人格上的独立和精神上的自由等。这种发展未必依赖于各种外在指标的衡量,其衡量的主体应是个人自身,受教育的个人有权利对自身所接受的教育是否符合自己的发展做出判断,做出各种教育上的选择,个人经验的生长不应该成为被裁决的对象和目标。第二,教育作为群体社会生活的一种形式,如何让这种社会生活变得更加民主,更加进步和开放,从而既有利于个人经验的发展,又有利于人类共同利益的不断扩大和实现,是教育另一种极为重要的本体价值。

教室就是社会的实验室。美国学者斯蒂芬·D.布鲁克菲尔德在观察美国学校与社会的关系时,认为:"如果公民们参加了讨论小组,他们就会学会民主的习惯,就能看穿蛊惑民心的政客们言过其实的主张,生出批判性触角,可以探测到政客们把宣传强加于他们的企图。"① "如果管理得当,讨论小组应成为民主实验室。按照逐步形成的、指导小组成员之间交流的道德文化的不同,这样的小组应当由诸如发言自由、尊重少数人的观点、容忍不同意见和重在参与等民主价值观所控制。参与认真对待民主的小组活动的经历对于学生来说是强有力的。"② 社会通过教育来明确地表达自己的目标和理想,并通过教育审慎地、理智地达到这种目标和理想。要促进人的全面发展,不仅仅是通过设置不同的学科课程,更重要的是用一种良好的社会性精神来组织学校生活,从而给予学生多方面的刺激,让学生在一种符合自我需要的整体性、连续性的环境中共同成长。反过来,以民主社会这样一种价值标准去观察教育,首先就需要我们以一种更加宽广深邃的视野去重新理解教育,尤其是正规学校教育的内涵。教育是人类社会生活得以继续的基本工具,教育时刻在人类真实的社会生活中进行,教育本身就是一种基本的社会生活方式。

---

① [美]斯蒂芬·D.布鲁克菲尔德著,周心红、洪宁译:《大学教师的技巧——论课堂教学中的方法、信任和回应》,浙江大学出版社2005年版,第59页。

② [美]斯蒂芬·D.布鲁克菲尔德著,周心红、洪宁译:《大学教师的技巧——论课堂教学中的方法、信任和回应》,浙江大学出版社2005年版,第63页。

第三节 教师劳动的特点

人们对教师劳动的价值、教育的社会地位和作用的判断,很大程度上取决于人们对教师劳动特点的认识。教师职业的专业化过程也有赖于人们对教师劳动特点的正确认识。教师是一个富有挑战性和刺激性的职业,教师必须保持高度的敏感,体察和捕捉教育情境的细微变化,迅速地、合理地、巧妙地采取教育对策,从而充分利用积极因素,化消极为积极,变不利为有利,进而实现维持正常教育活动进程、提高教育效果的目的。教师的职业劳动有以下几个特点。

一、创造性

教师的工作看似轻松、简单,其实不然。看似简单的工作背后,是教师大量专业性的劳动创造。教师劳动的创造性集中反映在教师对教育教学原则、内容、方法、手段的选择、运用和处理上。教育有原则可循,但无框框可套;内容有种类可分,却需要做到触类旁通;教学有规律可依,但无定法可守。针对个体特征鲜明的教育对象、复杂多变的教育情境,如何合理选择适用内容,充分创造各种条件,采取有效的教育策略,进而实现最佳的教育效果,完全取决于每一个教师的创造性的工作水平。

(一) 从劳动对象上看,教师劳动需要创造性

一个班级的学生,虽然年龄相近、程度相似,具有很多共同点,但是,每个学生的个人禀赋、家庭条件、成长环境等具体情况不同,他们各自的身心发展各有特点,心理面貌上存在着显著的个体差异。这就要求教师在教育教学中不能像物质生产劳动那样,采取机械化的方式,而必须针对不同的学生创造性地选择不同的方法,因材施教,从而使学生既能够德、智、体、美、劳全面发展,又能够充分发挥自己的潜力与特长,成为适应社会的人,进而成为满足社会不同需要的有用人才。

第一章　学校教育与教师劳动

（二）从劳动内容上看，教师劳动需要创造性

教学内容虽然已为教学大纲和教科书所规定，但怎样把这些死板、生硬的东西变成形象具体、易于被学生接受的东西，就需要教师创造性地劳动。教师的教学不是"教课本"，而是"用课本教"。教师如果没有自己的劳动创造，只是照本宣科，必然使教学陷于失败。教师在备课时深入钻研教材，考虑学生特点，研究教学方法，参考先进的教学经验，都是在创造性地加工和设计。另外，教师所从事的教育科学及其他科学研究也是十分重要的知识创新与创造。

（三）从劳动方法上看，教师劳动需要创造性

教育教学确有规律，但教育教学从无定法。在教学上，从来没有也不会有适用于一切年级、一切教材的固定的金科玉律式的程序和模式。教师在教学中具体怎样组织教学，采用什么样的教学方式，怎样调动学生学习的积极性，唤起学生对学习的渴望，怎样培养学生优良的思想品德，怎样充分发掘学生的兴趣、特长和潜力等，都需要教师的创造性劳动。可以说，教师在教育教学过程中的每一个举措都是创造性思维的结果。

（四）从劳动环境上看，教师劳动需要创造性

教师劳动的创造性也是由教育情境的复杂性决定的。当今世界变量多、变化快，大至宏观的社会环境，小至微观的学校，乃至更小的课堂环境，无不处于快速变化发展之中。这些变化反映在教育情境上，加上劳动对象、内容和方法的特殊性，也就充分体现了教育情境的复杂性。复杂的劳动环境要求每个教师必须自觉适应不同的条件，主动协调各种教育影响，发挥更大的灵活性、创造性，善于利用教育机制，创造性地妥善处理新环境中产生的新问题，因地、因时制宜地处理好教育教学工作。

二、迟效性

"十年树木，百年树人"，这既说明培养人是百年大计、长久之计，也说明人的发展需要一个过程，人才的培养需要较长的时间。教育是一项面向未来的事业，培养的是未来社会的主人。青少年身心发展特点和教育

工作的规律性决定了教师劳动的迟效性。

教师劳动的对象是人，而人的身心素质及其发展具有多面性。对于一个普通的社会个体而言，一种知识的掌握、一种观念的内化、一种技能的训练、一种习惯的形成，都需要一个长期、复杂的过程。人的身心素质还具有多层次性、发展可能的多向性、活动过程的多变性。对专门人才的培养，需要的时间就更长。这些不仅给教师劳动提出了长期性、连续性的要求，也决定了教师劳动的效果不可能即时显现，也不可能准确预测。因此，每一个教师都必须审慎地确立教育目标、选择教育内容，长期地、连续地、深入细致地研究教育对象，合理地、富有创造性地采取教育对策，在尽可能多、尽可能大的时间、空间上对学生施加有效的教育影响。

教育劳动的迟效性要求教师具有极大的耐心和毅力，努力克服困难，坚持深入细致地、持之以恒地做好教育工作；要求教育工作者具有面向未来的长远眼光和宽阔胸怀。社会是不断向前发展的，对人的要求是不断变化的。这就决定了教师对学生的教育和培养必须具有发展的眼光。教师劳动不仅要从当前的社会需要和人的需要出发，而且应当从长远的社会发展和人的发展考虑，因而，其目的总是指向未来的。通过教师的劳动把教育对象培养成社会所需要的人，是一个长期的过程。

教育劳动的迟效性决定了教育效果的潜隐性。教师劳动的成绩与效果很难立竿见影，不容易评价，更难以用量化的方式去测评。检验教师的劳动成效，既要看教师的努力度和每个阶段的教育效果，又不能孤立地只看一时一科的分数或成绩，还要看他取得成效的条件和采用的方式；既要看学生在校时的表现，是否德、智、体、美、劳全面发展，也要看学生走出校门后的成才概率的情况，看他们对教师的评价。教育的好坏常常深深地潜伏在学生的内心深处，它不像工厂流水线上的生产那样可以简单测量。一位教师今天所做的教育努力，可能在明年甚至数十年后，才能显现出效果。你带给学生的是心灵的成长还是精神的沉沦，任何高明的工具和量表都难以准确测量。一个没有耐性的、急功近利的教师，肯定不是一个好教师。教师不仅要有牺牲精神，还要在急功近利的浮躁和喧嚣中耐得住寂寞，经得住多方面的检验。

三、示范性

教师的劳动是通过示范的方式去直接影响劳动对象的。学高为师,身正为范。教师劳动的示范性主要有知识的示范和言行的示范两种类型,体现在教育活动的各个方面。教师不仅通过知识技能的传授武装学生的头脑,而且通过自身的行动影响学生的思想品德。教师渊博的学识会成为学生努力的方向,教师对某一学科领域的赞赏和专业精神会成为学生追求的理想。总之,教师的品行、生活态度及价值观也会以不经意的方式影响学生,在学生头脑中留下不可磨灭的印象。所以,教师必须身体力行,以身作则,充分认识到身教重于言教的意义,无论在言论行动上,还是在思想感情、立场观点方面,都应成为学生的榜样。

教师不仅要以自己丰富的学识去教育学生,更重要的是要以自己的高尚品德来影响学生。学生经常跟着教师一起学习,教师的一举一动对学生都有示范作用。教师的身教常常比言教产生更大的影响。特别是小学教师,他在儿童的心目中几乎有绝对威信,儿童总是把教师当作完美无瑕的仿效对象。要培养品德优良、身心健康的学生,作为教育者的教师就要成为学生效仿的榜样。教师务必要以一颗真诚的心对待自己的学生,让自己的每一句话都尽可能有利于学生的健康发展。言行不一、表里相违是与教师职业行为的宗旨格格不入的。教师劳动不同于演戏——演员为了剧情、角色的需要"逢场作戏",教师劳动的主体示范不是演戏,不是为了应付学生而做出的样子,其本质是教师主体智慧品德和全部人格特征的自然流露。[1] 教师的榜样作用不应局限于学生模仿教师的行为,教师还要通过教育活动培养学生的道德意识和道德行为。孔子曾说:"其身正,不令而行;其身不正,虽令不从。"[2] 这句话形象地说明了教师劳动的示范性。简单地说,教师只有自己做好了,学生才愿意跟着学;只有学生愿意跟着你学,他才能把你教的科目学好。

除了通过教育教学活动直接对学生产生影响,教师还通过学生间接影响社会,也可以通过日常生活、社会活动、传播媒体等渠道直接对社会产

---

[1] 参见厉以贤主编《现代教育原理》,北京师范大学出版社1988年版,第364页。
[2] 程树德撰,程俊英、蒋见元点校:《论语集释》,中华书局1990年版,第901页。

生示范效应。我们经常用"桃李满天下"来形容教师的职业成就,一位教师在几十年的职业生涯中,所教过的学生可能遍布各行各业。这是教师对社会的巨大的间接影响。教师职业道德是社会道德要求的高标,教师的道德形象也会在社区甚至在更大范围产生示范效应。教师还可以通过各种自媒体、社交平台来发挥直接影响力。

四、专业性

《中华人民共和国教师法》第一章第三条规定:"教师是履行教育教学职责的专业人员,承担教书育人,培养社会主义事业建设者和接班人、提高民族素质的使命。"教师职业的性质"是履行教育教学职责"。

教师职业的专业性是由教师职业的基本职能决定的,教师职业是一种必须经过一定时间的专门培养和培训才能胜任的专门性职业。教师的专业性要求从事教师职业的人必须经过系统的专业教育和训练,掌握专门的知识与技能,具备为确保本专业的独特性而必需的职业道德,树立为社会不特定人群服务的非营利观念,具有不可替代性。为了保持教师工作的专业性,教师必须不断地学习深造、拓展专业知识、加强自我修养、提高道德水平。

在法律上,教师必须经过一定时日的专门训练,通过某种形式的考核与测评,合格之后才能获得资格证书,取得相应的教师资格。

在实践中,教师要做好教育教学工作,既要了解学生个体的成长经历,又要针对学生的整体情况;既要熟悉教材,对教材进行重组加工,又要熟悉学生当前的知识与能力现状,教学方法适应学生的身心发展水平与情趣;既要随时观察学生,了解学生,又要随时观察社会,了解社会发展的动态与趋势;既要有深厚的学科知识,又要有广博的教育专业知识。教师的劳动虽以个体劳动为主,但要在学生身上形成最佳的教育效果,教师自身还必须善于协调家庭、集体和社会之间的各种影响。要把这复杂多样的因素都组织到有效的教育过程中,做到各要素之间的协调一致和密切配合是十分艰巨和复杂的,通常需要经过专业训练才能够完成相应的教育教学工作。

教师还必须成为研究者,不断提升教师专业水平。是不是一个研究者已经成为教师是否专业化的标志。随着教育改革的不断推进,教师教育和

第一章 学校教育与教师劳动

教师专业化不断得到重视和加强，教师的教育研究能力越来越成为教师专业发展的重中之重。

专业性越强的职业越需要专业团体的自我管理。教师担负着学生德、智、体、美、劳全面发展的任务，不仅要传授好知识，还要培养学生的学习能力和创造能力，完成有关的德育目标，促进学生的身心发展，等等。这诸多方面的要求比起物质产品固定可量的具体指标来说，无疑要复杂得多，由此也就给外界评价教师劳动带来了困难。因此，教师团体的自我管理、自我评价也就显得尤为必要。

五、主体性

教育活动本身具有劳动主体与劳动对象的主体性。教师是教育教学活动的主体，早已为人所熟知，学生作为教育教学的主体则是稍晚才被认识到的。

从教师的角度观察，教育劳动主体与劳动工具一致，具有同一性。"主体与工具的同一性"是指劳动者本人既是劳动者又是劳动的工具。其他社会劳动一般需要通过劳动工具作用于劳动对象，如工人的锤子、农民的镰刀、士兵的枪支、科学家的仪器等，劳动者与他的工具是分离的。教师则不然，他是用主体自身内在的知识技能、智慧、品德，在与劳动对象——学生的共同活动中去影响和改变他们的。虽然教师也需要教材和教具，但是，教材、教具并不直接作用于劳动对象，它们是通过内化为教师的学识、品德，并通过教师主体的活动发挥作用的。教师用自己的身体与人格作为教育的工具（行言教、身教），教师的一言一行、一颦一笑都是"上所施下所效"的教育——劳动主体与工具无法剥离。①

教育劳动对象的主体性，是指学生不是被动地接受教育，而是自主地建构自己的知识体系与人格特征。在教育教学活动中，以教师为主导的"老师教，学生学"的传统模式已经不为人所接受，学生也是教育教学活动的主体。教师作为教的主体在影响着学生，学生作为学的主体也随时以其思想、情感、态度影响着乃至改造着教师。

---

① 参见檀传宝《教育劳动的特点与教师专业道德的特性》，载《教育科学研究》2007年第3期，第5—12页。

教师的劳动对象，主要是人（有时也以教材、教具及知识为对象，但它们在教育活动中仅仅是中介），是人的精神世界。精神世界只能用精神的方式——主体的精神世界去塑造。工人、农民、科学家的劳动对象主要是物，是客观世界，是可以按照某种固定模式、程序、进度进行加工的。而教师劳动的主体性在于教育活动，主要是通过主体自身，以示范的方式实现的。教师作为教育活动主体的智慧、品德、人格及其示范效能，不仅是教师开展教育教学活动的基础和前提，而且是其教育教学活动质量高低的决定性因素。教师要充分认识教师劳动的主体性特点，深入细致地了解学生的精神世界，重视知识技能的提高，加强自身修养，努力以渊博的学识、崇高的品德、完善的人格，做学生的表率。

教师作为一种社会职业，总是受着多方的制约与监督，其中，宏观社会制度的制约和学校教育行政管理制度的制约是两个重要方面。但是，任何外在的制度都不可能将教师的一切行为都置于监督之下，就如再有能力的校长也不可能坐在每一个教师的教室里一样。教师职业的主体性决定了教师即使在没有外在约束机制的情况下，其内在的道德律也会发挥自我监督的作用。

延伸思考

"我们丝毫不否认书写和以后的印刷出版会给予人类新的巨大力量；我们也不否认书写（首先是印刷的书籍）对教育的价值。但是我们要注意到：这种革命也有其不利的影响。不管仪式与禁忌在现行的口语教育中占什么地位，它都包括着对人和物的直接接触。后来书本代替了这些直接传递知识的方法，使人养成了一种偏见，认为书面文字（及其口头背诵）是一切称得上知识的知识的表示，它比那些从日常生活中学来的经验要优越得多。

"这种书面文字优越于口头语言的想法仍然深深地保留在今天大部分学校体系之中。"①

现代社会的职业按照专业化程度，可以分为三类：一是专业性的，如

---

① 联合国教科文组织国际教育发展委员会著、华东师范大学比较教育研究所译：《学会生存——教育世界的今天和明天》，教育科学出版社1996年版，第28—29页。

医生、律师、会计师等；二是半专业或准专业的，如护士、图书管理员；三是非专业性的职业，如售货员、流水线工人等。教师一般被认为是"半专业"或"准专业"的职业。①

教师专业化是一个全面努力的过程：多主体。这些主体包括举办者（国家）、行政管理层（各级教育管理的政府机构）、学校管理者等，与教师同属于教育活动（教育事业）的主体。

教师专业化是一个内容不断丰富的过程：多内涵。这些内涵包括教师服务理想、教学认识论、专业团体、技能、责任感等，都是专业化的组成部分。

专业化是教师与教育环境不断互动的过程：多背景。教师职业活动的背景包括学区的差异、学校类型、系科差异、教师组织网络等方面，这些都会对不同背景的教师的专业化产生影响。

专业化是教师个体的持续社会化过程：多阶段。教师在自己的职业生涯中，会有适应与发现期、稳定期、试验期、平静期、退出教职期等不同的职业发展阶段。每一个阶段的专业化表现都不同。

---

① 参见陈永明主编《现代教师论》，上海教育出版社1999年版，第174—188页。

打造一支有理想信念、有道德情操、有扎实学识、有仁爱之心的"四有"好老师队伍。

——习近平[①]

第二章 教师职业道德概说

随着教育的普及、人们对知识的重视,以及社会发展对人才需求的增加,教师日益成为不可或缺的重要职业。追溯教师职业的发展历史,虽然其社会地位有高有低,但是,在传承知识、创造文明、传播文化、启迪智慧、教化民众并以此推动社会进步方面,教师却起到了不可磨灭的作用。教育活动、教师职业往往与国家和民族的前途、命运紧密相连,这也是教师职业被赋予特殊意义的原因所在。因此,教师是一种极具社会意义的崇高而神圣的职业。

教育活动也是教师个体的一种道德实践活动。教师道德是教师在教育教学过程中通过不断地自我修养而形成的一种获得性的内在精神品质。教师职业道德有助于提升教师自身的生活质量,尤其是职业生活质量,满足教师的精神需要,是有效履行自身的职业行为所必需的。拥有道德自觉的教师,能够站在人类历史文化的高度洞察人生、完善心智,对人生的目的和意义有着深刻的体悟,并由此确立正确的生活方式,为人格的完美提供一种精神力量。

[①] 转引自程建平《培养新时代"四有"好老师》,载《人民日报》2017年11月23日第17版。

第二章 教师职业道德概说

第一节 教师职业道德的概念

教师职业道德是由于调节教育劳动实践中的利益关系和情感关系，保证教育活动顺利开展的需要而产生和形成的。作为一种调节机制，它是一种内在的约束力量，主要通过社会舆论和教师的个人内心信念及传统习惯，监督和调节教育过程中教师与社会、与他人、与自己的关系，从而保证教育活动顺利进行。

一、职业与教师职业

职业是社会分工和劳动分工的产物，是从业人员为获取主要生活来源所从事的社会工作类别。有了一定的社会分工和劳动分工之后，一些人便长期从事某一种具有专门业务和特定职责的社会活动，并以此作为自己获得生活资料的主要来源，这就是所谓的职业。职业活动既是人类社会存续和发展的基本组织形式，也是社会个体生存和发展的基本形式。一般而言，每一种职业都要承担一定的职业责任，同时，享有一定的职业权利，体现并处理着一定的道德关系和利益关系。成熟的职业具备目的性、社会性、稳定性、规范性和群体性等特征，其中，所谓职业的规范性就是指职业活动必须符合国家法律和社会道德规范。

教师作为一种社会职业，是在教育有了相对的独立形态以后，即学校出现以后才逐渐形成的。进入文明社会以前，人类没有专门的知识传承活动，也就没有教师这种专门从事知识传承活动的职业。人类进入文明社会之初，知识传承与巫术活动、权力运用分不开，教师与巫师、官员也没有明显的职业区分。在我国，私学的兴起是教师职业正式诞生的标志。在私学中任教的人，传授系统的知识，不领取政府俸禄，以收取学生交纳的费用作为主要生活来源，于是，教师成为一种独立的职业。

1966年，联合国教科文组织和国际劳工组织在《关于教师地位的建议》中指出："教育工作应被视为专门职业。这种职业是一种要求教员具备经过严格而持续不断的研究才能获得并维持专业知识及专门技能的公共业务。"① 据《教育大辞典》中的解释，教师是"学校中传递人类科学文化知识和技能，进行思想品德教育，把受教育者培养成一定社会需要的人才的专业人员"②。《中华人民共和国教师法》第一章第三条规定："教师是履行教育教学职责的专业人员。"

二、道德与职业道德

道德是由一定社会的经济关系所决定的特殊意识形态，是以善恶评价为形式，依靠社会舆论、传统习俗和内心信念所维持的，调整人与人之间及个人与社会之间关系的心理意识、原则规划、行为活动的总和。道德作为一种价值体系，包括道德意识、道德规范和道德实践，旨在按照"善"的规则去创造性地完善社会和人自身的存在。道德贯穿于人类生活的方方面面，凡是有人群和社会生活的地方就有道德。我们一般把人类社会生活划分为家庭生活、职业生活和公共生活三大领域，与之相应就产生了三个方面的道德体系——家庭美德、职业道德、社会公德。

道德是具体的历史范畴，随着社会经济生产方式的发展而变化，并且反映出不同民族生活方式的特殊性。在原始社会，道德最初以风俗、习惯的形式存在，作为约束人们行为的规范，并不存在独立于巫术禁忌的道德。马克思主义的唯物史观认为："物质生活的生产方式制约着整个社会生活、政治生活和精神生活的过程。不是人们的意识决定人们的存在，相反，是人们的社会存在决定人们的意识。"③ 所以，严格地说，只是随着社会生产力发展到一定水平、一定社会的精神意识达到了如此程度，即对社会的人际关系及其处理原则有了自觉的认识，并且确立为善恶的价值观念，以此作为标准来要求人们自愿地践行之后，才有了作为一种独立的意识形态和行为规范的道德。

在中国古代，"道"的本义指道路，引申理解为必然性的法则、方法

---

① 转引自［日］筑波大学教育学研究会编、钟启泉译《现代教育学基础》，上海教育出版社1986年版，第443页。

② 《教育大辞典》编纂委员会编：《教育大辞典》第1卷，上海教育出版社1990年版，第230页。

③ 中共中央马克思恩格斯列宁斯大林著作编译局：《马克思恩格斯文集》第2卷，人民出版社2009年版，第591页。

等，同时，具有价值评价的标准、理想的含义。《道德经》有云："道生之，德畜之，物形之，势成之。是以万物莫不尊道而贵德。道之尊，德之贵，夫莫之命而常自然。"① 其中，"道"指自然运行与人世共通的真理；而"德"是指人世的德性、品行、王道。"道德"二字连用而成为一个词始见于《荀子·劝学》："故学至乎《礼》而止矣。夫是之谓道德之极。"② 《礼记·中庸》所谓"诚者，天之道也；诚之者，人之道也"③。人成其为人的必然要求来自"道"，人于"道"之所"得"就是"德"，即对道的自觉践行。

作为一种生产关系和社会组织形式，职业与道德有着不可分割的内在联系。职业道德是社会道德规范体系的重要组成部分，是指一定社会的道德原则和道德规范在职业行为与职业关系中的特殊表现。职业道德是从业人员在职业活动中应该遵守的道德规范，以及应当具备的道德观念、道德情操和道德品质。一个健全、和谐的社会是由各行各业构成的有机体，每一种行业都有自身的相对独立性，从事该行业的人也总是有自己的职业道德规范与要求。职业道德也因此成了现代社会道德体系的重要组成部分。

职业道德是在工作中协调个体、群体与社会的职业行为准则和规范系统。职业道德不是一般地反映社会道德的要求，而是反映职业或行业特殊利益的要求；它通常是在特定职业实践基础上形成的，往往表现为某一职业特有的道德传统和道德习惯，表现为从事某一职业的人们所特有的道德心理和道德品质。一方面，职业道德是用来调节从业人员的内部关系，加强职业、行业内部人员的凝聚力的；另一方面，它也是用来调节从业人员与其服务对象之间的关系，用来塑造从业人员的形象的。作为一种行为规范，职业道德是介于内在的道德需求与外在的法律制度之间的东西。一方面，由于职业道德的目标指向是某种特定的行业利益，与个体的职业效率和职业成就密切相关，因而，职业道德是所有从业人员必须在职业行为中加以切实履行的责任；另一方面，作为一种道德规范，它又是诉诸从业人员的职业自觉及其对自身职业价值的内心体认，并以个体的道德自律作为

---

① 〔魏〕王弼注、楼宇烈校释：《老子道德经注校释》，中华书局2008年版，第136—137页。
② 〔清〕王先谦撰，沈啸寰、王星贤点校：《荀子集解》，中华书局1988年版，第12页。
③ 〔汉〕郑玄注、〔唐〕孔颖达正义、吕友仁整理：《礼记正义》下，上海古籍出版社2008年版，第2021页。

其动力基础。

三、教师职业道德

教师职业道德，是指教师在职业活动过程中所应当遵循的用以调节教师职业实践活动中教师与自己、教师与学生、教师与集体、教师与社会等关系的道德规范和行为准则的总称。

教师职业作为一种以育人为目标的职业，具有专业化与独特性的职业目标和职业价值取向，因而，需要专门的职业道德来加以规范和引导。教师职业道德以具体适用于教师职业活动的形式，体现出全社会对教师的教育教学行为的基本道德要求，具体体现为职业理想、职业责任、职业态度、职业纪律、职业技能、职业良心、职业作风、职业荣誉等方面。

教师职业不但需要娴熟的教育技巧、高超的教育智慧，还必须拥有高尚的道德品质。一个具有高尚职业道德的教师，也一定会不断积累自己的专业知识，提高自己的教育教学水平，自觉实现自我超越。因此，道德品质是教师职业素养的核心，所有技术手段和操作层面的要求只有建立在良好德行的基础上才能发挥应有的作用。较高的教师职业道德水准能够在教师的职业实践中发挥引领作用，可以在无形中推动教师遵循职业伦理基本要求，坚守职业操守，履行职业责任，并在此基础上追求更高的职业精神和道德理想，从而使自己成长为一名有更高职业生涯层级的卓越教师。

与一般职业道德相比较，教师职业道德更具有教育性、自觉性和实质性。教师既是教育劳动的主体，也是教育劳动的工具，教师道德也就直接构成了教育的内容。教师的道德人格会成为学生学习的对象，也影响着教师本人对教育内容的加工和处理。因此，教师的人格特征会对教育内容产生直接影响。学校教育活动是一种具有高度自觉性的活动，教育对象的发展性、教育劳动的复杂性、教育教学活动的灵活性都要求教师具备自觉和自律的德性。实质性，是指教师职业道德所产生的结果应当在实质上对学生的发展有真实的促进，有实际的教育效果。教育伦理与整个教育学的一般要求都是"因材施教"。所以，同样是迟到，教师对一个比较外向、顽皮的男生和一个比较胆小、羞怯的女生会有不同的处置。这样的教师非但不是不讲师德的教师，反而是更专业的教育工作者。原因就在于，教师的最高伦理目标是在实质上促进教育对象的发展,而非简单地恪守规范本身。①

四、教师职业道德的内涵

教师职业道德首先是一种内在的价值观念,然后才表现为外在道德规范。道德法则首先形成并存在于人的内心,然后才可能外化为人的行为;纯粹的道德他律和外在规范很难限制人的行为。道德规范不具有法律那样的强制力,只有当道德规范被道德主体内化的时候,它才能成为道德主体精神世界的有机组成部分,并被道德主体自觉地践行。教师职业道德需要教师以道德主体的身份自觉接纳、吸收、反思、批判,成为教师作为社会个体的内在价值观念,进而成为教师职业活动中的一种自觉。也只有把当代的核心价值体系与教师职业道德规范真正做到内化于心、外化于行,教师才能在职业实践中追寻幸福、展露仁慈、施与爱,而不是仅仅遵守职业活动中的外在的道德规范。

教育劳动是教师职业道德产生的实践基础。一般而言,职业道德总是在职业实践活动中逐渐形成的,教师职业道德也是教师在教育劳动过程中真正养成、提升与完善起来的。作为一种价值规范体系,教师职业道德的产生主要是源于调节利益关系和情感关系的需要。利益关系和情感关系在任何职业活动中都会出现,这是职业道德产生的客观条件。在教育劳动中,也存在各种错综复杂的利益关系和情感关系,概括起来主要有以下几种利益与情感因素:教师个人的利益与情感、学生个人的利益与情感、同事的利益与情感、社会集体的利益、不同个体与群体的文化背景和价值取向等。每个人对各方利益的认识、理解程度不同,选择利益实现的方式也各有不同;表达情感的方式不一样,成长的文化环境与价值观念也各不一样。随着我国文化传统与社会性质的发展变化,教育体系中的这些利益、情感与价值并不总是保持一致,总体而言,并非严重对立;但任其冲突,则一定会影响教师的威信和工作热情,影响学生的学习态度和效果,进而会有损于整个教育事业的长远发展。

---

① 参见檀传宝《教育劳动的特点与教师专业道德的特性》,载《教育科学研究》2007 年第 3 期,第 5—12 页。

教师职业道德教育

  教师职业道德的核心目标是规范和引导教师处理职业活动中的人际关系。在教师的职业实践活动中，教师需要协调与自身、与学生、与集体、与社会等多方关系，其中，既有利益关系，也有道德关系。教师的教育教学和科研工作都是"良心活"，需要遵从自己内心的价值准则。很多时候，自己在工作中付出了多少只有自己知道，别人难以从外在进行观察、评价与体会。教师在职业实践中，也总是需要以道德的方式处理各种人际关系，以道德的方式开展职业活动。在教师职业的各种人际关系中，教师与职业活动对象（学生）的关系是职业道德的核心。教师在教育教学工作中，既要有一点威信，能够对学生的学习生活加以引导或者矫正，同时，也要充分尊重学生的人格尊严和主体身份，给予学生自主选择的空间和成长中试错的宽容。此外，教师还必须处理好与同事、家长、学校、社区等的关系。现代教育不是一个教师的单打独斗，而是不同学科、不同工种性质的群体共同努力、协同工作。教师需要从道德的逻辑出发，处理好与集体的关系，成为职业共同体的有机部分，为集体做出力所能及的贡献。教育是整个社会大系统中的一个子系统，教育活动本身也是在有效传递一个社会的知识体系和价值观念。因此，教师还面临着与社会的关系，教师作为社会成员也必须履行社会职责。教师通过自己的教育教学活动来培养人，促进未成年人的社会化，从而间接地推动社会发展。

  教师职业道德是调节教师职业活动中利益关系的方式之一。教育活动的顺利开展，需要通过多种有效的手段来调节各种利益矛盾和情感冲突。首先是教育法律法规，如《中华人民共和国教育法》《中华人民共和国教师法》《中华人民共和国义务教育法》《中华人民共和国未成年人保护法》等；其次是各级各类教育部门制定的各种教育行政制度、学制、课程设置、教学大纲、职称评聘制度等；最后是学校在具体组织教育教学活动时制订的教学计划、作息制度、课程表、考核奖惩制度、学科组和年级组管理制度等。这些法律制度还不能调节教育教学活动过程中的所有关系，也不能调节一些经常发生、随机发生的无规律可循的利益关系和情感关系。况且教育活动纷繁复杂，需要因材施教、因时而教；教育劳动也是一种特殊的智能劳动和技能劳动，教师的教学态度、敬业精神、劳动效果等都很难直接量化评价。因此，教育活动必须依靠道德手段及其他手段一起有效调节各种矛盾与关系。

第二章 教师职业道德概说

第二节 教师职业道德的功能

教师在向学生传授文化知识的同时，还要对其进行思想品德教育，使他们树立正确的人生观、世界观、价值观。因此，每一位教师都肩负着教书和育人的双重使命。教师不仅要用自己的丰富学识培养人，更要用高尚的品格去感染人，从而使我们的学生不仅拥有健全的理性，也拥有高尚的灵魂。现在的教师职业道德水平决定着未来社会国民整体的道德水平。在教育教学过程中，教师职业道德不只是作用于学生的感官，还可以直接深入学生的心灵，塑造学生的性格和品德；不但会影响一个人在校期间的成长，也必然会影响人的一生。儿童和青少年是未来社会的主人，决定着国家发展的方向与前途，而教师则在儿童和青少年健康成长方面起着重要作用。毫不夸张地说，一个国家的未来和希望就在教师身上。所以，任何一个时代，教师职业道德规范都只能是高标，绝不可能是底线。

一、对教师的引导功能

教师职业道德是合格教师必备的职业素养之一，也是教师素质的最高表现形式。

首先，职业道德有助于教师坚定职业信念，提高自觉性。教师职业道德养成于职业实践，但是，也需要系统地学习和有意识地践行。系统学习教师职业道德的专门知识，掌握教师职业道德的基本范畴、原则和规范，了解教师职业道德的基本内涵与功能，能够使广大教师从理论高度深刻认识教师职业道德的极端重要性。对于即将从事教师职业的师范生而言，可以使之在从事教育活动之前深刻地分析自己的价值观念、性格特质和行为习惯，检视自己是否适合从事教师职业，或者与一名合格的教师还有多大差距。对于已经从事教育教学的教师而言，可以使之在职业实践活动中调整自己的行为习惯，更新自己的教育教学理念，以增强选择合理的教育行为的自信心和自觉性。当自己的言行举止符合教师职业道德的准则要求时，道德主体就能够获得情感上的满足，进一步坚定自己的价值立场和道德信念；反之，道德主体则会产生羞愧和内疚感，进而矫正自己的立场、信念和行为习惯。教师是具有较高文化素养和专业水平的专业人员，比其他社会群体更具理性。通过理性思考和反复实践，教师职业道德会在实践中完成内化、外化与强化，教师个人也会因此自觉地促进道德品质的提升与完善。

其次，职业道德有助于提高教师的道德判断力，树立责任感。大自然有太多的未知，人类社会也很复杂，教育活动中的道德关系和利益关系也是错综复杂的。真善美与假恶丑、对与错，有时候可以轻易地做出判断，但是，许多时候仅仅靠个人的知识储备和纯粹的道德经验并不能轻易地做出解释与判断，教育教学活动中有太多的道德两难问题。面对纷繁复杂的世界和学生渴望的眼神，科学的教师职业道德理论能够帮助教师冷静、客观地分析问题，从价值层面做出正确的道德判断，从而创造性地处理特定情况下较为复杂的道德关系和利益关系。只有拥有高尚的职业道德素养，教师才能在职业实践中始终遵循教育的规律与内在逻辑去思考和行动，在任何情况下都能保持身心健康，保持强烈的责任感，为更好地完成教师使命与社会责任而积极奋斗。

再次，职业道德有助于教师形成科学的教育理念，增强事业心。中国社会步入新时代，教育也呈现出新姿态，面临着新矛盾。传统的教师观、学生观、知识观、人才观和教育价值观，都需要重新接受新时代的审视与检验；教育人道主义问题、教育公平问题、教育民主问题、专业自治问题及教育教学管理问题，都出现了不同于以往的新态势；教育实践中的师生关系、家校关系、同事关系、公私关系等也都被赋予新内涵和新特点。上述这些变化都对教师职业道德建设提出了新的要求。新时代的教师职业道德应当建立在对教育劳动新特点的科学分析与细致把握的基础上，应当紧跟时代发展和教育发展的新趋势，要用科学的、先进的教育理念武装教师的头脑，使教师的职业活动与时俱进，符合未来社会需要，为未来社会建设事业培养人才。

二、对学生的教育功能

首先，教师职业道德有助于青少年学生道德品质的形成。在学校教育中，青少年学生不仅从书本里学习善恶观念，从教师那里学习知识，更重

第二章 教师职业道德概说

要的是直接或间接地从教师在工作中体现出来的道德意识和道德行为中汲取是非、善恶观念，寻找自己为人处世的榜样。对于幼儿园的孩子和年幼的小学生而言，教师在他们心目中甚至比父母还要有影响力，教师的言行举止对儿童道德品质的形成起着直接的启蒙作用。对于中学生来说，他们的道德心理、价值观念正处于形成阶段，他们已经能够初步对教师的思想、言论和教育行为进行是非、善恶的评判了。因此，教师职业道德对中学生的影响更加深刻。对于大学生而言，虽然他们的世界观、人生观、价值观已经基本形成，但是并未最终定型，仍然需要从社会实践、专业教育中进一步自我完善和自我调整。所以，在不同的学校教育阶段，教师职业道德都是一种巨大的教育力量，能助力青少年道德品质的形成。

其次，教师职业道德对青少年学生道德行为的养成具有示范作用。良好道德行为的养成固然需要教师向学生讲授正确的道德知识，纠正学生成长过程中的行为偏差，但是，言传不如身教。在教师的职业实践活动中，教师的一言一行都处在学生细密的观察之中和严格的"监督"之下。有人说，教师就像每天在鱼缸里游来游去的观赏鱼，时刻受到外界细密的观察，外面有几百双精细的、敏感的，善于窥伺教师优点和缺点的孩子的眼睛，不断地盯着他。可以说，教师是学生日常生活中所接触到的最真实的、最直接的道德榜样。具有高尚师德的教师能够通过自己的身体力行来印证课堂上的"言传"，给学生一种具象的人生智慧，使他们得到心灵的顿悟和人格的升华，进而获得"不教而教"的效应。这种示范作用质朴无华，却润物无声，比明理言志更深刻清晰，比高谈阔论更生动具体，因而，更具有撼动人心的说服力。

最后，教师职业道德对青少年学生的未来人生道路具有引领作用。许多人的一生道路选择、兴趣爱好、价值观念等，都深受自己老师的影响。相信不少人看过2019年的一部电影《老师·好》，影片一开始就是已经成为语文老师的王海，在一声声诵读中回忆自己的语文老师苗宛秋——"人生就是一次次幸福的相聚，夹杂着一次次伤感的别离。我不是在最好的时光中遇见了你们，而是遇见了你们，才给了我这段最好的时光！"苗老师并不完美，但他确实影响了王海，促使王海选择了教师这一职业。其实，当年苗宛秋的职业选择又何尝不是受到他老师的引领呢！正所谓"亲其师，信其道"，一个在学生心目中有着崇高威信的教师，他不经意间的一句话语、一个举动，就可能影响学生未来的专业发展、职业选择，

甚至影响学生的整个人生道路。

三、对教育的调节功能

教师职业道德可以指导教师在教育活动中选择自己的言论与行动，处理和调节好各种道德关系及利益关系，从而保证教育过程的顺利进行且富有成效。

教育是一项系统工程，需要处理师生关系、同事关系、家校关系及其他社会关系，处理好这些关系对教育事业的顺利、有效发展至关重要。尤其是随着教育事业的发展和教育改革的深入，教师与社会各方面的接触和协作也越来越密切，要处理好校内外这些纷繁复杂的人际关系和利益关系，仅仅靠一般的行政管理手段是远远不够的，最根本的途径还是靠教师自身良好的道德自律。良好的教师职业道德是人际关系的润滑剂，它以带有本职业鲜明特点的特殊道德形式，向教师指明了协调教育劳动中各种利益关系的行为规范和价值准则，促进教师与教育过程的其他参与者和社会各方面建立协调一致的行动范式，以顺利进行教育教学活动，完成社会赋予的教育的根本任务。另外，具有良好职业道德修养的教师，也能够深刻认识自己所从事的工作的伟大意义，能够正确评价教师职业的价值，从而树立起牢固的敬业精神和端正的职业态度。对于教师而言，只有发自内心地遵从教师职业道德规范，才能不惧工作中的各种困难和阻力，热爱并献身于教育事业。可以说，教师职业道德是教育教学活动顺利开展并富有成效的必要条件。

四、对社会的促进功能

教育系统是社会大系统的一个有机组成部分，也与社会系统存在密切而广泛的联系。教师职业道德的意义不仅表现在学校教育过程中，还会通过各种途径和方式，直接或间接地影响社会风气，是促进社会形成良好道德风尚的催化剂和稳定剂。更何况中华民族本来就是一个具有崇尚知识、尊师重教的良好传统的民族，"先生"从来都有着特殊的社会影响力。

教师职业道德对社会道德风尚的促进和改善功能有三种实现方式：一是通过培养学生的优良道德品质来广泛影响社会。教师通过言传身教影响

第二章 教师职业道德概说

学生,学生把在学校培养的道德品质直接带往社会的各行各业、各个家庭,从而对整个社会的道德状况产生广泛而深远的影响。二是通过教师亲自参与社会生活而影响社会。教师也是社会共同体中的个体成员,除了自己的职业活动,也会参加其他多种社会活动。教师在参与其他社会活动时所展现出来的道德行为和正向能量,也直接对社会道德风尚起到教育与促进作用。三是通过教师个人的道德品质去影响自己的家庭成员、亲朋好友和周围邻里。教师在职业活动中形成的良好道德观念和道德行为,也会在与家人、亲友、邻里相处的过程中展现出来、传递出去。推而广之,必然会对良好社会风气的形成起到积极的促进作用。

第三节 教师职业道德的评鉴

不同时代、不同文化体系中,人们对道德、教育和教师职业的认知、要求有所不同。了解我国传统教师职业道德观念和西方教师职业道德观念,有助于新时代教师职业道德建设。

一、传统教师职业道德

传统师德中的优秀思想,影响着几千年中国教育的发展,其中,大量超越时代、可资继承的东西,对解决当今教育及师德建设中存在的问题,仍有很大的借鉴意义。传统师德是建设新时代中国特色社会主义的教师职业道德不可或缺的精神资源,我们只有进行批判继承、古为今用,才能使社会主义师德有更丰富的内容和更适当的形式,才能形成具有中华民族特色的、符合时代精神的教师职业道德,促进教育事业健康发展。归纳起来,需要我们继承和弘扬的传统师德主要有以下几点。

(一)学而不厌,诲人不倦

孔子的学生子贡这样评价孔子:"学不厌,智也;教不倦,仁也。"[1]

---

[1] 焦循撰、沈文倬点校:《孟子正义》,中华书局1987年版,第213页。

孔子自己一生勤奋好学，又温故知新，又学无定师。"学而不厌，诲人不倦"①，体现了对学生负责的精神，是对所有教师的要求。教师要教书育人，应该遍览群书，掌握渊博的知识，做到像《礼记·中庸》所要求的"博学之，审问之，慎思之，明辨之，笃行之……人一能之，己百之；人十能之，己千之"②，只有这样才能去教学生。

做教师还必须有耐心、恒心、爱心，有发自内心的意愿和渴望，把教书育人作为一件乐事，这样才能够孜孜不倦。孟子就把"得天下英才而教育之"③作为自己生平的三大乐事之一。南宋教育家朱熹是宋代理学的集大成者，不但知识渊博，更有诲人不倦的崇高精神，他有时"虽疾病支离，至诸生问辨，则脱然沉疴之去体。一日不讲学，则惕然常以为忧"④，到了一天不讲学就心中忧闷的地步，而一旦开始讲学，就精神焕发，甚至病都好了。

随着时代的发展，知识更新的速度加快，教师作为一种职业，其专业化程度也提高了。当代教师更应当掌握教书育人的技能，巩固自己已有的知识，及时学习新的知识，成为终身学习的典范。

(二) 以身作则，为人师表

重视身教是中国传统教育的精华，也是师德的至高境界。孔子本人就特别注意以身作则，"以其身之所行者教人"⑤，也就是"身教"。他认为，一个人能正己然后才能正人，"其身正，不令而行；其身不正，虽令不从"，"不能正其身，如正人何"。⑥教师必须为人师表，起模范作用。只有率先示范，做学生的榜样，才能收到良好的教育效果。

荀子认为，"夫师，以身为正仪而贵自安者也"，"以善先人者谓之

---

① 程树德撰，程俊英、蒋见元点校：《论语集释》，中华书局1990年版，第436页。
② 〔汉〕郑玄注、〔唐〕孔颖达正义、吕友仁整理：《礼记正义》下，上海古籍出版社2008年版，第2022页。
③ 焦循撰、沈文倬点校：《孟子正义》，中华书局1987年版，第905页。
④ 〔宋〕黄榦：《勉斋集朝奉大夫华文阁待制赠宝谟阁直学士通议大夫谥文朱先生行状》，见朱杰人、严佐之、刘永翔主编《朱子全书》第27册，上海古籍出版社、安徽教育出版社2002年版，第563页。
⑤ 〔宋〕杨时编辑：《二程粹言》，商务印书馆1936年版，第99页。
⑥ 程树德撰，程俊英、蒋见元点校：《论语集释》，中华书局1990年版，第901、911页。

教"①。自己的言行成为学生学习的模范,才能称得上是教师,而这本身就是教育。仅仅教学生以句读和学术知识,只能是"经师"或"业师",而不是"人师"。因为"为师者,作止语默,动必合理,子弟自有所效法"②。教师的言行举止,都能起到潜移默化的作用,都是对学生的教育。要想为人师表,必须以身作则,像王守仁所说的,在教育教学中,教师要"庄敬自持,外内若一,匪徒威仪。施教之道,在胜己私,孰义孰利,辨析毫厘。源之弗洁,厥流孔而。毋忽其细,慎独谨微;毋事于言,以身先之。教不由诚,曰惟自欺"③。教师不必过多讲说,身教重于言教,要以自身的行为表率引导学生,使之领悟其中的道理。如果言行不一,说一套做一套,则是自欺欺人。

(三) 求疑责善,教学相长

孔子认为,学习必须有自己的思考,"学而不思则罔"④,思考就会有疑问。他提倡质疑,欢迎学生诘问,在评价颜回时说:"吾与回言终日,不违,如愚"⑤,"回也非助我者也,于吾言无所不说"⑥。孔子认为,颜回对教师所说的话一味地虚心接受,是愚蠢的,这样对教师也没有帮助和启发,而应该"择其善者而从之,其不善者而改之"⑦,要"当仁,不让于师"⑧,在仁义大道面前,即使面对教师也不必谦让。而作为教师,则应该正确对待学生所提出的疑问和意见,如果真是自己错了,那么"过,则勿惮改"⑨,"过而不改,是谓过矣"⑩。孟子也特别重视怀疑的精神,他说:"尽信《书》则不如无《书》。"⑪

---

① 〔清〕王先谦撰,沈啸寰、王星贤点校:《荀子集解》,中华书局1988年版,第34、23页。
② 〔清〕李新庵著、〔清〕陈彝重订:《重订训学良规》,见徐梓、王雪梅编《蒙学要义》,山西教育出版社1991年版,第125页。
③ 〔明〕王阳明著、陈恕编校:《王阳明全集·续编三·箴一首》,中国书店2014年版,第57页。
④ 程树德撰,程俊英、蒋见元点校:《论语集释》,中华书局1990年版,第103页。
⑤ 程树德撰,程俊英、蒋见元点校:《论语集释》,中华书局1990年版,第91页。
⑥ 程树德撰,程俊英、蒋见元点校:《论语集释》,中华书局1990年版,第746页。
⑦ 程树德撰,程俊英、蒋见元点校:《论语集释》,中华书局1990年版,第482页。
⑧ 程树德撰,程俊英、蒋见元点校:《论语集释》,中华书局1990年版,第1124页。
⑨ 程树德撰,程俊英、蒋见元点校:《论语集释》,中华书局1990年版,第36页。
⑩ 程树德撰,程俊英、蒋见元点校:《论语集释》,中华书局1990年版,第1118页。
⑪ 焦循撰、沈文倬点校:《孟子正义》,中华书局1987年版,第959页。

张载要求学生善于怀疑旧说,提出新见解:"学则须疑"①,"可疑而不疑者不会学"②,"于不疑处有疑,方是进矣"③。张载认为,读书只有善于质疑,才能长进,"义理有疑,则濯去旧见以来新意"④,通过合理怀疑清除旧见,以创发新说。

《礼记·学记》首先提出了"教学相长"的重要原则:"学然后知不足,教然后知困。知不足然后能自反也,知困然后能自强也。故曰'教学相长'也。"⑤这句话包括了两个方面的含义,从学生方面说,学生从教师的教学中获得知识,但仍需要自己努力学习,才能有所提高;从教师方面说,教的过程也是学习的过程,教与学互相促进,提高教的水平。王守仁可谓深刻领会了教学相长的重要意义,他提倡师生间相互"责善",即互相批评。他鼓励学生向教师提意见,并从自己做起,向学生宣布:"诸生责善,当自我始"⑥,"凡攻我之失者,皆吾师也,安可以不乐受而必感之"⑦。其意义就在于:"使吾而是也,因得以明其是;吾而非也,因得以去其非,盖教学相长也。"⑧"教学相长",不仅是指教师在教育学生时,因钻研教材而提高自己的学识,而且指学生对教师有所启发和帮助;所以,教与学相辅相成,教育学生的过程,也是教师自身提高的过程。

(四)安贫乐道,敬业奉献

从事传道、授业、解惑的教师向来清苦,但只有不以为苦,反得其

---

① 〔宋〕张载著、章锡琛点校:《张载集·经学理窟·学大原下》,中华书局1978年版,第286页。

② 〔宋〕张载著、章锡琛点校:《张载集·经学理窟·学大原下》,中华书局1978年版,第286页。

③ 〔宋〕张载著、章锡琛点校:《张载集·经学理窟·义理》,中华书局1978年版,第275页。

④ 〔宋〕张载著、章锡琛点校:《张载集·经学理窟·学大原下》,中华书局1978年版,第286页。

⑤ 〔汉〕郑玄注、〔唐〕孔颖达正义、吕友仁整理:《礼记正义》中,上海古籍出版社2008年版,第1425页。

⑥ 〔明〕王阳明:《教条示龙场诸生》,见《王阳明全集》(4),中国画报出版社2016年版,第99页。

⑦ 〔明〕王阳明:《教条示龙场诸生》,见《王阳明全集》(4),中国画报出版社2016年版,第99页。

⑧ 〔明〕王阳明:《教条示龙场诸生》,见《王阳明全集》(4),中国画报出版社2016年版,第99页。

乐，才能为了心中的道义而甘于奉献。"故师之教也，不争轻重尊卑贫富，而争于道。"① 孔子主张以义取利，见利思义，认为君子应该"谋道不谋食……忧道不忧贫"②。董仲舒也呼吁仁人志士"正其谊不谋其利，明其道不计其功"③。孔子办私学，仅收取学生几条腊肉而已，同时，他还赞扬自己的学生颜回，"一箪食，一瓢饮，在陋巷，人不堪其忧，回也不改其乐"④。

教师向学生传授的首先是"道义"，其次才是知识。"道"不但是教育的根本，也是政治的根本。"教者，政之本也。道者，教之本也。有道然后教也，有教然后政治也。"⑤ 所以韩愈才说："道之所存，师之所存也。"⑥ 对"道义"的追求，一直是中国知识分子传统的目标和任务，甚至"朝闻道，夕死可矣"⑦。所以，"君子得位则行其道，不得位则行其教。教行，道亦行矣"⑧。

教师要敬业、勤业、术业精深。只有自己具备较深的学术造诣，才能"以其昭昭，使人昭昭"⑨。精益求精，乐业敬业不仅是一般的公共道德要求，也是教师的治学道德要求，必须时刻以"业精于勤而荒于嬉"来自警。元代著名教育家许衡读书"不啻饥渴"，受命办学任教后，便食宿于校，"家事悉委其子师可，凡宾客来学中者，皆谢绝之"⑩，他说："学中若应接人事，诸生学业必有所妨。外人谤怒是我一己之事，诸生学业乃上命也。"⑪ 为了让弟子"习学算术"，许衡研究了自尧、舜至元代3 600多年间的算学史，按年代编成一书，"令诸生诵其年数而加减之"。⑫ 逢年过

---

① 许维遹撰、梁运华整理：《吕氏春秋集释》，中华书局2009年版，第88—89页。
② 程树德撰，程俊英、蒋见元点校：《论语集释》，中华书局1990年版，第1119页。
③ 〔汉〕班固撰、〔唐〕颜师古注：《汉书》第8册，中华书局1962年版，第2524页。
④ 程树德撰，程俊英、蒋见元点校：《论语集释》，中华书局1990年版，第386页。
⑤ 〔汉〕贾谊著、〔清〕卢文弨校：《贾谊新书·大政下》，上海古籍出版社1989年版，第67页。
⑥ 庄适、臧励龢选注：《韩愈文·师说》，商务印书馆1931年版，第21页。
⑦ 程树德撰，程俊英、蒋见元点校：《论语集释》，中华书局1990年版，第244页。
⑧ 〔清〕张履祥：《愿学记一》，见李国钧主编《清代前期教育论著选》上册，人民教育出版社1990年版，第177页。
⑨ 焦循撰、沈文倬点校：《孟子正义》，中华书局1987年版，第981页。
⑩ 〔元〕苏天爵辑撰、姚景安点校：《元朝名臣事略》，中华书局1996年版，第173页。
⑪ 〔元〕苏天爵辑撰、姚景安点校：《元朝名臣事略》，中华书局1996年版，第173页。
⑫ 〔元〕苏天爵辑撰、姚景安点校：《元朝名臣事略》，中华书局1996年版，第173—174页。

节，凡学生送礼，许衡都一概谢辞，说自己教书是"为国家，为吾道，为学校，为后进，非为供备我也。夫为官守学，所当得者俸禄也。俸禄之外，复于诸生有取焉，欲师严道尊难矣"①。许衡这种刻苦钻研、严谨治学的态度和敬业奉献、严谨守道的作风，实为后世楷模。

（五）因材施教，循循善诱

孔子主张"有教无类"②。东汉马融对此解释为："言人所在见教，无有种类。"③ 皇侃说得更明白："人乃有贵贱，宜同资教，不可以其种类庶鄙而不教也，教之则善，本无类也。"④ 人本身是有差异的，教育和社会环境对人也有巨大的影响作用。传统教育早就认识到了这一点，所谓"近朱者赤，近墨者黑"。墨子认为，环境对人的教育作用是"染于苍则苍，染于黄则黄，所入者变，其色亦变"⑤。荀子将之比喻为"蓬生麻中，不扶而直；白沙在涅，与之俱黑"⑥。人本身有先天和后天差异，就应该对其施以不同的教育。

针对学生不同的能力、品性、趣好和志向，教师采取不同的教育方法，施以不同的教育内容，这首先是孔子的教学经验。他曾针对不同学生问"仁"，对不同的学生有着不同的回答。孟子对孔子的做法做了进一步的发挥，他说："君子之所以教者五，有如时雨化之者，有成德者，有达财者，有答问者，有私淑艾者。此五者，君子之所以教也。"⑦ 王守仁认为："因人而施之，教也。各成其材矣，而同归于善。……是故因人而施者，定法矣；同归于善者，定法矣。因人而施，质异也；同归于善，性同也。夫教，以复其性而已。"⑧ 朱舜水在学生问什么是"师教弟子之法"⑨

---

① 〔元〕苏天爵辑撰、姚景安点校：《元朝名臣事略》，中华书局1996年版，第175页。
② 程树德撰，程俊英、蒋见元点校：《论语集释》，中华书局1990年版，第1126页。
③ 程树德撰，程俊英、蒋见元点校：《论语集释》，中华书局1990年版，第1126页。
④ 转引自李全生主编《中外教育简史》，天津人民出版社2010年版，第160页。
⑤ 吴毓江撰、孙启治点校：《墨子校注》，中华书局1993年版，第16页。
⑥ 〔清〕王先谦撰，沈啸寰、王星贤点校：《荀子集解》，中华书局1988年版，第5页。按，此书无"白沙在涅，与之俱黑"一句，"疑后人依《大戴》删之也"，此处补上。
⑦ 焦循撰、沈文倬点校：《孟子正义》，中华书局1987年版，第942—943页。
⑧ 〔明〕王阳明：《王阳明全集1》，中国画报出版社2016年版，第265页。
⑨ 〔明〕朱之瑜：《朱舜水全集·答问二》，中国书店1991年版，第185页。

第二章 教师职业道德概说

时，回答："师之教人，必因其材而笃焉，无所为法也。"①

因材施教还包括针对不同年龄阶段的学生施以不同的方法和内容。朱熹把人接受教育分为"小学"和"大学"两个阶段，从8岁到15岁为小学阶段，15岁以上为大学阶段。朱熹认为，孩子幼小时，就应该教一些孝悌诚敬之类的故事，到"人生八岁，……皆入小学，而教之以洒扫、应对、进退之节，礼乐、射御、书数之文。及其十有五年，则……入大学，而教之以穷理、正心、修己、治人之道。此又学校之教、大小之节所以分也"②。不同的年龄阶段，教法和教材都有针对性，比如，关于儿童的教育，我国传统的启蒙教材《三字经》《百家姓》《千字文》《开蒙要训》《增广昔时贤文》等都简单易学，读起来朗朗上口，很适合孩子的特点。传统的蒙养教学同样注意培养孩子的学习兴趣，主张因势利导，不强迫。朱熹于《小学》引程颐之语，说："教人未见意趣，必不乐学。"③王守仁也主张："今教童子必使其趋向鼓舞，中心喜悦。"④传统的教学方式不是班级制，每个学生的学习进度不一，教师也不得不逐个了解学生，分别制订教学计划，因材施教。

循循善诱，是教师实施教学过程的基本方法，就是要善于诱导和启发学生学习进步。孔子在教学时，"不愤不启，不悱不发。举一隅不以三隅反，则不复也"⑤，就是非常善于在学生心求通而未得、口欲言而不能时，才启发他们，让他们做到举一反三。颜渊师从孔子的感觉是"循循然善诱人，博我以文，约我以礼，欲罢不能。既竭吾才，如有所立卓尔"⑥。荀子说"不问而告谓之傲（躁），问一而告二谓之囋（繁琐）"⑦，意思就是，教师解答学生的疑问要把握时机和度，不要急躁，不能把所有的东西一下子都告诉学生，应该给学生留下思考的余地。《礼记·学记》也提出了教学当中教师应遵循的启发诱导原则，"君子之教喻也，道（引导）而

---

① 〔明〕朱之瑜：《朱舜水全集·答问二》，中国书店1991年版，第185页。
② 〔宋〕朱熹：《大学章句序》，见朱杰人、严佐之、刘永翔主编《朱子全书》第6册，上海古籍出版社、安徽教育出版社2002年版，第13页。
③ 朱杰人、严佐之、刘永翔主编：《朱子全书》第13册，上海古籍出版社、安徽教育出版社2002年版，第434页。
④ 〔明〕王阳明著、张怀承注译：《传习录》，岳麓书社2004年版，第240页。
⑤ 程树德撰，程俊英、蒋见元点校：《论语集释》，中华书局1990年版，第448页。
⑥ 程树德撰，程俊英、蒋见元点校：《论语集释》，中华书局1990年版，第594页。
⑦ 〔清〕王先谦撰，沈啸寰、王星贤点校：《荀子集解》，中华书局1988年版，第13页。

弗牵，强而弗抑，开而弗达。道而弗牵则和，强而弗抑则易，开而弗达则思。和、易以思，可谓善喻矣"①。在教学时，教师一定要注意不能拔苗助长，"其进锐者其退速"②。

二、西方教师职业道德

不同的社会文化土壤产生了具有差异性的道德观念。在外国教育发展史上，有不少关于师德的深邃思想、精湛论述和成功经验，值得我们借鉴。

（一）西方教师职业道德思想观念

任何精神、思想、理念都根植于一定的社会文化土壤中，从而具有自身的特点。生长在西方社会文化土壤中的师德观念，有其自身鲜明的特征。

1. 教师不是权威者、传道者，而是指导者、唤醒者

古希腊哲学家柏拉图反对强迫学习，认为教师应善于引导学生，把他们内在的"善"通过教育开发引导出来。他推崇苏格拉底的"产婆术"教学法，认为强迫学习的东西是不会保留在心里的。教师的责任就在于给学生的行为划出是非界限，指明正确道路。中世纪教育家奥古斯丁认为，教师的工作不仅仅是提供现成的知识，更重要的是启发、激励学生去自我学习和自我思考，激活他们内心已经知道的真理。

被称为"德国教师的教师"的19世纪著名教育家第斯多惠认为，教师的神圣使命是引导学生走正确的道路，激发学生对真和善的渴求，使学生的素质和能力得到最大发展。法国的马利丹认为，教育就是人的完整的一体化的发展过程，是人的内在自我的发展。教师的首要作用不是知识的传播和训练，而是充当"唤醒者"，通过教师对人性的"唤醒"，来解决社会的"道德危机"。作为"唤醒者"的教师，首先应当帮助学生认识真理，使他们的思维和判断力得到发展；其次才是传递文化遗产。美国的教

---

① 〔汉〕郑玄注、〔唐〕孔颖达正义、吕友仁整理：《礼记正义》中，上海古籍出版社2008年版，第1439页。

② 焦循撰、沈文倬点校：《孟子正义》，中华书局1987年版，第947页。

育哲学家尼勒认为，教师的主要任务不是以灌输知识为主，也不是以帮助学生解决情境的问题为主，而是帮助学生走向自我实现。

2. 尊重学生的天性与个性

西方教育家反对压抑学生个性，认为教师的首要工作应当是关心爱护学生，尊重学生个性的发展，因材施教。

古希腊的德谟克利特提出，教育要适应儿童的天性，教师教育儿童时要采取说服鼓励的方法，而不要采取强迫的做法。德谟克利特认为，由内心爱好和良言规劝所激励而趋向美德的人，比受法律和强力所迫使而趋向美德的人更美好。古罗马教育家昆体良提出，教师应当深入了解学生的心理特征、个性、才能和倾向，更有针对性地进行教育教学。昆体良认为，教育要能培植各人的天赋特长，要沿着学生的自然倾向最有效地发展他的能力；就如同一个体操教师，当他走向挤满了少年的体育馆时，用各种方法对他们的身体和精神状态进行测验，然后才决定每一个人接受哪一类竞赛训练。

法国启蒙思想家卢梭认为，每个人的心灵都有他自己的形式，必须按他的形式去指导他。教育应适应儿童天性的发展，教师要促进儿童身心的自然发展，要处处考虑儿童的天性，让他们享有充分的自由，尊重他们的个性。他尖锐地批评了严峻的法律、残酷的体罚对儿童个性的压抑。卢梭认为，教师必须在好好地了解他的学生之后，才能对他说第一句话，先让他的性格种子自由自在地表现出来，不要对它有任何束缚，以便全面地、详细地观测它；要注意适应儿童的个性差异，才能对其天性发展给予正确的指导。瑞典教育家爱伦·凯认为，教师的真正使命就是帮助儿童，使他们的个性自然地发展。教师的作用是把儿童引导到真实的世界中去，而不是引导到抽象的世界中去；应该把儿童引导到大海里去，而不是引导到水管里去。英国教育家怀特海认为，心智活动不是被动的，而是一种灵敏的、积极主动的、永不休止的活动。

3. 教师应亲善友好，师生应平等互爱

关于师生之间的关系，昆体良强调教师要带有情感地关爱学生，教师对待学生的态度，应当严峻而不冷酷、和蔼而不纵容；冷酷会引起厌恶，纵容会招致轻视。教师应多用告诫，少用惩罚；工作要有耐心，不对学生发脾气。英国空想社会主义者欧文也是一位卓有实绩的教育家。他认为，教师对学生的爱护、宽容及其对儿童的温和态度比他的学识和专业修养更

重要。法国16世纪的人文主义思想家蒙田认为,教师不应只是一个人讲话,而应该允许儿童有讲话的机会。教师有时候给儿童开条路,有时候要让他自己去开路。如果儿童有能力,他可以自己选择决定;倘若不能,他还可存疑。

19世纪末20世纪初,欧洲兴起了新教育运动,美国兴起了进步主义运动。"新教育"思想的各个代表人物基本上都主张师生之间应互相信任、平等合作。教育革新的代表人物杜威认为,教育过程是儿童和教师共同参与的过程,也是儿童和教师真正合作的、相互作用的过程。在这个过程中,儿童和教师双方都是作为平等者和学习者参与的,这意味着儿童和教师之间有着比在传统学校里更复杂和更亲密的接触,其结果是儿童更多地而不是更少地受到指导。

（二）中外教师职业道德观念比较

历史的发展和现实社会制度、国情的不同,使中外的教师职业道德观念存在着一定差异。

1．强调社会责任与崇尚自我价值

中国古代一直采用私塾这种个别教学形式。私塾以教师为中心,十分强调教师的"做人",不仅要求教师养成"克己爱人、团结和谐、孝为公理、尊人卑己、见利思义"等充分体现社会本位价值的道德关系,而且要求其在教育教学中灌输给学生,做到教书育人。孔子主张"仁者爱人",要求教师以"仁"和"礼"为道德标准教育学生,其价值导向并不是个体独立人格的确立,而是一种人们应该具有的对别人、对社会的义务,旨在维持社会的和谐和稳定。孟子则直接把对维系社会秩序具有积极作用的"孝"视为教育的主要内容,主张"谨庠序之教,申之以孝悌之义"[①]。从古到今,广大教师以"为天地立志,为生民立道,为去圣继绝学,为万世开太平"[②]为己任,以"先天下之忧而忧,后天下之乐而乐"以及"国家兴亡,匹夫有责"等为人生信条,这使中国师德思想充满了强烈的社会本位色彩。

与中国师德思想相比,西方师德思想呈现出较为浓厚的个人本位色

---

① 〔战国〕孟轲著,杨伯峻、杨逢彬注译:《孟子》,岳麓书社2000年版,第5页。
② 〔宋〕张载著、章锡琛点校:《张载集》,中华书局1978年版,第320页。

彩。古希腊普罗塔哥拉提出"人是万物的尺度"①，随后，古希腊著名的哲学家、教育家苏格拉底提出："思维着的人是万物的尺度。"② 纵观西方师德思想的发展，它要求教师在教育中维护人的需要和利益，提出人的价值和尊严，强调人的地位和作用。文艺复兴时期，西方师德思想更是体现了提倡人性反对神性、提倡人权反对神权、提倡个性解放反对压抑个性的个人本位主义色彩。17世纪英国资产阶级革命发生后，受资产阶级"自由""平等""博爱"学说的影响，西方师德思想中个人本位主义迅速发展。洛克从"自然人权"和"契约论"出发，阐述了个人自由和权利，认为凡是给个人带来快乐和幸福的行为就是善的德行。从卢梭到杜威也一直强调在教育教学中要以"学生为中心"，要求教师具有民主品德，反对教师把自己的目的强加给学生，主张个性自由和发展。

2. 师道尊严和师生和谐

中国几千年的文化发展逐渐形成了师道尊严的文化观念，在师生关系中竭力推崇教师的权威。荀子把"天、地、君、亲、师"并列起来，认为"天地者，生之本也；先祖者，类之本也；君师者，治之本也"③，将教师提到非常高的地位，并指出"国将兴，必贵师而重傅……国将衰，必贱师而轻傅"④，视尊师与否为国运兴衰之征兆。《礼记·学记》在中国师德思想史上明确提出了师道尊严的观念，认为"凡学之道，严师为难。师严然后道尊，道尊然后民知敬学"⑤。明代王守仁也认为"师严道尊，教乃可施"⑥。《三字经》中说："养不教，父之过；教不严，师之惰。"⑦师道尊严的思想要求为师者严以律己、以身作则。

西方师德思想十分强调师生之间关系的和谐，要求教师热爱学生，与之平等相处，使学生健康茁壮成长。苏霍姆林斯基要求教育者应当是受教育者的知心人，应"善于跟他们交朋友，关心孩子的快乐和悲伤，了解

---

① 袁鸣：《简明西方哲学史》，北京工业大学出版社2013年版，第38页。
② 〔德〕黑格尔著，贺麟、王太庆译：《哲学史演讲录》第2卷，商务印书馆1959年版，第53页。
③ 参见〔清〕王先谦撰，沈啸寰、王星贤点校《荀子集解》，中华书局1988年版，第349页。
④ 〔清〕王先谦撰，沈啸寰、王星贤点校《荀子集解》，中华书局1988年版，第511页。
⑤ 〔汉〕郑玄注、〔唐〕孔颖达正义、吕友仁整理：《礼记正义》中，上海古籍出版社2008年版，第1443页。
⑥ 马文熙：《历代箴铭选读》，山西人民出版社1987年版，第88页。
⑦ 〔宋〕王应麟撰，陈成国、喻清点校：《三字经》，岳麓书社2002年版，第3—4页。

孩子的心灵,时刻都不忘自己也曾是个孩子"①。奥地利著名教育学家布贝尔也认为,"具有教育效果的不是教育的意图,而是师生间的相互接触"②。资产阶级的思想家和教育家认为,每个人生来都应享有自由平等的权利。他们严厉抨击了旧式学校盲目的棍棒纪律,认为在这种棍棒纪律下儿童产生的畏惧心理不仅使儿童反其本性常态,而且使他们走到对自己有害的地步:性格变呆板,在教室里感到苦闷无聊并养成虚伪的习惯。因此,他们提出,教师要热爱儿童,关心和尊重儿童,依照儿童自然发展的程序,以平等、民主的精神来对待学生。

3. 情感本位与理性本位

中国与西方在处世、思维、情感表达上有偏重感性与偏重理性的不同,这从各自的文化中表现了出来。师德也然,中国师德思想偏重"情感",西方师德思想偏重"理性"。中国传统社会在处理人际关系时,一直受血缘和宗族关系的影响,形成了家族化的价值取向,这种价值取向影响着中国的师德思想,也使师生之间的关系带有浓烈的情感色彩,"一日为师,终身为父",学生称教师为师父、恩师,教师则称学生为弟子、徒弟。今天,学生离开母校远走高飞,会时不时给教师写信,或捎来佳音,或送来祝福,这种尊师爱生的传统成为中华民族优良文化的一部分。

西方师德思想较为重视理性。古希腊苏格拉底提出"美德即知识",把知识和道德等同起来。亚里士多德认为,人生的最终目的是追寻美满的生活,美满的生活应该是理性的生活,他十分重视教师道德中理性精神的培养。另外,西方许多教育家还从不同方面论述了在道德中理性应居于主导地位的思想,因为理智可以把人的愿望引向良好的轨道,形成完美的德性。

"从所有我们所知晓的教育者来看,洞穴中的生活是艰难的。我们知

---

① 转引自《中华中等医学教育研究与实践》编委会编辑《中华中等医学教育研究与实践》第4卷,黄河出版社1996年版,第256页。
② [奥]布贝尔:《品格教育》,见华东师范大学教育系、杭州大学教育系编译《现代西方资产阶级教育思想流派论著选》,人民教育出版社1980年版,第303页。

道，它不直接鼓励它的居民考虑太多有可能提供普遍性的大问题或者真理，这种普遍性是洞穴幻象之上和超越洞穴幻象的。我们对公正、和平、一个更加公平和更加平等的世界的梦想与希望，通常建立在直觉、感觉或者这种普遍性概念之上，但是它们的逃离和撤退跟它们的到来一样迅速。它们可以通过日常生存的需要被克服，同样也可以通过疏远、抽象和逃离于洞穴提供的娱乐需要而克服。不过，在生活的某个特别时刻，我们或许会感觉到，我们接触到了那些更宏大的感觉和思想。也许是临死前，也许是在危难临头的时候，也许是在我们突然感觉到自然及自然景观之宏大无边时的静默时刻，也许是当我们仰望星空，感觉到自己在整个宇宙中比一粒微尘更加渺小和更有意义的时刻。或者，也许是在学校遭遇失败后坐在海边书写一首诗歌的时候。"①

"教学好比是在教育领域中进行的激浪漂流。表面平静的河段常常被狂暴的湍流骤然打断。厌烦与兴奋交替，沉思和行动更迭。成功地通过急流险滩时我们觉得自信而振奋；一旦翻了船开始随波逐流，我们的自信便摇摇欲坠，只好在自我怀疑中浮沉。每个教师早晚都会遭遇翻船，每个称职的教师也都会时不时地问自己究竟做得是否正确。周期性地经历犹疑、失望、自我贬低，那都是很正常的。事实上，充分意识到实践中各种令人痛苦的窘境，时刻准备好承认这些体验带给我们的打击，这正表明了我们还保持着至关重要的敏锐性。如果你否认经历过这些逆境，那你不是抱着极端的拒认事实的态度，就是靠自动驾驶仪上的每一堂课。正如杰希尔德（Jersild，1955）在他的经典研究中所说的，教学是一种常常会让人感觉到孤独、焦虑、遭疏远和被辜负的经历。"②

---

① ［英］尼格尔·塔布斯著，王红艳、杨帆、沈文钦等译：《教师的哲学》，山东教育出版社2014年版，第128页。
② ［美］斯蒂分·D.布鲁克菲尔德著，周心红、洪宁译：《大学教师的技巧——论课堂教学中的方法、信任和回应》，浙江大学出版社2005年版，第2页。

你的教鞭下有瓦特。你的冷眼里有牛顿。你的讥笑中有爱迪生。

——陶行知①

第三章 教育的良心、爱与宽容

教育良心是一种特殊的社会意识,是人们关于教育事业的道德意识、思想、言行,以及自我道德评价。它既是人类的教育实践的精神,也是人类把握教育世界的特殊方式。把教育工作当成一项良心事业,不仅是时代的呼唤,也是对现实教育活动回归教育本真的追寻。教育活动,是教育者与受教育者心灵交往和相互作用的过程,需要教育者高度的道德自觉和灵魂觉悟。教育良心,是每一位教育工作者必须具备的职业道德素质,也是每一位教育工作者都应该追逐并坚守的道德灵魂。

爱是教育的灵魂,没有爱就没有教育。教师如果不爱教育、不爱学生,那么教育就不可能被付诸实践,学校就会变成"监狱",教育也会堕落为一种纯粹的规训与控制。对于教师本人来说,如果对教育缺乏爱,对工作冷漠相向,则对学生是一种伤害,对自己也是一种不负责任的表现。整日面对一群精力充沛、茁壮成长的孩子,他会痛苦不堪。所以,对于教师而言,只有在职业道德修养上处于较高的水平,才能真正践行教育爱。

惩罚是教育,宽容也是教育,有时宽容比惩罚更有影响力,也更符合教育的规律。宽容不仅是一种道德上的责任,也是一种政治上和法律上的需要。不宽容使人愚蠢,愚蠢使人不宽容;不宽容的世界必然是一个愚蠢的世界,不宽容也必将使人失去最为宝贵的创造力。

---

① 陶行知:《陶行知全集》第 7 卷,四川教育出版社 2005 年版,第 34 页。

第三章 教育的良心、爱与宽容

第一节 教 育 良 心

"十年树木,百年树人",这不仅说明了教育工作的艰辛,更说明了教育工作的深刻意义和深远影响。一个人只有接受了正确的教育才会成为一个真正的人。可见,教育工作关系到受教育者的心灵塑造、道德生成及素质发展,实质上关系到一个国家的未来发展和文明程度。良心无论对社会的健康发展还是对个体的道德生活都有极大的意义。良心是教育工作的重要动力和调节机制所在。

一、教育良心的内涵

良心是"人们对他人和社会履行义务时所体现出来的道德意识、道德责任和区分正邪与善恶的道德理性评价能力。它是指向行为者自我的道德约束,是一种自我的道德评价,是道德义务的内化形式,是个体自律的最高表现,是个人意识中各种道德因素的有机结合"[1]。简而言之,良心就是仁慈之心、善良之心,指的是人与生俱来的道德感,是人类辨别是非、对错的能力。良心也是人之为人的本质特征,是被现实社会普遍认可并被自己认同的行为规范和价值标准。一个人如果具备了良心,即便没有外在的约束和监督,也会做到"慎独",做到自我约束。

"良心"是一个古老而又蕴含深意的词。在中国,"良心"一词最早见于《孟子·告子上》:"其所以放其良心者,亦犹斧斤之于木也,旦旦而伐之,可以为美乎?"[2] 此处,"良心"意为"善心"、仁义之心,包含恻隐、羞耻、恭敬、是非等情感。朱熹说:"良心者,本然之善心,即所谓仁义之心也。"[3] 儒家把良心视作万物之源、众善之本。《现代汉语大词

---

[1] 胡弼成、李斌:《教育工作是一项良心事业》,载《湖南师范大学教育科学学报》2015年第14卷第3期,第35页。
[2] 杨伯峻:《孟子译注》,中华书局2005年版,第263页。
[3] 〔宋〕朱熹注、王华宝整理:《四书集注》,凤凰出版社2016年版,第313页。

典》把"良心"诠释为"本指天然的善良心性。后多指内心对是非、善恶的正确认识"①。我们平时谈的良心大多为此意,即一种善意的情感或仁义之心,是对自己内心的是非善恶、道德行为准则的正确认识。在西方哲学里,良心(conscience)作为一个古老的伦理概念,历代许多思想家都对此有所论述。卢梭把良心喻为"上帝的声音",黑格尔把良心和义务紧密地联系起来,认为良心不是权衡利弊得失,而是义务的普遍实现,是个体自觉意识到客观义务而形成的道德理性精神。马克思也认为,良心是客观道德义务,是以内心道德法则的形式积淀下来的人的道德自制能力。

教育工作是一项良心事业。在人们的理想诉求中,教育工作与"良心"二字天然地联系在一起;教育工作是离不开良心的,两者息息相关,密不可分。对教师而言,教育工作不仅仅是一个职业,更是一种神圣的召唤,召唤他们为教学、为学术奉献爱。教育工作是一项良心事业,意味着教育本身是做良心的工作,教育工作需要用良心来做。

教育良心是人的道德意识和认知在教育活动中的反映,"是在教育实践中,教育者对社会提出的道德要求的自觉意识和情感体认,是在履行教育职责时体现的高度责任感及对自我教育行为的道德调控和道德评价的能力"②。教育良心作为一种道德意识要求和道德自律机制,是教育主体充分实现其教育潜能的原动力,是一种能使教育工作者担负起教育责任的自觉意识。它促使教育者理性地认识和评价自己行为的社会后果,对教育工作的质量保障起到积极的促进作用。广泛意义上,教育良心的主体是教育活动的组织者和实施者,不仅仅指学校的教师,还包括参与教育工作的辅助者、管理者及决策者。教育良心是每一位教育工作者都必须具备的职业道德素质,也是每一位教育工作者都应该追逐并坚守的道德操守和灵魂。

二、教育良心的特征

教育良心是教师道德人格的守护神,蕴含着教育的伦理精神。它的形式是主观的,内容却是客观的。教育良心有以下四大特征。

---

① 阮智富、郭忠新:《现代汉语大词典》下册,上海辞书出版社2009年版,第2996页。
② 徐新:《教育良心及其三层内蕴》,载《大学教育科学》2007年第1期,第31页。

（一）效果的示范性

教育良心是教师职业道德的内化形式，它的形成标志着教师已将社会的道德要求转化为自我的道德意识，成为一种理性精神。教师的言行接受教育良心的指导和内控。这种良心对教育对象起到了潜移默化和感召的作用。

（二）责任的自究性

教育良心是隐藏在个体内心深处的一种真挚情感，是一种高度自觉的精神力量，虽然目不能及，却在教育活动中起着导向性的作用。教育良心较之一般良心具有更高程度的主体自觉水平。主体的自觉性体现在教师思想上的自我警觉、行为上的自我监控，以及道德上的自育自省。

（三）目的的利他性

教育工作的目的指向社会大众和受教育者，而不是教育者自身，体现在教育工作者身上的教育良心也具有目的的利他性；教育良心一旦形成就会成为一种稳定的品质，能够比较深入持久地对教育工作者的行为发挥积极作用。亦即这种利他性不是一时一地的临时举动，而是长期的职业行为与表现。

（四）外显的综合性

教育良心包含着理性，是人的理性的一种深沉积淀；又包含着意志，是人的意志力的突出表现；还内含着非理性的东西，如直觉、本能、情商等。它是一个综合因素的结合体。教育良心一旦形成，其作用范围十分广泛，可以渗透进教育活动的一切领域之中，影响个体行为的方方面面。

三、教育良心的价值

教育良心的实践力量产生的道德价值，体现在它对教师的道德行为起着定向作用，能够增强教师对教育事业的使命感，进而促进教师主体生命价值的自我实现，并提升教师的精神境界。

教师职业道德教育

（一）教育良心对教师的道德行为起着定向作用

教育良心是教师选择道德行为的内在根据，对教师的外在行为起着约束作用，进而成为教育主体自身行为的调节器。

首先，在教师选择道德行为之前，教育良心成为主体行为的"决策者"，对教师行为起到某种鼓励或禁止的作用，对出于教育良心的思想和行为给予鼓励与鞭策，对违背教育良心的念头和行为则给予禁止与否定。这使得教师在进行行为抉择时，遵循一种善良的教育动机，他的选择必须以有利于教育对象的健康发展为尺度。教育良心肯定合乎教育德性要求的行为选择，否定悖于教育德性要求的动机和行为。

其次，在教育行为进程中，教育良心成为主体行为的"监察员"，对教师行为起到自我监控作用。他随时督促教师按教育良心的旨意行事，一旦发现自己的行为有偏离良心要求轨道的迹象，就会立即提醒自己，并迫使自己修改行为方向，朝着教育良心设定的路线行进。教师工作在大多数情况下是个人自主完成的，外部监督的力量相对弱小，这样教育良心的自我督察作用就显得十分重要。这实际上是教师"慎独"品质的一种体现。因此，对于一个真正有教育良心的教师来说，他总是能够听从内在自我的呼声，执行内心的律令，以正当的行为保证学生和教育合法利益的实现。

再次，在教育行为结束后，教育良心又成为教师内心法庭的"审判官"，对教师的行为进行道德自我鉴定。对于合乎教育良心的行为给予安慰或褒扬，使主体产生一种道德崇高感；对于背离良心的失范行为，则对主体进行良心上的谴责或贬斥，使教育主体对自己的过失行为进行真切的忏悔。由此可见，教育良心成为教育活动中个体在道德行为上进行自我审视的内在价值标准和自我评价能力，也就成为促使教师自我道德完善的强大的内部动力。

（二）教育良心能增强教师对教育事业的使命感

教育良心作为一种道德资源和道德影响，对教育事业有着特殊的意义。众所周知，教师职业与其他职业的最大区别是劳动对象的不同。教师的劳动对象主要是有思想、有感情的未成年人，教育的目的在于培养人。教师工作质量的优劣不仅对学生的一生有着长远的影响，而且对整个社会的发展起着决定性的作用。

教育良心的道德价值就体现为教师对祖国未来前途和命运的深深关切,对自己为现代化建设肩负的巨大使命的自觉意识,以及对学生一生负责的高度责任心。从这个意义上说,教育良心是教师确立人生追求的价值目标,以及作为教育活动主体能动追求道德进步的理想的动力因素。而客观上,教师的工作性质是弹性的,很难用一个具体的标准来量化。教师对学生的工作也没有清晰的边界和限度,其工作的数量和质量往往是与教育良心的水平成正比的。教育成果大多数情况下又是通过教育良心来认定的。教育良心水平较高的教师,把对教育事业的使命感转化为对教育工作的高度责任感,这种高度自觉的责任意识使教师自觉自愿地为教育对象付出更多的心血和精力。教师收获的往往不是物质和荣誉的回报,而是良心上的宽慰和精神上的满足,这正是教育良心产生道德实效的生动写照。

教育良心是推动教师忘我工作、献身教育事业的精神支柱和道德源泉。需要指出的是,教育良心所呈现的教育使命感在于实行一种蕴含更多人文科学精神的神圣教育。这种教育的神圣性在于给学生的不仅是知识,还是智慧;追求的不仅是知识的价值,还有学生内在心灵和品格的培养。这种教育理念代表着社会良心,它要求教育肩负的责任向度不仅是对现在和个体负责,更是对未来和整体负责。联合国教科文组织提出由"学会生存"向"学会关心"转变,集中体现了这种教育精神的实质。它使人们不断克服外在的控制而走向内在的自由。这意味着在新的历史条件下,教育良心依循一种更高的道德目标和价值追求。因此,教育良心更多的是承受自觉的应尽责任。

(三) 教育良心促进教师生命价值的自我实现

教育良心的本性不是对道德义务的理性自觉,而是实现教育主体的个人价值和社会价值。而教师个人价值的实现又是通过社会价值的实现来完成的。

教育工作的特点,决定了教师价值的自我实现需要通过教育对象来体现。教师在创造性劳动中塑造学生的德行和心智,学生成为教师劳动对象和劳动产品的统一体。学生成绩的综合评定显现了教师的教育能力和道德水平,教师也在学生的进步中使自身的价值得以提升。然而,缺乏教育良心的教师,既无法真正投身于教育事业之中,也不能体验到教育成功所带来的幸福。教师的劳动既是发挥个人才能的活动,也是他们参与历史创造

的活动，甚至是个人达到自我完善的生存方式。因此，教师只有在教育良心的引领下，才能实现对自我的超越。

教师社会价值的实现一般表现在两个方面：一方面是自我能力展示在教育教学和科研的成就上，另一方面是教师精神人格所产生的社会影响和社会作用。因此，教师的价值选择不仅是做"蜡烛"，而且要做"珍珠"。珍珠的特点是既自己闪光，又点亮别人。教育良心的本质要求不是教育德性的内存，而是教育德性的价值外化。教育良心的道德价值更在于它蕴含一种超越时代的实践理性。这意味着教师需要以一种面向世界和未来的文化品格与文化心灵，去规范、引导学生的精神生活。它鞭策教师在思想和学识上与时俱进，不断进取，而不至于"误人子弟"。这是由教育事业及教育对象的发展性所决定的。因此，缺乏教育良心，不仅没有教育的合道德性，也没有教师对自身精神领域的无限拓展和对理想人格的永恒追求。

所以说，教育良心不仅具有社会价值，也具有个体价值。它实际上意味着一种自我评价机制的存在，为教育行为主体进行自我审视确立了内在的价值标准，又以强大的内部动力促使个体不断自我更新、自我完善。

四、教育良心的要求

（一）教育良心对教师的要求

教师是特别倚重良心的职业，是最需要良心作为保障的职业。教师最基本的实践活动是教书育人，教师的良心主要体现在教学活动中。良心作为教师自我的道德评判能力和职业道德灵魂，应成为教师内心的自我"立法"，以规约和引导教师在现实教学生活或实际教学行为中做出无愧于自身职业或身份的选择。如果说教育是用一颗心去触碰另一颗心，是心与心的交流和碰撞，那么"教"与"学"便是真正完成师者和学者两颗心交流与碰撞的过程。在学校教育里，教育工作主要是由教师的"教"与学生的"学"统一组成的"一体两面"的双边活动，教学是师生共同创造的劳动过程，其目的是传授知识，内化文化，提升人性，促进个体自由而全面地发展。

教师的工作具有极大的随意性和主观性。做好教育是极其困难的事情，做坏教育则是极其容易的事情；做一位卓越的教师是最艰难的挑战，做一个平庸的教师则是最简单的选择。看到学生萎靡不振,教师可以张口批评,也可以视而不见,还可以草草过问,还可以做深入细致的调查、沟通和家访,发掘现象背后的原因与故事。学生的作业本,教师可以匆匆打个日期,可以简单打个对错,可以再打个等级,也可以根据对学生的了解认真写几句批语或激励的话,还可以找来每个学生,面对面做耐心细致的指导。上一节课,教师可以拿着课本直接进课堂,一边让学生自己学,一边自己跟着临时"备课";可以下载课件,生搬硬套,照本宣科;可以拿着过去的教案,与学生一年一年重复着"阿毛的故事";也可以深入钻研教材,查阅大量资料,花大半天、一个周末甚至许多天的时间备一节课。取得一些成绩后,面对学生、家长、领导和同事的赞赏,教师可以躺在荣誉上恃才傲物;也可以回到起点,重新出发,开始更高远的探索之旅。对待一件事物的不同选择,凭依的就是教师的教育良心。

(二) 教育良心对教育管理者的要求

在教育管理领域,追本溯源,从主观方面来看,教育决策、制度维护与设计过程中出现失误,教育管理者缺乏良心意识是主要原因之一。因此,教育管理者在上层设计的过程中强化其自我道德是重点。

教育管理者要加强个体自律,管好自己,主动学习相关的法律法规,提升自身的法律素质,同时,摒弃人治观念,熟悉教育教学管理的相关法规;坚决避免出现"知法犯法""明知故犯"的违法行为。在教学管理的过程中,时刻警惕和反省自身的思想与言行,深刻认识到自身的违法行为(比如受贿、行贿等)将会给社会、给教育事业带来多大的危害。

教育管理者应培养"以人为本,管理就是服务"的理念。教育管理在方式上应从居高临下的行政管理模式向以学生为本的平等、民主的服务管理模式转变;解决问题时,应多从学术出发,从教师和学生的需要出发,事先做出预案,将工作内容流程化,流程的每个环节都可以作为管理控制点,通过对过程的控制来实施教学管理,变管理为服务,牢固确立"管理就是服务"的理念。

教育领导者应身正行范,管理者作为表率,"其身正,不令而行;其身不正,虽令不从"[①]。领导者是一般管理者和工作人员的领头人,尤其

---

① 程树德撰,程俊英、蒋见元点校:《论语集释》,中华书局1990年版,第901页。

在设计上起着关键的作用，其言行应该成为普通群众的表率。教育领导者在制定政策和完善法规的过程中，应尽量"将心比心"，多考虑一般群众和全局的利益，将公正观念与民主意识贯彻于国家和学校等的有关管理中，自己做不到的绝不要求下属去完成。而且，学校应完善教育监督体制，对教育过程建立自下而上的监督机制；应充分发挥教授委员会、学术委员会在教育管理中的指导、咨询、决策作用；加强民主性，将教育管理的重大事务交付师生讨论，吸纳其有益的建议。此外，学校应完善教学教务公开制度，拓宽信息披露渠道，以便于师生员工充分了解管理的各种信息，实施有效监督，强化民主监管。

第二节　教　育　爱

在一般人际关系中，爱首先表现为对人存在价值的肯定，并以此为基础表现出对爱的对象的关切、尊重、了解、珍视等积极的情感与能力，以期使爱的主客体双方和谐相容。爱作为一个重要的伦理范畴，一直是教育领域的话题。有人说：爱自己的孩子是人，爱别人的孩子是神；爱自己的孩子是本能，爱别人的孩子是神圣。一定意义上，教育爱就是"爱别人的孩子"。

对教育爱一般有广义和狭义两种理解。广义的教育爱，"是指在充分认识到教育存在的重大意义和价值后整个社会对教育的推崇和重视，包括精神上的支持和物质上的投入，实质是爱教育"[1]；泛指包括教育工作者、非教育工作者以及各社会组织等多元主体对整个社会的教育事业的关注与投入。狭义的教育爱，是指教师"基于对职业的理解，为实现职业理想和道德，在教育实践中产生的一种超越血缘关系的爱，它是以受教育群体为对象，在教育过程中表现出来的一种高尚的道德境界、执着的敬业精神、富于人道的教育艺术和对自我职业行为充分肯定的价值取向"[2]。简单地理解，教育爱就是指教师对学生的爱。我们这里探讨的是狭义的教育爱。

---

[1] 樊浩、田海平等：《教育伦理》，南京大学出版社2000年版，第136页。
[2] 高文毅：《简论教育爱》，载《现代教育科学》2004年第2期，第17页。

第三章 教育的良心、爱与宽容

一、教育爱的特点

教育爱源于教师的责任和义务，理性、无私而持久是教师职业必不可少的道德品质。离开教育爱，教师的教育公平、教育威信、教育惩戒，就失去了温暖的人本意义，只有冰冷的工具价值。与人的其他关系中的情感爱相比，教育爱存在于教育这个特殊的领域中，存在于教师与学生的职业关系中，因而具有特殊的内在规定性。

（一）教育爱是无私的、主动的

美国教育学者罗杰斯认为，儿童得到人际关系中诸如温暖、热爱、同情、关心、尊重等方面的关怀，对其发展自我概念十分重要，教师必须保持对学生的无条件的关怀。成年人对儿童的关怀分为"有价值条件的关怀"和"无条件的关怀"，有价值条件的关怀是指如果儿童做了符合成年人价值准则的某些事情，他就能得到关怀，否则他就得不到关怀；无条件的关怀是无论儿童做了什么，都可以得到关怀。罗杰斯强调，给予儿童无条件的关怀会使他们在成长过程中不断获得心理上的调节，从而成为完善的人。爱在教育活动中的必要性不仅表现在对儿童和青少年成长的正面影响上，更重要的还在于对教育对象有问题的思想、行为的矫正。有问题的孩子更加需要爱，绝对不能被抛弃。爱可爱的孩子容易，爱有问题的孩子就没有那么容易了，尤其需要教师具备高度的道德修养、克服困难的勇气、解决问题的智慧。

教育爱是发自教师内心的，既无法伪装，又难以掩饰。无论是幼儿园的孩子还是青少年学生，作为还在成长阶段的未成年人，他们总是很敏感，教师的一言一行、一举一动，尽在他们眼底。一般而言，学生总是能够感受到教师的爱，如果教师是发自内心地爱他，即使对他严厉批评，他也能坦然接受；如果教师并没有发自内心地爱他，即使表扬他，他也会不自觉地排斥。

教师表现出来的教育爱不同于一般的亲情之爱。德国教育家包尔生说过："热爱自己的孩子是一种本性，它既不是一种德性，也不是一种技艺。而教育孩子则是一种伟大的和困难的技艺，它首先需要控制自己的柔弱的本能冲动的能力。"① 师生关系可以亲如父子，但教师的爱不同于父母的爱。教师的爱是无私的，是对教育事业的伦理实践，是一种"博爱"；而父母对子女的亲情之爱则带有血缘关系基础上的个体性，因此，可能会有一定的狭隘、自私与盲目。

在师生关系中，教师常常居于主导地位，这就决定了教师在教育活动中是学生的引导者。在教育爱的主客体关系中，教师也是积极主动的一方，是教育爱的主体。也就是说，教师是教育爱的施与者，或者说，教育爱是教师主动给予学生的无私的爱。出于本能的自然爱通常是双向的情感交流与互动，比如，母亲爱孩子，孩子也爱母亲。教育爱不像自然爱那样是双向情感，教育爱出自教师，施与学生，因此，也要强调学生的感受。教育爱，强调学生的感受，却未必要获得学生的认同与理解，也不需要来自学生的即时评价，所以，常常出现教师付出了爱，而学生却未必感受到来自教师的爱的情况。教师应当理解青少年学生的身心特点，不做无谓的抱怨。在教育爱的问题上，教师总是主动的施与者。

（二）教育爱是社会的、理智的

根据人类需求的不同，爱基本上包括两种类型：一是"自然爱"，指与人的生物性需要相联系而产生的本能的自然情感，主要是主体基于生物性本能而产生的与他人结合的情感和意愿，如两性间的情爱、血缘联结的母爱等。这种爱与意识和理性无关，是人无须做出理性思考的、下意识的行为，是无须做出伦理努力的自然需求和表现。母亲对孩子的关爱通常是自然的、非伦理的，无须后天的培育，不能用道德或不道德加以评价。二是"社会爱"，指与人的社会性需求相联系产生的情感和意愿，如友爱、博爱、邻里之间的关爱等。社会爱是一种非本能的爱，它使个体与两性关系、血缘关系之外的人联系在一起，是一种需要后天培养的情感。与自然爱相比，社会爱是基于道德情感和能力而产生的理性的爱、出于责任的爱。社会属性是人的本质属性，社会爱则根植于人的社会属性。人作为社会性动物，在生产生活过程中，总是要与其他人发生各种各样的联系。社会爱就是基于人的这种社会性联系而产生的互相亲和的情感。

---

① ［德］弗里德里希·包尔生著，何怀宏、廖申白译：《伦理学体系》，中国社会科学出版社1988年版，第515页。

第三章 教育的良心、爱与宽容

教育爱属于社会爱。教育爱在学校这种特定环境中形成与发展起来，是与人的社会性需要相联系的崇高情感，是人类特有的一种深沉、持久、无私的理智情感。教师对学生的这种教育爱，不仅仅是出自个人情感，也是出于社会存续的需要、教育活动自身的需要，是一种包含着深刻社会内容和教育规律的情感。教育爱是相对稳定的、深厚的，是与教师所肩负的社会责任和事业使命紧密相连的，是教师在充分认识到教育活动的重大意义和价值后对学生怀有的真挚情感，是事业之爱、责任之爱、理智之爱，因而具有高度的自觉性、坚定性和稳定性。

教师对学生的爱还应该建立在教师对教育事业的神圣性的理解之上。教育爱并不仅仅是教师的个人道德品质和职业原则，也是保证教育事业整体目标实现的必然要求。教师之所以是太阳底下最神圣的职业，就在于它对人类发展的自觉关怀。这种关怀落实到每一个学生身上，就必然产生对学生理性的、具体的爱。教师的爱具有方法的特殊性，应该爱之有法。教师的爱是高度的教育艺术，仅仅凭着一颗爱心是远远不够的，需要讲究方式方法。教育爱的艺术需要教师在职业实践中不断地探索、积累，结合自身的实际、工作的实际总结提炼出来。

教育劳动成果的特殊性也决定了教育爱的理性特点。教师爱学生既可以表现在一时一地、一事一人等具体的细节之中，也可以表现为"为之计深远"，重视学生的长远发展和未来成长。所以，"恨铁不成钢"也是一种理性的"爱"。教育爱应该从具体工作出发，集中在对学生成长的有效帮助上。帮助学生健康成长，建立起对自己未来的信心和对他人、对社会的信心，就是对学生最具实际意义的教育爱。而教师缺乏爱的教育行为，则可能会对学生造成伤害，与教育目的背道而驰。

教育爱是教师以崇高的教育理想为指引，从高度的教育责任感出发，对全体学生全身心的关怀与爱护。所以，教育爱也意味着教师应当无私地、公平地对待每一个学生。学生的具体情况不同，教师施与爱的含义、表达爱的方式可以有所不同，但是，一定要无私地对待每一个学生。从一般的人性而言，人总是会对漂亮的、学习成绩好的、听话的、乖巧的孩子有所偏爱。这实际上是一种被动的关爱，不是教育爱所要求的主动的爱。对于教师而言，如果仅仅停留在这种一般现象上，就是在教育爱中扮演了"被动"的角色，把教师的爱变成了"有条件的关怀"，这也就意味着没有达到教师职业所要求的道德水准。学生当然不应该去刻意讨好教师，教

师也不应该仅凭个人的好恶对学生做爱的取舍。

二、教育爱的边界

（一）慎之又慎"师生恋"

教育应当有"爱"，师生之间也应当有"爱"。但是，教师拥有对学生进行教育、评价的权力，所以只能有出于职业立场的教育爱，不应该产生工作以外的亲情之爱（"师生恋"）。否则，一方处于指导、评价另一方的地位，在权力和地位存在显著差异的情况下，师生恋可能会带来一些不良后果。

首先，可能带来不公平。一个拥有正常情感的人，很难对其亲戚、朋友、家庭成员及其他与之有亲密私人关系的人做出正式的、公正的评价，因此，应当尽量避免做出此类评价。教师的权力来自专业知识和学校教育体制，但是，教师的威信建立在公平的基础之上。在不存在任何私人情感的情况下，教师要做到公平已经不易，可能会因为相貌、成绩、家庭出身、宗教信仰、政治立场等对学生产生偏爱或偏见。教育是良心活，许多时候，这种偏爱或偏见可能是难以察觉的。可想而知，假如师生之间建立了恋爱关系，就更难以保证教师去公平地对待他所面对的每一个学生了。教师的评价可能直接或间接影响学生的升学、就业。恋爱关系中的教师在指导和评价学生时，无法保证自己客观公正地处理工作关系与恋爱关系，很难秉持公正的原则去指导学习、评价学业。这对当事学生和其他学生显然都是不公平的。

其次，可能引起性骚扰。教师与学生的恋爱关系有被潜在利用的可能。学生对教师的尊敬和信任，以及教师在学术或评价中所拥有的权力，使师生两愿的关系变得可疑。即便双方一开始是两相情愿的，但鉴于师生权力差异的存在，随着这种关系的发展，也有可能导致教师和学校不愿面对的不良结果。发生在工作关系中的师生恋，可能给某一方带来实际上的利益，也因此使恋爱这种本应纯粹的情感关系，不可避免地带有了某种利益关系。师生关系基础上的恋爱，如果感情发生了变化或纠纷，一旦矛盾公开造成冲突，并不是什么情况都能说清楚的。站在学生的角度可能是教师进行"性骚扰"，站在教师的角度可能是学生进行"性贿赂"，也有可能是双方都心知肚明的"潜规则"。

师生恋主要出现在高中和大学阶段,不同的文化环境对师生恋的接纳程度和观念也会有所不同。但总体而言,教师作为师生关系中相对主动的一方和教育爱的施与主体,应当避免与学生建立恋爱关系,以及其他超出工作范围的情感或利益关系。

(二)扬长避短"易子教"

"易子而教"的观点较早由孟子提出。在《孟子·离娄》中有这样一段对话:

> 公孙丑曰:"君子之不教子,何也?"孟子曰:"势不行也。教者必以正;以正不行,继之以怒;继之以怒,则反夷矣。'夫子教我以正,夫子未出于正也。'则是父子相夷也。父子相夷,则恶矣。古者易子而教之,父子之间不责善,责善则离,离则不祥莫大焉。"①

或许会有人认为,古人主张的"易子而教",是缺乏教育孩子的知识与能力,或者缺乏科学合理的教育孩子的方式,所采取的不得已的办法。在现代社会中,如果父母有良好的知识水平与能力,自己的孩子自己教,取得很好的成绩的大有人在。但是实际上,面对年幼且顽皮的孩子,父母往往没有教师那样的理智与专业,以至于要么失之溺爱,要么操之过急,甚至会做出一些不理智的行为。在一定程度上,也可能会给以后的亲子关系、家庭关系产生一些不良影响。

不论父母的教育素养多么高,在面对自己的孩子时,都很难彻底摆脱个人情感的困扰。一方面,绝大多数父母对孩子的未来都是有自己的一些期望和想法的,这是人之常情,即便是圣人一般的父母,也无法摆脱这种对子女的期待,那么在教育的时候难免会将自己的这些期待强加到孩子身上,这种强加,当然会让亲子关系变得紧张。另一方面,每一个人在成长的时候,都会对未来有着自己的构想,这种构想,是不可能和别人一致的,即便是和孩子沟通完全无障碍的父母,在这种对未来的构想上,也无法和孩子达成一致。当父母充当教师教导孩子,规划他们的未来时,孩子

---

① 〔战国〕孟轲著,杨伯峻、杨逢彬注译:《孟子》,岳麓书社2000年版,第129页。

内心的冲突和抗拒,往往比表现出来的更大,而父母会因为对孩子的私心,将这种冲突处理得过于简单。当然,最终冲突的积累和激化,是大多数家庭所承受不了的。

亲子关系不是师生关系,教师对学生的爱也不同于父母对子女的爱。父母对子女的责任,主要是抚育成人,使他们能够"站"起来;教师对学生的责任,主要在于培养成才,使他们"走"得更好。

好家长不一定做得了好教师。孩子眼中的好教师绝少是父母的样子。他们喜欢的教师有的才华横溢、道德高尚、品位不凡,可以当作偶像一样崇拜;有的教师勇于进取、鼓励创新,让孩子觉得接近他就好像接近了一个能量球,教师身上仿佛有永远也学不完的知识;有的教师善于赞扬和批评,每一个孩子在他眼中都是一块璞玉;有的教师心胸豁达、宽厚包容,对容易产生挫折感的孩子特别具有接纳情怀,他们是孩子学习人格修养的指路明灯;有的教师乐观开朗、积极向上,善于分享身边人的喜与悲、苦与乐,他们是孩子的好朋友。

好教师也不一定就是好家长。有的教师能够桃李满天下,却家有不肖子;有的教师在校园里充满活力,在自己孩子眼里却百无一用;有的教师在讲台上口若悬河,在家里却沉默寡言;有的教师在教室里魅力四射,在家里却手足无措。

第三节 教 育 宽 容

宽容,即宽恕、能容人,宽大有气量,不计较或不追究,允许别人有行动或判断的自由,容许、忍耐那些不顺从自己的或被普遍接受的行为或观点。联合国《宽容原则宣言》指出:"宽容是对世界丰富多彩的不同文化、不同的思想表达形式和不同的行为方式的尊重、接纳和欣赏。宽容通过了解、坦诚、交流和思想、良心及信仰自由而促进求同存异。"①

教育宽容就是在教育过程中,宽容的行为主体在客体对自己造成某种侵犯或者伤害时,不对客体追究责任,而是采取一种温和的处理方式对待

---

① 门中敬:《宪政宽容论》,商务印书馆2011年版,第356页。

他者的一种行为理念。① 对教师而言，宽容就是一种爱：关爱学生，鼓励学生，保护学生的探究精神，珍视学生的优点，容忍学生的缺点。对学生而言，一个人只有自己被宽容后才会去宽容别人，只有自己被别人肯定后才会去肯定别人。陶行知曾经大声疾呼："你的教鞭下有瓦特。你的冷眼里有牛顿。你的讥笑中有爱迪生。"② 他以此告诫教师，要以宽容之心善待每一个学生。学生唯有处在一种宽松平和的环境中，才能获得人格上的健康发展，成为对社会有贡献的人。

一、教育宽容的意义

（一）多元化的社会

自人类社会形成之后，宽容就与之形影不离。每当一个新生事物出现之后，就会有人反对，也有人容许它们存在，比如，出现了一个新的宗教流派，出现了一个新的知识学说，等等。宽容的最初体现形式就是容忍异端，正是这些起初是小众的不为多数人所看好的新生事物被容许，整个社会的文明才逐渐向好的方面演化，才慢慢推动社会向前发展。随着社会的进步，宽容的体现演变成另一种高级的形式——承认自由。每个人都有其作为人及社会公民的权利，这也是他的自由。可以说，人类文明的发展史就是一部由宽容推动进步的历史。

在现代社会中，宽容具有重要的意义。现代社会正处于一个经济全球化、流动和交往频繁、种族融合与相互依存、大规模移民和人口迁移情况急剧增多的新时期。多样性越来越成为世界各地的特征，宽容既是缓解各类潜在和显见威胁的重要价值准则，也是处理个人、家庭和社区之间关系所必不可少的因素。

教育的发展史与整个文明的发展史中关于宽容的发展和作用是高度契合的，都是从容忍非大众化和非主流的思想、行为等，到给予这些思想与行为以一定的自由发展的空间。对自由的承认是价值多元的一种体现，也是多元化社会的必然表征。这是一个充满差异的世界，教育所面对的对象

---

① 参见杨雪《小学教育中的宽容及其实践研究》，陕西师范大学硕士学位论文，2017年。
② 陶行知：《陶行知全集》第7卷，四川教育出版社2005年版，第34页。

是一个个具有不同地域、种族、环境、文化等背景的活生生的人，每一个人都可以根据自己对这个世界的不同理解，去选择不同的道德价值标准和多元化的生活方式。

（二）有局限的认知

人们面对的是同一个客观世界，但是，不同的人对同一件事的看法和结果却不一定相同。正如俗话所说："人心不同，各如其面。"其实人与人最大的不同应该在于各自的主观精神世界，正因此，人们总是透过充满个性的主观世界去把握客观世界。于是，每个认识结果都不可避免地打上了各自的主观印记，呈现出不同的面貌，富有鲜明的个性色彩。在认识论中，主观视野不可取消，即使人们生活在同一个物质世界中，每一个人眼中所看到的客观世界也不尽相同，每一个人的头脑中所呈现出来的主观世界更是各不相同。在一定意义上，这就是每个人所"认识到"和"体验到"的世界。从这个意义上说，每个人的认识都是有差异的，也是有局限的。再具体而言，任何一个认识对象都是一个"多面体"，而这个多面体是需要人们从多个方面去把握的，需要多种观察角度和认识方式，因为每种观察角度和认识方法只能看到这个认识对象的一个方面、一个局部。对于同一个事物，人们的认识必然是多样且有差异的，每个人拥有的价值观都不尽相同，但是，都有其存在的合理性，所以价值是多重的。

在教育活动中，教师不应认为自己掌握着知识，掌握着"绝对真理"。这样的想法是片面的，教师可能只是看到了"多面体"的"一个面"，学生有可能看到了"另一个面"，这时候就需要给予学生拥有其他看法的自由和权利，需要具备宽容精神。因此，在教育中，教师应该摒弃"整齐划一"式的教育，所谓仁者见仁，智者见智，教师在面对学生和自己观点不一致时，不能简单粗暴地批评和指责，而应从认识的差异性方面去思考其合理性，并给予适当的宽容。

（三）多样化的个体

人是各种各样的、多层次的，而不是单一的，这构成了个体的多样性。人人生而平等，每个人都有其作为一个人的基本权利，这是人权。与此同时，每个人也有不同的气质和性格特点，俗话说"百人百性"。客观上看，每个人的家庭背景、学校和社会环境、父母的受教育程度、物质基础等都不尽相同；从主观上说，每个人的气质、性格、智力水平、心态等也有很大差距。世界上不同的个人特征放在一起，就构成了价值的多元化。价值观念具有地域性、情境性、个体性等特征，不同群体有着不同的价值观念。这是现代人应有的价值观和世界观。在教育中，每个教育对象都有其独特的气质特点，都有其基本的人权。人性的"千面"导致了价值的"千面"，教育者要最大限度地尊重这种人性的多元化，尊重每个教育对象的性格及基本权利，这就需要具有一种宽容的精神。

价值的多元和认知的差异并不意味着每个人所认识的真理是相互冲突的，更不意味着人与人之间要相互隔绝、无法交流。恰恰相反，正是由于这种差别的存在，人与人之间才需要进行交流和理解，而宽容正是沟通理解的"桥梁"，它使拥有着不同价值观的个体之间取得一种共通性，从而改善和增进人与人之间的关系，并促使教育宽容中的主客体友好和睦地相处。试想，如果世界上只有"唯一的真理"，那么所有人在认识上就会保持一致，大家共有一个大脑，那还用得着交流吗？答案是否定的。既然认识是有差异的，交流和理解是不可避免的，那么宽容其他人不同的观点和行为也将是不可或缺的。教育不是复印机，学校不是工厂，学生也不是考试和学习书本知识的机器。正是每个人的独一无二、不可复制，才让这个世界变得如此丰富多彩。"非黑即白""非此即彼"并不是这个世界上所有事情的真实"面目"，也不应该成为认识这个世界的唯一方式。"或此或彼""亦此亦彼""既非此亦非彼"等的多种可能性应当被允许存在，并被接纳。

（四）可塑造的人性

一般而言，人性是指人生而固有的普遍本性，它一方面是指人生而固有的自然本性，另一方面是指人生而固有的社会本性。人是具有生命冲动和物质欲望的，这是人的自然本性；每个人在理性、道德及价值方面永远不可能达到终极的完美境地，总会存在一些缺陷和瑕疵；人的身上还具有一种自相矛盾的特性，不可能是和谐完美的。这些都说明作为一个人，宽容和被宽容都是必要的。

每个生命个体都有其生长规律，都在不断地生长和自我完善。从最初诞生到最终告别这个世界，生命的形态越高级，生长周期就越长，所具有的潜力就越大。人具有未特定化的特征和多种变化发展的可能性，人的生

命乃至人性都具有可塑性，亦即人是"可教的"。人的可塑性和可能性使宽容成为必要，也使针对人性、塑造人性的教育成为可能。人的这种可塑性十分宝贵，教育者应该悉心呵护，不管是一棵参天大树还是一株小草，都有其独特的美。教育宽容的价值就体现在它为五彩缤纷的世界带来了更多的生机、活力与希望，不宽容的世界则是缺少智慧和灵性的。在现实中，成年人不应该按照成人世界的规则把未成年人"刻"成自己想要的模样，而应该用一颗宽容的心对待未成年人，让他们自由成长，顺其自然，释放个性。如果教育者像雕塑家一样按照自己预设的形象去雕塑学生，那宽容将无处安身，教育也会失去它本来的意义。

二、教育宽容的原则

教师应把握教育宽容的原则，如此才能在宽容学生的同时，也使学生认识到自身存在的问题和努力的方向，真正体会、感悟教师的关爱与期待。

（一）尊重原则

不管是教师与学生之间，还是学生与学生之间，都应该互相尊重。教师要承认学生的个性差异，尊重和信任学生，宽容学生的叛逆心理，宽容学生的不同见解甚至错误见解，并宽容学生的人性弱点等。先有尊重，才有宽容。从马斯洛的需求层次理论看，教师尊重学生是满足学生的一种高层次需要，教师的教育宽容也是学生自尊的需要和爱的重要源泉。

（二）自由原则

自由的社会氛围是社会发展的必要条件，同样，自由的学校学习和活动氛围对学生的身心健康发展也是十分重要的，不管是课上，还是课下，只有创造和谐自由的氛围，教育宽容才能成为可能。

（三）差异原则

社会个体有着多种多样的价值观和生活经历，不可能在所有事情上保持一样的立场和态度。因此，要以差异的原则来看待学生，如此宽容才能发挥它应有的教育作用。对于那些自尊心强、平时表现一贯良好或自信心不强的学生，要多些宽容和理解，使他们摆脱自责或自卑的心理压力，唤起他们改正错误的欲望和动力。如果教师不问缘由，横加指责，就会伤害他们的自尊心，降低教育效果。对于那些一贯骄横傲慢、冥顽不化或个性突出的学生，一味地宽容未必有好的效果，也可能适得其反。在这种情况下，教师对他们实施规训或惩戒也是非常有必要的。

（四）成长原则

教育宽容总是要以教育为出发点和归宿，是否对教育对象施与宽容还是要看能否对其成长产生积极意义。宽容不是纵容，宽容一定是建立在明确是非、善恶的基础上。宽容是对错误的善意接纳和理性容忍，目的还是引导和帮助学生成长，使学生在宽容中反思、醒悟，主动克服缺点、纠正错误，并在体验宽容中学会宽容。当然，宽容也要适度。宽容不是纵容学生一错再错，切忌把宽容变成对学生严重不良行为的姑息、迁就甚至纵容。过分的宽容就变成了纵容，可能造成学生学业的落后、心灵的扭曲和人性的冷漠，会诱使学生突破底线，挑战社会规则。因此，过分的宽容也不利于学生健康成长。

三、教育宽容的表现

教师对学生的评价应以承认和肯定学生的个体独特性为前提，允许学生表达不同的见解，鼓励学生的创造性思想与行为，以宽容的心态对待学生成长过程中的"胡思乱想""胡说八道""胡作非为"。教师对学生思维形式的宽容，会激发他们的创造精神；教师对学生情感的宽容，会使学生在宽松的环境中健康成长；教师对学生言论的宽容，能为他们提供充分表达的空间，有利于培养他们良好的表达能力和健全的人格；教师对学生特殊行为的宽容，会有助于学生改正不良行为，遵守社会规则。在教育活动中，教师对学生的宽容，既体现着对个体生命的尊重与关怀，也饱含着对未来社会的信心与期许。

教师对学生的宽容，主要表现在以下四方面。

（一）接纳学生的多元发展

世界丰富多彩，作为社会个体的人也千差万别。人是多样化的，人的

发展也是多元的。教师必须承认人的智力、能力的差异性,不能用一把尺子衡量所有人,要允许学生的个性发展,大胆呵护学生(哪怕是一瞬间)的智慧火花。在教育教学过程中,不能无视学生的现实处境和精神状况,认为自己比学生优越,自以为是地对学生进行管控、压制。应充分肯定每一个学生在学习成长过程中对已知领域和未知领域的奇思妙想,给学生放飞心灵和自由思考的空间。

(二)鼓励学生自主创新

教师应充分认识信息化、民主化所带来的学习方式的深刻变革,改革传统的单向教学模式,让学生学会自主学习、研究性学习,创新式地吸收知识。教师对学生的思维方式采取宽容的态度,为学生提供充分表达自己的机会和空间,这样,才能有针对性地开启顿悟,充分调动他们的创造欲望,激发他们个性的思想火花,久而久之,培养出来的学生将具有创造性、独立性、开拓性。反之,如果教师对异己的思维采取压制、排斥的态度,则培养出来的学生的思维将会是僵化的、机械的,对国家、对社会都是无益的,甚至是有害的。

(三)包容学生的缺陷、错误

犯错误是任何人都难以避免的事情,每一个人的成长过程都充满"失误"和"试误"。学生是发展中的人,其思想意识、个性特征还不成熟,存在缺点和不足是极其正常的。在教育活动中,对青少年学生而言,未完成性和不确定性是他们的最大特质。个别学生由于认识上的不足或自制力的不强,偶尔会在外部因素的驱使下违反校纪班规,犯下一些不大不小的错误。对此,教师应有宽广的胸怀,不轻易批评犯错误的学生,应允许他们犯错误,学会包容他们的缺点和过失,并给予他们足够多的改正错误和缺点的机会。

(四)相信自己的专业力量

在现代教育体系中,教师职业的专业性越来越强,教育宽容实际上也是教师的专业自信。作为一名教师,不仅要相信自己的专业知识,相信学生的人性善良,也要相信自己的人格魅力。学高为师,身正为范。教师以学识服人,更要以德行服人,要不断地修正自己,提高自己,练就一颗宽

第三章 教育的良心、爱与宽容

容的心。宽容是一种温柔的力量，它可以穿透人的心灵。教师以尊重、理解、信任的强大精神力量，感染学生，熏陶学生，影响学生，从而体现出教师所特有的人文教化功能。

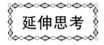

"三胡"学生

教师对学生要在思想、言论、行为三个层面把握以下准则。

(1) 激发学生"胡思乱想"。

(2) 鼓励学生"胡说八道"。

(3) 宽容学生"胡作非为"。

"胡思乱想"才能发散思维，才能不被各种条条框框禁锢，我们的社会才有可能产生更多的创新行为。教师要给学生宽松的说话环境，要允许说错话，但不允许说假话。如果不允许说错话，那说的就只能是正确的废话，就只能是假话、大话、空话、套话。对于学生的一些触犯社会底线的行为，当然要严厉禁止，但也要允许他们冲动。如果只许学生说对，不许说错，只许学生做对，不许做错，那么，学生时时处处都得谨言慎行、谨小慎微，不敢越雷池一步，又何来创新呢？

教育公平是社会公平的重要基础,要不断促进教育发展成果更多更公平惠及全体人民,以教育公平促进社会公平正义。

——习近平①

第四章 教育公平及其价值

教育公平是社会公平的重要内容,又是推动社会公平的重要动力。正确认识教育公平及其价值至关重要。从宏观途径来看,教育公平要求国家在配置教育资源时,既要关照社会整体的发展和稳定的需要,又要关照社会成员个体发展的需要,并从两者的辩证关系出发来统一配置教育资源。这使教育公平实现的实际程度随着社会的发展而不断提高,在一定历史时期具有相对性。从微观途径来看,教育公平要求教师在教育教学过程中对待学生既要做到一视同仁,又要做到因材施教,以满足每个学生发展的基本需求。②"受教育者在教育中如果获得了适当的发展,即便他在某方面比别人差,那也是公平的;如果他没有获得适当的发展,即便他在某些方面比别人好,也不能因此说是公平的。政府提供给每个受教育者的机会和条件应是平等的,但是在促进教育公平实现的过程中不能将注意力仅仅放在条件上,更要重视如何使个体获得适宜的发展。要尊重教育中的差异性(不存在两个完全相同的教育起点、过程、结果),要依据个体个性的多样性、社会对人才需求的多样性设立多样化目标,提供多种课程,让学生自主选择;同时要建立自主评价体系,并提供全方位的教育服务。"③

---

① 习近平:《全面贯彻落实党的教育方针 努力把我国基础教育越办越好》,载《人民日报》2016年9月10日第1版。

② 参见李晓燕《教师法律素养与教育公平的实现》,载《陕西师范大学学报(哲学社会科学版)》2018年第47卷第2期,第135—138页。

③ 储朝晖:《走出教育公平的观念误区》,载《中国教育学刊》2005年第7期,第11页。

第四章　教育公平及其价值

第一节　教育公平的内涵

教育公平的核心是在满足社会发展对个体成长要求的同时，让人人获得适合其个性并能实现其社会地位转换的发展。由于每个人的成长过程、个性特点等各不相同，因此，在推进教育公平时，应该为不同的个体提供适宜的发展条件。

一、教育公平的概念

公平，指公正、平等，是人类社会具有永恒价值的基本价值理念和行为准则，有着深远的历史发展脉络。教育公平，是指为了适应社会整体和个体成员的发展需要而合理进行教育资源配置、教育过程实施和教育评价。

古希腊哲学家柏拉图较早提出了教育公平的思想，亚里士多德则首先提出通过法律保证自由公民的教育权利。我国古代教育家孔子提出"有教无类"的朴素民主教育思想，自隋朝建立的科举制度把教育公平的理念制度化，并有效运行了1 300年。近代西方资产阶级致力于寻求教育公平的制度保障，逐步将教育公平的思想转化为立法措施，在法律上确定了人人都有受教育的平等机会。

现代西方社会在不同的时期大致出现了三种不同的教育公平观念：保守主义教育公平观、自由主义教育公平观和激进主义教育公平观。保守主义教育公平观认为，上帝赋予每个人的能力与他因出生而归属的社会等级或社会阶级是一致的，所追求的目标是对不同天赋能力或不同社会背景的分别培养。自由主义教育公平观认为，每个人一出生就具有某些智力上的天赋或某些较为稳定的能力，社会要为这种天赋和能力消除外在的障碍，为所有人提供同样受教育的机会，使每个人将来都能进入与其天赋能力相适应的社会地位中去。激进主义教育公平观认为，个人智力差异在入学前就已存在，为实现教育机会均等，应当在学前教育机构更加突出平等，社会要采取专门措施，来补偿个人赖以成长的条件的不足。

教育公平是一个历史范畴，在不同的国家和不同的历史时期有着不同的含义，它与一定的社会基本制度，尤其是教育制度相联系，并以此为基准，规定着社会成员具体的教育基本权利和义务，规定着教育资源与利益在社会群体之间、在社会成员之间的适当安排和合理分配。不同层次和种类的教育公平含义不尽相同，概括起来主要包括观念公平、市场公平和社会公平三种层次的内涵。① 观念公平，以人们对教育市场公平和教育社会公平的合理性的判断作为评判标准，具有很强的主观性、很大的模糊性和不可操作性；市场公平，是一种使教育效率达到最大化的教育资源的最佳配置，有助于在教师和学生中实施广泛的机会平等、交易平等及竞争平等；社会公平，指的是财富和收入与受教育者已有的受教育程度或一定时期内所受教育程度相匹配。

教育公平的主要内涵，在法律上，是人人享受平等的教育权利；在教育政策领域，是人人平等地享有公共教育资源；在教育活动中，是人人受到平等的教育对待，人人具有同等的取得学业成就和就业前景的机会。在实践中，"可能平等地受教育，这只是求得公平的必要条件，而不是它的充足条件。人们有可能同样受到教育，但并不是说，他们都有同等的机会。平等的机会必须包括同样成功的机会"②。

二、教育公平的原则

为更好地推进教育公平，还应当依据现代社会平等、自由、社会合作诸项基本理念，现代化、市场化等现实因素及教育目标、受教育者个体间的差异等情况，合理、恰当地确立现代意义上的有关教育公平的具体内容和规则。③ 一是受教育权利的保证，即保证原则。只有对受教育者的受教育权利予以切实的保障，包括受教育的自由权、要求权和福利权，才能从最实效的意义上为教育的健康发展确立必要的条件。二是机会平等，即事前原则。教育机会实际上是指受教育者发展的可能性空间，是每个受教育

---

① 参见郑晓鸿《教育公平界定》，载《教育研究》1998年第19卷第4期，第29—34页。
② 联合国教科文组织国际教育发展委员会著、华东师范大学比较教育研究所译：《学会生存——教育世界的今天和明天》，教育科学出版社1996年，第101页。
③ 参见田正平、李江源《教育公平新论》，载《清华大学教育研究》2002年第1期，第39—48页。

第四章　教育公平及其价值

者进入教育机构和参与教育活动的各种条件的总和，包括共享教育机会（即从总体上说，每个受教育者都应有大致相同的基本教育机会）、差别机会（即受教育者之间的教育机会不可能完全相等）。三是按照能力或才能进行分配，即事后原则。按照能力或才能进行分配，就是把受教育者的能力或才能与切身利益紧密结合在一起，有利于调动每个受教育者的学习积极性，有利于激发教育的活力。四是补偿原则。补偿原则的基本含义是挑选出处于社会不利地位的群体，从这一不利群体的特殊地位、视角来看问题、分析问题，以"是否最大限度地满足这一不利阶层的利益为标准来确定教育的分配"①。

反对教育特权，保障教育公平。在实际的教育活动中，要竭力反对和遏制旨在破坏教育权利平等和机会均等的教育特权。特权的实质就是要求社会不平等，崇尚特殊待遇。教育特权的实质是要求公共教育资源的分配违背公平正义的原则，按照权力大小、财富多少或关系远近来分配，以满足个别人或少数强势利益集团的特殊教育需求。在公共教育领域，个别人或少数强势利益集团热衷于利用自己手中的权力、财富或各种社会关系，试图影响或牺牲公共教育资源的公平合理分配，以实现自身教育利益的最大化。因此，旗帜鲜明地反对和有效地遏制教育特权、预防教育腐败，成为维护和实现教育公平的必然要求。

教育公平不是平均主义，教育的机会平等也不等于把大家拉平。教育公平并没有否认教育差异的存在，而关键是让每一个孩子都接受合适的教育，使他们的智力和潜能得到充分开发，成为健康成长并对社会有用的人。机会平等不是不惜任何代价否认个人的基本自由，攻击一个人的完整性或者滥用专家统治的、官僚主义的权力。作为社会个体的人总是有差异的，给每一个人平等的机会，并不是指形式上的一视同仁、毫无差别的平等。"机会平等是要肯定每一个人都能受到适当的教育，而且这种教育的进度和方法是适合个人的特点的。"② 应该认识到，让每一个孩子接受最合适的教育才是最好的，这才是教育公平的真正内涵和本质意义。

---

① 何怀宏：《契约伦理与社会正义——罗尔斯正义论中的历史与理性》，中国人民大学出版社1993年版，第183页。

② 联合国教科文组织国际教育发展委员会著、华东师范大学比较教育研究所译：《学会生存——教育世界的今天和明天》，教育科学出版社1996年，第105页。

三、教育公平的表现

教育公平问题是世界各国都会面临的问题，也是一个世界性问题。20世纪70年代，联合国教科文组织就认为："同公平合理完全相反，那些最没有社会地位的人们往往享受不到普遍受教育的权利——在这方面现在文明过早地引以为荣了。在一个贫穷的社会里，他们是首先被剥夺权利的人；而在一个富裕的社会里，他们是唯一被剥夺权利的人。"[1] 教育作为一种社会事业，它的存在与发展与社会运行密切相关，其中存在的公平问题自然属于社会问题。从宏观角度看，主要是教育资源在不同区域、不同社会阶层之间的均衡配置问题。从微观角度看，教育作为一种有目的地培养人的活动，它与人的发展有关，教育公平涉及公正实施教育教学过程和多元评价教育对象、教育结果。

（一）教育资源配置中的公平问题

均衡有效地配置教育资源常常是教育行政管理者面临的首要问题。在教育资源不足的情况下，把有限的资源放在哪里不放在哪里，是公平问题；在教育资源相对充足的情况下，则是把优质资源放在哪里不放在哪里的问题。对于许多发展中国家而言，教育资源严重不足是影响教育公平的重要原因。为了培养人才和实现国家的整体利益，政府不得不通过有侧重地配置教育资源，打造少部分的优质教育资源，集中力量培养少数的优秀人才，为社会进步和国家建设服务，目的就是把"好钢用在刀刃上"。应该承认，在一定历史时期内，受社会发展水平等的制约，把有限的教育资源适当倾斜、集中使用是必要的，但也人为制造了教育资源的不均衡、不平等。在发达国家，当教育资源相对充足时，人们总是希望享受到更加优质的教育资源，但是，"优质教育资源"是一个相对的概念，它实际上在任何时候都是有限的。从世界范围看，优秀师资、优秀学生等教育资源越来越向发达国家集中，而本身更需要提高教育水平的欠发达国家则越来越缺乏教育资源。

---

[1] 联合国教科文组织国际教育发展委员会著、华东师范大学比较教育研究所译：《学会生存——教育世界的今天和明天》，教育科学出版社1996年，第101页。

(二) 教育活动过程中的公平问题

教育公平贯穿教育活动的全过程。教育活动是一个复杂的过程,教育活动中的教育公平也相应比较复杂。

每个人的身体状况、家庭条件、成长环境等都存在差异,在起点上实现公平是不可能的。各种先天和后天的因素导致了在不同行为中个体能力的差异,因此,追求起点公平不是一个真正的目标。① 过程公平,是指通过规则约束以实现过程公平,即规则公平。规则公平,是现代制度主义的公平观:任何公平都是在制度和规则的约束下实现的过程公平,离开制度的公平是不可实现的。教育过程的平等"即考虑以平等为基础的各种不同的方式来对待每一个人,不论其人种和社会出身情况"②。每个人的智力、能力等天赋自然条件的差异是客观存在的,但每个人所享有的发展自身的权利应是公平的。教师在教育教学过程中应当给家庭背景、智力水平、教养程度不同的学生以平等对待。

(三) 教育评价中的公平问题

教育评价总是以一定价值观为基础的。所依据的价值观不同,那么人们进行教师评价、学生评价、教学评价、德育评价、学校教育质量评价等时所得出的结论就会有差别。根据不同的价值观,人们制定的评价标准迥异;标准不同,所得出的好与坏、优与劣、善与恶的评价结论就不同。譬如,根据"听话就是好孩子"的评价标准,往往会把赋有创新意识和批判精神的学生评价为不守纪律的学生,这对该学生来说,就是不公平的。教育评价工具和评价手段的公平直接影响教育评价的公平。评价工具和评价手段的科学性,制约着教育评价的公平。例如,对侧重考核记忆的考试,学生仅仅通过对学习内容的死记硬背就能达到考试要求,而这种考试对思维敏捷、创造力强的学生来说,就是不公平的。同样,同一种教育评价的工具或手段,对某种背景下的学生有利而对其他背景下的学生不利,

---

① 参见顾自安、王伟宜《制度主义的公平观:一种"统合公平"》,载《广东工业大学学报(社会科学版)》2006年第2期,第58—59、62页。

② 彭玉琨、张捷、贾大光:《教育平等理论内涵分析与促进教育平等进程策略研究》,载《东北师大学报(哲学社会科学版)》1998年第6期,第84页。

也会影响评价的公平程度。如果说用客观性试题检验学生对数学、物理、化学等自然学科课程知识的掌握程度是公平合理的话，那么用客观性试题来检验学生的文学知识修养则是不公平的。

四、教育公平的价值

教育公平是社会公平的基础和人生公平的起点。教育公平推动人才涌现、活力涌动、智慧涌流，促进人民安居乐业、社会安定有序、国家长治久安，对促进整个社会公平程度的提高、保障人的发展的起点公平、消除知识鸿沟以迎接知识社会的挑战都具有重要意义。①

（一）促进社会基础性公平

中国特色社会主义进入新时代，教育已经完成了由社会结构的边缘到社会结构中心的位移，对社会发展的作用也由单一的政治功能发展到综合的政治、经济、文化等多方面功能，全方位地影响着社会发展的进程。教育公平尽管自身受到复杂的社会因素的影响与制约，但是，对促进整个社会的政治公平、经济公平、文化公平和法律公平，对培育公平文化和有正义感的人，有着基础性、前提性和关键性的作用。教育公平是社会的基础性公平，是矫正社会不公平的重要手段。教育公平的丧失，必将使整个社会原有的不公平状况进一步加剧。实现和扩大教育公平，关心落后地区的教育，关心农村教育，关心社会处境不利的群体的教育，是缩小社会差别、促进共同发展、构建社会主义和谐社会的有效途径。

教育公平与社会公平相辅相成：教育公平是社会公平的起点，也是实现社会公平的重要路径；社会公平则是教育公平的基础，也是实现教育公平的重要目标。"教育公平是社会公平的重要基础，要不断促进教育发展成果更多更公平惠及全体人民，以教育公平促进社会公平正义。"② 通过培养人的公平意识来促进社会公平；通过提供均等的教育机会，来弥补家

---

① 参见石中英《教育公平的主要内涵与社会意义》，载《中国教育学刊》2008年第3期，第1—6、27页。

② 习近平：《全面贯彻落实党的教育方针 努力把我国基础教育越办越好》，载《人民日报》2016年9月10日第1版。

庭和社会环境带来的不平等，克服个人、家庭原因造成的学习障碍。教育公平了，社会未来的发展会更加公平；社会公平的大环境优化了，教育公平的可能性也会大大增加。从来没有绝对的公平，但是，人们也从来没有放弃过对公平的追求。现代社会中，公平既是法律的价值目标，也是道德的价值目标。人们对公平的追求往往始于物质层面而终于精神层面，因此，人们并不追求绝对的公平，而是追求道德上的对公平的认可与接纳。这也是公平的道德性和相对性。

教育平等、教育机会均等和教育公平三个概念的先后出现，实际上也伴随着人们对教育公平问题认识程度的加深。我们强调"平等"，首先是，也主要是机会的平等，而不是收入的均等或者财富的均等。收入差距的直接原因是经济发展，机会平等的背后原因是社会制度。因此，机会平等远比收入平等更值得关注。教育平等，主要是指入学机会、接受教育的起点的公平；教育机会均等，已经关注到了过程的平等和结果的平等；教育公平，则已经注意到了个体差异性和社会文化的多样性，是对教育平等和教育机会均等的反思。"教育公平观念的核心应是在满足社会发展对个体成长要求的同时，让人人获得适合其个性并能实现其社会地位转换的发展。由于每个人的成长过程、个性特点等各不相同，因此在推进教育公平时一定要为不同的个体提供适宜的发展条件。"① 教育机会均等与教育公平具有密切的联系：公平是最终的理想状态，教育机会均等实际上是为公平服务的。教育机会均等具有工具理性，教育公平具有价值理性。分开讨论教育机会均等和教育公平问题，都不具有合理性。

（二）共同的教育体系传递共同价值，共同价值塑造国家认同

共同的教育体系传递共同的社会价值，塑造共同体共同的价值标准。公共价值形成共识，理性共识促成进步。共同的教育价值观也会产生共同的文化价值观，教育公平是在同一片蓝天下生活的民众所无法回避的必然要求。"国家统一实施的义务教育，首先应该让所有的青少年都能够享受

---

① 储朝晖：《走出教育公平的观念误区》，载《中国教育学刊》2005年第7期，第11页。

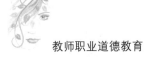

同样的教育。"① 在相同的教育体制下,统一的教育塑造的是有着共同语言文字、共同文化习俗、共同价值观念的公民,这样的公民会构成有机的整体——民族国家。公平的、普惠的公民教育是增强国家认同的基本方式之一,而教育资源的不均衡则有碍于国家认同的形成与增强。现代教育是国家举办的事业,国家应当主导教育政策,通过实施公民教育来实现国家认同。统一的教育体制却有不一样的教育资源,只能让学生和民众从差异中感受到不公平,无助于增强学生和普通民众的认同感。

第二节 教师的教育公平

在教师层面,教育活动过程和教育评价中的公平问题有多方面的表现,包括教学目标、课堂教学、师生关系、座位编排、评价手段、评价结果、评价使用等;影响教师教育公平的原因也是多方面的,如公平观念、区域发展、政策取向、教育条件、教学策略、能力水平、评价标准等。教师是实现教育活动过程和教育评价公平的实施者,教师只有对教育公平有正确的观念,采取正确的策略,才能推动教育公平的实现。教师的教育公平观念支配着教育教学实践活动。教师应在实际教学实践中认识教育公平的价值与意义,发掘教育公平观念产生的背景及内涵,逐步建构新时代教师的教育公平观念。

一、教师教育公平的含义

教师作为学校教育中承担教学任务的主力军,对学生的身心发展有巨大的影响。教师的教育公平观念可以从公平认知、公平情感、公平意志和公平行为四个方面进行阐释。公平认知是公平行为发生的基础,公平情感和公平意志是公平行为发生的动力;公平行为是关键,能促进教师公平认

---

① 韩震:《全球化时代的公民教育与国家认同及文化认同》,载《社会科学战线》2010年第5期,第224页。

第四章 教育公平及其价值

知更好地发展,从而构成一个内部的循环系统。①

第一,教师的公平认知。教师的公平认知,亦被称为教师的公平观念,是教师对公平的准则及其执行意义的认识。面对矛盾冲突,能自觉意识到是非、善恶并迅速做出抉择。抉择需要进行道德判断,对某一事物进行判断需要一个评判标准,这个标准决定了判断的结果。罗尔斯的正义补偿原则认为:"社会和经济的不平等(例如财富和权力的不平等)只要其结果能给每一个人,尤其是那些最少受惠的社会成员带来补偿利益,它们就是正义的。"② 每个人的出身是无法选择和改变的,但是,社会制度的设计与实施会体现正义与否。在学校教育中,教师要有公平的认知,学校中的最少受惠成员主要是中等生。因为优等生成绩优秀,获得教师的普遍喜爱,常常是教师关注的焦点;后进生成绩、个性问题突出,教师为良好班级氛围、成绩等着想,也会重点关注他们;而中等生成绩平平,个性不鲜明,在大容量的班级中容易被教师忽视,成为所谓的灰色学生。他们因主观或客观原因,存在感较弱,容易被群体忽视或遗忘。因而,教师要学会发现每一个学生进步的点点滴滴,及时让他们感受到教师的热切关注。

第二,教师的公平情感。公平情感是根据公平观念来评价他人或自己的行为时,产生的内心主观体验。教师在日常教学中要秉持公平的情感,保持平稳的心态,对学生充满热情,不意气用事。罗尔斯提出要做到公平、正义,就要假设"无知之幕"③ 的存在,只有不受人的主观情感的束缚,才可能真正做到公平正义。教师在对待学生时要掩盖住自己已有的认知,以对待第一次见面的学生的方式去对待每一次与学生的相处,把每一次的课堂都当作上第一节课一样。教师无法预知学生的未来,尤其是低幼

---

① 参见邰越《教育公平视野下的教师公平观研究》,载《哈尔滨学院学报》2019年第40卷第1期,第121—123页。

② [美]罗尔斯著、何怀宏等译:《正义论》,中国社会科学出版社1988年版,第12页。

③ "无知之幕"即在人们商量给予一个社会或一个组织里的不同角色的成员正当对待时,最理想的方式是把大家聚集到一个幕布下,约定好每一个人都不知道自己在走出这个幕布后将在社会/组织里处于什么角色,然后大家讨论针对某一个角色应该如何对待他,无论是市长还是清洁工。这样的好处是大家不会因为自己的既得利益而给出不公正的意见,即可以避免"屁股决定脑袋"的情况。因为每个人都不知道自己将来的位置,所以,这一过程下的决策一般能保证将来最弱势的角色得到最好的保护,当然,它也不会得到过多的利益,因为在定规则的时候幕布下的人们会认同那是不必要的。参见[美]罗尔斯著、何怀宏等译《正义论》,中国社会科学出版社1988年版,第131—136页。

阶段的孩子——你不知道他在几十年之后会从事什么工作，擅长什么技能，取得什么成就。教师可以对学生有不同的、良好的期待，但绝对不应该凭情感和现时印象给学生贴上某种标签。

第三，教师的公平意志。意志力是一个人自觉地确定目的，并根据目的来支配、调节自己的行为，克服困难，以实现目的的品质。意志力主要表现在自制力上。赫尔巴特认为："自制就是结论。人们由此可知自己是谁，了解自己在自制方面表现出何种弱点，而这种弱点的根源可以从个性的深处去寻找，去追踪。"① 赫尔巴特重视自制力在道德发展中的作用，认为自制力可以让人从内心深处去寻找真正的自己。柏拉图认为，节制"即要有控制自己欲望的能力。其次，自知自明，即要知道符合自己本性的地位和位置是什么"②，柏拉图的自制是对外界诱惑、自己内心欲望的制约。现实生活中可能有各种各样的诱惑，如金钱、权力、名利等，但教师一定要遵从自己的本心，守住内心的防线。教师的公平意志还体现在对学生的信心与恒心上，教师对学生的期待可以增强学生的自我认同感和自我效能感，让学生有恒心和耐心坚持下去。相信学生，不要轻易放弃每一个学生，教师的坚持与信赖终究会收到回报。

第四，教师的公平行为。公平行为是实现内心动机的行为意向和外部表现，是衡量一个人公平感的重要标志。一个人做事公平与否不是通过他口头上的叙述，而是在平时的为人处世中表现出来的。赫尔巴特提出"在道德的决定中必须加上自我观察，就像小前提必须归入大前提之中一样"③，这是赫尔巴特对道德决定的认识。在教育教学过程中，教师的每一个决定都不应该是轻率的行为，在做决定前都有必要反复考量，真正做到"三思而后行"。教师在课堂上的一个眼神可以让走神的学生的注意力重回课堂，教师对学生言行的某一句点评会让学生记忆一生。教师的言行举止看似随意，但随意中透露着深意，也许不经意的一个眼神、一句话语就能挽救一个误入歧途的孩子。

---

① ［德］赫尔巴特著、李其龙译：《普通教育学》，人民教育出版社2015年版，第115页。
② 余纪元：《〈理想国〉讲演录》，中国人民大学出版社2009年版，第127页。
③ ［德］赫尔巴特著、李其龙译：《普通教育学》，人民教育出版社2015年版，第115页。

二、教师教育公平的意义

第一，有利于良好教育环境的形成。教师公平处理家长和社会有关方面的关系，有利于形成较好的学校教育外部环境；公平对待领导、同事，有利于协调不同的教育职能，形成教育集体的良好心理氛围，从而形成教书育人的学校教育内部环境；公平地对待学生，则有利于形成直接的教育教学环境，这也是教师教育公平的重点所在。比如在实际教育教学活动中，如果教师对优秀学生过于偏爱或对后进生不公正对待，就可能激起个别学生（可能是优秀生、普通生，也可能是后进生）的反抗心理，甚至会有"捣乱"的行为倾向，结果可能造成教学秩序的混乱，最终不利于教育教学活动的顺利进行。

第二，有利于教师威信的提高。威信来自公正，孔子曾说："其身正，不令而行；其身不正，虽令不从。"① 教师作为教育者，也是教育教学活动的设计者和管理者。如果教师行为处事不公平，除了同行的舆论、领导的批评和制度的约束，最直接的影响就是教师在学生中失去威信。"公生威，廉生明"确有其道理，相关调查也支持这种观点。据上海师范大学一次对4 500名学生的调查，有84%的学生认为"公正"是教师工作重要的职业品质，92%的学生认为"偏私和不公正"是"最不能原谅的教师品质缺陷"。② 由于学生对教师的道德期望很高，所以教师能否做到公平公正，会直接影响他在学生心目中的威信和道德形象。

第三，有利于学生学习积极性的发挥。教师的教育公平对学生发挥学习积极性十分重要，主要表现在两个方面：一是对学生个体，二是对学生集体。对于学生个体而言，教师公平是其学习积极性的源泉之一。比如，教师偏爱优等生、忽视普通生或不公正对待后进生，可能会导致优等生因被溺爱而骄傲，普通生因被忽视而平庸，后进生因此而自暴自弃。对于学生集体而言，教师的不公平可能会造成班集体、小组或宿舍集体等的分裂，其结果则是集体生活和集体建设的动力减退，集体对学生个体的德育、智育方面的教育性降低。

---

① 程树德撰，程俊英、蒋见元点校：《论语集释》，中华书局1990年版，第901页。
② 参见王正平主编《教育伦理学》，上海人民出版社1988年版，第168页。

第四,有利于学生的道德成长。公平本身就是道德教育的重要内容,教师的教育公平直接构成了德育的内容和方式。在学生的心目中,教师往往是公平、正义、无私的代表。学生对教师的这种形象预设和美好期待,奠定了他们在未来社会生活中努力追求道德高标、提升道德品质的心理基础。如果他们原本对其有着美好期待的教师不能做到公平正义,则不仅会伤害他们对教师的美好情感,还会让他们对道德教育中传授的道德价值合理性产生怀疑,从而妨碍他们的道德成长。所以,教师践行了教育公平,学生才可能学会公平。

第五,有利于社会公平的实现。教育公平是社会公平的重要组成部分,教育公平也是社会公平的起点。在教育教学活动中,有的工作直接体现宏观的社会公平问题,比如招生、考试问题;有的工作则可能反映微观层面的社会公平问题,比如课堂教学、班级活动等,虽然只是涉及几十个人的小集体,但也是社会公平的组成部分,同样不容忽视。微观层面的公平问题,也是教师尤其需要注意的问题,因为宏观层面的公平问题,会有来自多方面的监督与管理,而微观层面的公平则主要靠教师的自觉与良心。教师应该认识到,受到不公平对待的学生或许只是你全部学生的极小部分,只占百分之几,但对于其中一个学生个体来说,就是全部,就是百分之百;而且这个学生的背后,就是一个家庭。

三、教师教育公平的建构

第一,把促进所有学生的健康成长作为教学的出发点和落脚点。教育的根本目的在于促进学生成长,根本宗旨是育人为本,这里所说的"学生"或"人"是指所有学生、所有人,假如在教学实践中只是关注少数尖子学生,搞所谓的精英教育,则既违背教育的根本追求,同时也与教育公平的理念相违背。把所有学生都放在心上,把所有学生都作为教育对象,把所有学生的成长与发展作为教育教学的目标指向,最终促进他们身心健康成长与发展,才是正确的教学质量观,才是教师应有的态度。

第二,处理好公平与效率的关系。有效教学、低负高效教学、优质教学正在成为教师热议的话题,也是许多学校教改的基本方向。在提高教学效率的过程中,常常会涉及教学中的公平与教学的效率关系处理问题。关于这对关系,常有不少议论。有人认为,两者是对立的范畴,难以兼顾;

第四章 教育公平及其价值

有人认为，两者是相关的范畴，不存在对立关系，两者兼顾是完全可以做到的。① 公平并不见得会损害效率，在教育领域中，这点表现得尤为充分。因为教育教学的理想与追求就是促进所有学生成长，我们在教学中体现对所有学生的尊重、对所有学生的关爱时，恰恰体现着教学的效率，与教学的目标指向是高度一致的；一味追求所谓的效率，不顾及学生的感受与心理体验，从教学的价值取向上看恰恰是最没有效率的。

第三，创建民主平等的师生关系。这是一个老生常谈的话题，但从教育公平的角度看有其新的意义。公平虽然不等同于平等，但离开平等的公平是空洞的，没有平等的公平是不存在的。在教学活动中，教师要认识到每个人都享有平等的教育权利，这种权利不仅表现在宏观教育教学体系的安排上，也体现在微观的教育教学活动之中。所有的教育机会和教育资源都应该被平等地分配，除非不平等的分配方式有利于处在最不利地位的学生的发展。当然，教学中绝对的平等是做不到的，所有的教学资源平均分配也是不现实的，但适当地关注弱势群体学生、学习条件不利的学生，将教学资源向他们倾斜，是完全应该的，这也是平等中偏向弱势群体原则的基本要求。

第四，创设发挥学生潜能的课程与教学。课程是关于学生素质发展的台阶，学生学习不同的课程，他们的潜能会得到不同程度的发展。学校课程设计，应保证课程的最大价值，即为学生的发展设计最有价值的课程。由此看来，学校课程蕴含着特定的教育机会，赋予学生特定的教育机会和发展权利。从这个意义上讲，教师应该以教育公平为基础设计相关课程，为学生潜能的发展、个性的展现设计具有最大价值的课程结构和课程体系，以保证学生在课程学习中的基本权利，并获得尽可能多的发展机会。教学活动是教师和学生在特定的教育情境中围绕一定的内容进行的特殊交往活动。在这种交往活动中，教师对待学生的方式，表现出复杂的公平问题。那种过分强调教学的标准化、同步化、统一化，忽视学生之间差异及个性发展需要的教学，貌似公平实则不公平，没有关注到不同学生的不同需要。只有因材施教，才有可能让学生的潜能得到最大限度的发挥，使其

---

① 参见郭元祥《对教育公平问题的理论思考》，载《教育研究》2000 年第 21 卷第 3 期，第 21—24、27 页；褚宏启《教育公平与教育效率：教育改革与发展的双重目标》，载《教育研究》2008 年第 6 期，第 7—13 页。

个性得到充分展现。

为实现教育公平，教师不仅需要提高个人对公平的理解能力，还应该让公平教育既契合课堂教学理念，也契合社会对公平的要求。不断完善和加强教师的教育公平观念，不仅有利于学生个体的成长与发展，而且有利于筑牢社会公平的基石。

第三节 我国促进教育公平的努力

中国的改革开放是以教育为起点的。改革开放以来，党和政府始终把优先发展教育事业作为国家战略，并不断推进教育从机会公平向结果公平提升。

一、确立教育公平的目标

教育公平是实现教育现代化的重要目标。党的十八大报告明确提出了"全民受教育程度和创新人才培养水平明显提高，进入人才强国和人力资源强国行列，教育现代化基本实现"①的战略目标。教育现代化既是教育观念与内容的现代化，也是教育装备与手段的现代化，但核心是人的素质现代化与人的全面发展。这就要首先保证人人都享有公平接受高品质教育的权利。教育公平既是教育现代化的基本要求，也是教育现代化的重要标志。推进教育现代化建设，就必须把教育公平作为基本原则，统筹好区域和城乡教育，统筹好公办教育和民办教育，统筹好普通教育和职业教育、特殊教育，科学合理配置教育资源，推进基本公共教育服务均等化，努力让每一个人都有通过教育获得人生出彩的机会。习近平总书记在联合国"教育第一"全球倡议行动一周年纪念活动上发表讲话时强调："中国将坚定实施科教兴国战略，始终把教育摆在优先发展的战略位置，不断扩大投入，努力发展全民教育、终身教育，建设学习型社会，努力让每个孩子

---

①《十八大报告学习辅导百问》编写组：《十八大报告学习辅导百问》，党建读物出版社2012年版，第16页。

第四章 教育公平及其价值

享有受教育的机会,努力让13亿人民享有更好更公平的教育,获得发展自身、奉献社会、造福人民的能力。"①

教育公平是全面建成小康社会的重要内容。党的十八大报告把教育放在改善民生和加强社会建设之首,把"学有所教"放在"劳有所得、病有所医、老有所养、住有所居"的前面,体现教育公平在全面建成小康社会的总体布局中的基础性和全局性作用。2015年9月,习近平总书记在给"国培计划(2014)"北京师范大学贵州研修班参训教师的回信中指出,"到2020年全面建成小康社会,最艰巨的任务在贫困地区,我们必须补上这个短板。扶贫必扶智。让贫困地区的孩子们接受良好教育,是扶贫开发的重要任务,也是阻断贫困代际传递的重要途径"②。坚持公平正义是中国特色社会主义的内在要求,社会公平是小康社会的"晴雨表",教育公平是社会公平的"测温计",客观反映出小康社会的实现程度。

二、创造教育公平的条件

(一)教育资源相对充足是实现教育公平的物质基础

在相当长的一段历史时期内,教育资源严重不足是影响我国教育公平的重要原因。受社会发展水平等的制约,为了能够集中力量办大事,把有限的教育资源适当倾斜、集中使用是必要的,也为培养人才做出了重要贡献。随着改革开放的高速发展,我国教育事业也取得了令人瞩目的成绩。"我们是在已经形成非均衡发展的状态下来促进教育的均衡发展的。因此,简单地均分现有教育资源和简单地均分新增的教育投入,无疑难以在保证教育事业健康发展的前提下推进均衡发展。"③ 现阶段,我国教育资源已经由不足问题转变为不同类型、不同阶段、不同区域的不均衡问题。教育资源的充分保障为解决教育公平问题提供了相应的物质条件。包括学前教育、基础教育和高等教育在内,我国教育事业正在从注重规模的外延

---

① 习近平:《习近平谈治国理政》第1卷,外文出版社2018年版,第191页。
② 《习近平总书记给"国培计划(2014)"北京师范大学贵州研修班参训教师的回信》,新华网,2015年9月9日,见 http://www.xinhuanet.com/politics/2015-09/09/c_1116512910.htm。
③ 陶西平:《树立科学的教育公平观——学习胡锦涛总书记在全国优秀教师代表座谈会上的讲话》,载《中国教育学刊》2007年第10期,第3页。

式发展模式转向注重质量的内涵式发展模式；既要让每一个学生在德、智、体、美、劳等方面都能得到全面发展，也要使城乡间、区域间、学校间的教育资源得到公平合理的配置。

（二）社会治理城乡一体是实现教育公平的制度条件

从20世纪80年代开始，我国政府先后出台了多项政策与法律法规，推动中小学教育的普及与均衡发展。2005年，教育部颁发《教育部关于进一步推进义务教育均衡发展的若干意见》（教基〔2005〕9号），明确要求各级、各地教育行政部门遏制城乡之间、各地区之间和各学校之间的教育差距扩大的势头，采取有效措施干预畸形的教育市场，调整教育产业化政策，规范学校办学行为，促进义务教育的均衡化。我们能够在全国范围内实现九年义务教育，正是党和政府大力发展普惠性教育、推动教育公平的结果。总体看来，推动教育公平的改革已有成效，但还可以做得更多。要做到教育公平，应当遵循补偿原则，在制度上保障对薄弱地区加大投入。

城乡教育资源的不均衡是教育公平中最突出的问题。现代社会以城市为主要结构形式，社会文化也以城市文化为主体，乡村文化逐步被边缘化。表现在教育活动中，教师培养培训、课程设计、考试评价等都有意无意地站在城市视角，而忽略了农村。城市和乡村的社会治理模式从二元到一体的转变，为解决教育公平问题带来了制度建设的契机。教育公平的基础在于义务教育资源的相对均衡，义务教育资源均衡的基础在于师资的相对均衡。短期内，应当通过提高乡村教师待遇等办法，纠正优质教师资源分配的不均衡，引导师资合理流动。从长远来看，贫困、偏远乡村存在医疗、交通、社保、生活设施等方面的差距，这些问题还是要靠发展来解决。

（三）价值取向公平优先是实现教育公平的精神条件

如果说我们在解决社会生产落后的矛盾的时期，采取"效率优先，兼顾公平"的价值取向是合理的话，那么，在社会矛盾发生变化的新时代，"公平优先，兼顾效率"就应该成为我们解决新矛盾、完成新任务的新的价值取向，并且这种价值取向还需要尽快转化为可操作的制度措施。过去为了在资源稀缺的情况下求发展，只能优先追求效率，保证一部分地区和一部分人先发展起来。在社会矛盾发生根本变化的新时代，则应该更加注重内涵，应当"公平优先，兼顾效率"。实际上，实现公平靠的是理

第四章 教育公平及其价值

念，而不是靠以规模和效益为目标的发展。不应轻视所谓低水平的公平，公平在任何时候都值得追求。不是只有物质文化生活极其丰富的时候才能去追求公平，而是即使物质生产规模很小、生产效益很差的时候也应该追求公平，而且能够很好地做到公平。

从"效率优先，兼顾公平"到"公平优先，兼顾效率"的价值转换，为实现教育公平提供了精神指引。新时代学校教育的目标会逐渐从过去被异化了的片面追求升学率，转到更加注重"人的全面发展"这一教育实践活动的本质上来。教育的内容也会从知识技能等表层形态，转向更加注重人的内在的精神世界。

三、实施教育公平的政策

（一）以优先发展促进教育公平

教育公平是一个历史发展过程，公平与发展密切相关，公平问题既在发展过程中产生，又必须依靠发展来解决。加快教育发展、不断提高教育水平，是促进教育公平最强大的动力和最根本的保证。一方面，把教育摆在优先发展的地位，建设教育强国；另一方面，以信息化促进教育公平，使教育公平迈上新台阶。改革开放40多年来，从资源建设到深化应用，从硬件配置到数据革命，教育信息化水平不断提高。21世纪以来，国家将教育信息化的地位提到前所未有的高度，创建教育信息化"三通两平台"，即"宽带网络校校通""优质资源班班通""网络学习空间人人通"，以及"教育资源公共服务平台""教育管理公平服务平台"。我国基础教育信息化水平从加强基础设施建设、资源共享进入网络学习空间的建设，极大地促进了优质教育资源的共享，促使教育公平迈上了新的台阶。

（二）以惠民政策保障教育公平

机会公平是保证每个人受教育权利的前提，但由于先天和后天的各种因素，部分人群处于发展不利地位，不能正常享受到平等的机会。为此，必须采取特殊政策，对这一人群予以必要的支持和帮助。习近平总书记在北京市八一学校考察时要求，优化教育资源配置，逐步缩小区域、城乡、校际差距，特别是要加大对革命老区、民族地区、边远地区、贫困地区基

础教育的投入力度，保障贫困地区办学经费，健全家庭困难学生资助体系。一是贫困生资助政策。国家通过颁布完善的政策，建立起了以政府财政投入为主、学校和社会资金为重要补充的经费筹措机制，形成了政府主导、学校和社会广泛参与的"三位一体"资助格局，形成了世界上覆盖范围最为广泛的资助体系，在制度上保证"不让一个学生因家庭经济困难而失学"。二是精准帮扶政策。国务院及教育部等职能部门对准教育最薄弱的领域和最贫困的群体，有针对性地采取倾斜政策、精准帮扶、分类施策、全面保障，努力实现"幼有所育、学有所教"，促进我国贫困地区教育事业的发展。

（三）以规范管理维护教育公平

坚持规范管理、依法治教是党和国家促进和实施教育公平的根本制度保障。中华人民共和国成立以来，特别是改革开放以来，我国逐步建立健全了教育法制保障体系，并始终坚持将依法保障公民平等受教育权利作为制定与修改教育法律法规的重要原则。同时，提出要健全保障教育公平的规则程序，要求各级政府和教育行政部门在实施重大政策及改革措施前，制定实施程序、规则，推进重大政策与改革举措制定过程的程序化、科学化和民主化水平。各地区从地区实际出发，制定各项招生入学行为的具体规范，为依法管理、依规入学提供依据。各级各类学校实施校务公开、财务公开制度和招生考试"阳光工程"等社会公开制度，通过制度建设维护了教育公平。此外，我国建立了国家、区域等层级的教育质量国家标准及其评价体系，形成了评估督导制度，有力地推进了义务教育的均衡发展，促进了教育公平。

我国推动教育公平的政策措施是积极有效的。这些做法整体提升了国民素质，阻滞了社会差距的代际传递，为我国经济社会的持续发展提供了基础性的、决定性的人力支撑，为十几亿人民群众提高生活质量和创造幸福生活奠定了基础。

延伸思考

《国际教育百科全书》将影响教育公平的因素分为11类：个体能力的遗传差异；个体所处社会地位的差异；政府、社会、个体提供和获得教

第四章　教育公平及其价值

育方面的政治权利；国家和私人为教育提供的资源；各阶段教育之间的资源分配；在各地区配置的和向各社会群体提供的教育机构的差异；教育机构与其他群体之间在资源、能力和成就方面的差异；教师能力方面的差异；家庭在教育方面的直接成本和间接成本；不同教育阶段的选拔；代际之间教育资源的分配。①

湖北孝感学院（现更名为湖北工程学院）邓银城、卜晓艳曾于2009年对湖北、湖南、山西、安徽、河南、江西中部6省的600名中小学教师进行了公平意识的调查。调查结果显示："我国中小学教师具有较好的教育公平意识，能够比较公平地关注和评价学生，在教育资源的分配上也基本上能够做到比较公平和公正。"同时，有以下几个问题值得关注：①女教师在对学生的关注和评价上比男教师更为公平，特别是在学生中进行教育资源的分配时，女教师要比男教师公平得多；而男教师比女教师具有更为强烈的教育公平感。②具有本科及以上学历的教师在对学生进行教育评价和教育资源分配时要比没有本科学历的教师更公平，而本科以上学历的教师比没有本科学历的教师对当前教育不公平现象有着更深、更强烈的感受。③教龄在21年以上的教师在评价学生时比其他教师更为公平，特别是在对学生进行教育资源的分配时，即在向学生发放学习资料、给学生课堂回答问题的机会、对学生进行个别辅导、安排学生在教室中的座位的过程中，教龄越长的教师越公平，而教龄越短的教师越不公平。④在不同学段的教师中，即在不同层次学校的教师中，无论是对学生的关注和评价，还是在学生中进行教育资源的分配，小学教师都比初中教师和高中教师更公平，而初中教师与高中教师在对学生的关注和评价上并没有多大的差异，只是在教育资源的分配上，高中教师比初中教师较为公平一点。⑤在城乡教师之间，城镇教师和城区教师的教育公平意识不如农村教师，在对学生的关注和评价及对教育资源的分配方面，农村教师要比城镇教师和城区教师更加公平。②

---

① 参见袁军主编《国际教育百科全书》第3卷，贵州教育出版社1990年版，第436页。
② 参见邓银城、卜晓艳《中部地区中小学教师教育公平意识的调查与研究》，载《孝感学院学报》2010年第2期，第96—100页。

不可把自己当成惊吓鸟儿的稻草人，使学生总是在他们的目光下颤栗。

——洛克①

第五章　教师威信与教育惩戒

教师威信作为教师开展教育教学工作的内在力量，直接影响着教育教学的效果，是教师在处理师生关系时应当高度关注的问题。教师威信离不开社会背景的制约，但对教师个体来说，威信形成的关键是自身德、识、才、学的优化组合，以引起学生信服和敬重。教师要不断完善和提高自身素质，努力成为一个受学生欢迎的教师，带领、引导学生去探究知识、发展自我，以便更好地完成教师的教育使命。

惩戒是教育的必要手段，也是教师的教育权力。教师对学生进行惩戒，旨在控制、矫正其错误行为，目的是使学生分清是非、善恶，对受惩行为做出回避、退缩、改变的反应，削弱受惩行为的动机，达到改正的目的。惩戒不同于体罚，禁止体罚学生已经成为社会共识。

第一节　教师威信

教师威信，是指在履行社会交给自己的教育职责过程中，由于个人所具有的优秀教育素养和令人崇敬的道德品质而产生的能够影响和改变学生思想行为的一种精神感召力量。教师威信是动态的，不同年龄阶段的学生有不同的心理特征和心理需求，他们对教师威信的理解和对富有威信的教

---

①　[英]约翰·洛克著，徐诚、杨汉麟译：《教育漫话》，河北人民出版社1998年版，第153页。

师的期待也不一样。

教师威信来自社会所赋予的相应的角色地位和教育制度体系赋予的教育权力。教师一旦扮演教育者的角色,就被天然地赋予了相应的权力,承担起教育学生的职责。如果教师没有教育权力,也就难以承担起教育学生的责任。教师的这种来自制度的威信也可以称为"自然威信",这种威信并不牢固,会随着学生对教师的逐步了解而增长或下降。教师威信来自教师在教育活动中由于自身的品质而在学生心目中树立的崇高声望。这种威信是学生在心灵上对教师具有的品德、学识、智慧,以及对教育事业的忠诚与认真负责等高贵品质的折服。教师的这种来自自身的威信也可以称为"自觉威信",这种威信才真正具有权威性,才能产生内在的教育力量。如果教师无法以"自觉威信"赢得学生发自内心的尊重,那么他凭制度体系所获得的"自然威信"也无法持久,更无法产生教育价值。

一、教师威信的形成条件

教师的品质和行为,只有得到学生和社会舆论的承认,才能使教师获得应有的教育威信。因此,教师威信的形成,不仅在于教师自身素质等内在条件,还在于社会评价等外部条件。

(一)教师威信形成的内在条件

教师威信的建立主要取决于教师本身的内在条件,即教师自身的综合素质。教师威信出自学生对教师的评价,是学生对教师的信赖和尊敬。教师的威信主要受专业素质、人格魅力、评价权力、师生关系等方面因素的制约。专业素质,包括教师的专业知识和专业技能。如果教师在其所教学科方面不具备应有的丰富知识和熟练技能,那么便不能指导学生解决学习中遇到的问题,不能充分满足学生的求知欲望,也就难以得到学生对教师起码的信任与认可。热情、和蔼、诚实、谦逊、守信、公正等人格特性可以使学生对教师产生认同感与信任感,有助于教师威信的树立和提高。教师拥有对学生评价的权力。教师对学生评价的时机是否适当、场合是否适宜、强度是否适中、方式是否合适等,都关系到评价的效果,影响着学生对教师所做评价的接受程度,并因此影响到教师权威的建立与巩固。师生关系良好时,教师所施加的影响即便是错误的,学生也能乐意接受,尽管这种接受常带有盲目性；师生关系恶化时，教师所施加的影响即便是正确的，学生也难以接受，甚至根本不接受，尽管这种不接受带有反抗性。

教师威信的获得是一个艰苦的修养过程，需要教师长期多方面的锻炼和努力，才能实现从制度的、形式的"自然威信"向现实的、实质的"自觉威信"转变。有威信的教师是学生觉得可以信赖的教师，他们在学生眼中也是有血有肉、有激情、有弱点和有情感的人。学生们常常把教师的以下四种行为看成是有威信的证明："（1）教师言行一致；（2）教师承认错误，承认自己会犯错误，而且会在学习者都在场的大庭广众之下犯错误；（3）教师允许自己作为教师以外的个人生活的各个方面让学生知道；（4）教师通过仔细地倾听学生们述说自己的担忧，通过创造机会让学生的声音能够被人听到，通过允许按照学生的建议改变自己的做法等，对学习者表现出尊重。"①

（二）教师威信形成的外部条件

教师威信与教师在社会上享有的政治和经济地位、全民族的道德文化素养及社会上尊师重教的风气，有着直接的关系。教师社会地位的高低，在很大程度上依赖于社会领导集团对科学文化知识在社会发展、国家富强和民族振兴中的作用的认识，依赖于他们对教师职业的社会价值的看法、态度及其相应的对策。

社会评价极大地影响着教师威信的树立。社会对教师的评价主要来自媒体和学生家长。媒体注重教师形象的正面宣传，就会有利于教师威信的树立；如果媒体过于热衷传播教师的负面信息，则会有损于教师威信。学生家长对教师的态度，取决于他们对教师工作意义的认识及对子女进步、成长的认识。在相当一部分人看来，教育就是教师的责任，教师有义务教导学生，而父母只需把孩子送到学校。如果家长仅仅把教师看作管教孩子的"教仆"，就很难在孩子面前传播正确的尊师意识。有的家长对孩子期望过高，望子成龙太过心切，当孩子没有达到他们的要求时，就责怪教师没有教好。当教师和学生之间发生矛盾时，有的家长也一味地袒护孩子，指责教师。家长的态度总是会影响学生对教师的态度，在不尊重教师和缺

---

① ［美］斯蒂芬·D.布鲁克菲尔德著，周心红、洪宁译：《大学教师的技巧——论课堂教学中的方法、信任和回应》，浙江大学出版社2005年版，第108页。

乏正确教育观的家庭中建立和提高教师的威信是极其困难的。

二、教师威信的合理建构

如何在学生心目中培养和建立教师威信，是一个实践性很强的工作。师生关系是一个复杂的多层面集合体，建立教师威信的方法也无明显的规律可循。在最根本的意义上，建议采用以下四种方法。

第一，教师对学生的严格要求是培育和提高教师威信的基础。严格要求是教师对学生和社会未来发展负责的结果。如果教师能够从学生身心发展的现实水平出发谨慎地提出要求，并严格加以督促，学生就会从中感到尊重和信赖，从而获得积极进步的激发力量。教师在学生心目中也便成为其成长中不可缺少的人，从而得到尊敬和爱戴。在这种发自内心的敬爱基础上建立起来的教师威信，才是真正富有教育力量的。

第二，对学生的公正严明是教师获得威信的根本保证。苏霍姆林斯基曾指出，对学生的公正严明是真正人道主义的表现。教师的公正严明是"孩子信任教师的基础"，如果教师能够公正地对待每一个学生，学生必然从中感受到一种平等尊重和对自身价值的肯定。反之，如果教师对学生不能一视同仁，而是有所偏袒，必然会破坏师生之间的团结，妨碍教育工作的进行。苏霍姆林斯基曾经尖锐地指出教师不公正的严重后果："热衷于不公正地侮辱和刁难学生——一种十分可怕的弊病——比刺激学生要严重得多。孩子只要有一次因不公正的侮辱而深感震惊，就会由此而在一切方面看到不公正……"① 教师公正的具体表现是教师对赏罚的严明处理。如果教师以事实为依据，赏罚有据，教师在学生心目中就是公正的化身，从而得到学生普遍的尊重；而如果教师心存偏袒，赏罚无度，则必将在学生心目中留下不良印象而彻底丧失其威信。

第三，教师以身作则是树立教师威信的道德行为保证。班杜拉的社会学习理论认为，儿童对榜样的模仿和以赏罚方式进行的强化学习是儿童道德内化与品德形成的主要机制。杜拉德和米勒的自居内化理论也认为，儿童的道德形成是儿童学习模仿成人角色，把成人的行为规范和价值内化为自己的道德观念和信念的结果。严于律己、为人师表不仅是教师崇高思想

---

① ［苏］苏霍姆林斯基著、肖勇译：《教育的艺术》，湖南教育出版社 1983 年版，第 37 页。

境界和道德情操的外部表露，更是对学生无声的命令，对学生道德行为的影响是极大的。一个合格的教育者不应只对学生提出各种要求，还要身体力行，为学生树立良好的行为榜样，做到知与行的统一。教师对学生所提的教育要求能否渗入学生的心灵和行动之中，在很大程度上取决于教师的行为表率。在学生眼里，教师是真理的化身，他所提出的教育要求是正确的要求，是每一个人都必须严格遵循的。如果学生看到教师的行为与其所提出的要求根本抵触或相去甚远，他自然就会怀疑教师教育要求的合理性，进而怀疑教师的人格和修养。

第四，对学生真挚的爱与信赖是培育和提高教师威信的重要心理保证。在规范的组织活动中，师生间按照规则所进行的交往并不一定能够带来心灵上的交流，学生组织上的服从也并不一定能带来思想上的认同。只有在相互尊重的基础上达成师生间的沟通和了解，学生感受到教师对学生的爱与信赖，感受到自身价值得到充分肯定和认可，从而焕发积极向上的精神活力，教师的威信才能迅速在学生心目中建立起来，并打下坚实的根基。当然，教师对学生的教育和信赖还要注重度的把握问题，否则学生会由于溺爱而放纵，最终会藐视教师的权威。教师只有信任学生，同时对他们提出严格而合理的要求，才能对学生产生好的教育影响。

三、师道尊严的时代挑战

师道尊严是中国传统社会在长期教育实践中积淀的教育智慧，不仅使中华民族形成尊师重教的美德，也奠定了中华文化的社会政治根基。然而近代以来，多元职业分化、弱化了教师职业的吸引力，教师职业"去魅"过程中专业权威不断被解构，加之极个别教师不良道德行为被放大，师道尊严面临着新的时代挑战。在全面深化新时代教师队伍建设改革的政策环境下，重振师道尊严，对教育事业的发展价值重大，对国家兴盛意蕴宏远。

（一）师道尊严的基本内涵

"师道尊严"出自《礼记·学记》："凡学之道，严师为难。师严然后

第五章　教师威信与教育惩戒

道尊，道尊然后民知敬学。"① 师道尊严"彰显儒家德治仁政的核心价值观……提倡师道尊严的根本目的在于实现教育发展、人的发展、国家发展的内在统一"②。传统师道尊严是面向国家、社会、家庭、学校、教师、学生等多个主体提出的伦理思想与行为规范，体现了对整个社会人群"尊师""重教""尊道""敬学"的要求，并且彰显社会对教师职业及其劳动的敬重，符合我国大众的文化心理需求。

中国古代的师道尊严并非只看重为师之道的庄重严肃和教师地位的居高临下，而是有着丰富的内涵。中华传统文化中的"师道"大致有以下意思：一是指师承、师传。古人跟随教师学习的过程，往往是学习、继承并弘扬这一学派观点的过程。教师通过广泛招收学生，也让自己的观点主张得到发扬光大。我们现在也常说某人"师出有门"或者"师出名门"，就是这个道理。二是指师识、师能。虽然"弟子不必不如师，师不必贤于弟子"③，但教师之所以为师，是因为他在学识、见解、能力方面往往高于学生。三是指师职、师责，即"为师之道"。韩愈在《师说》中指出："师者，所以传道受业解惑也。"④ 教师的为师之道既要传道，也要授业、解惑。现代社会，教师既要教书又要育人，这也体现了对教师职责的时代要求。教师承担着什么样的职责，不同的时代、同一时代不同国家的具体要求可能有一些区别，但基本要求是共通的。四是指师位、师尊，即中华民族尊师重道的光荣传统。

综括以上，"师道"指称为师者在履行自己职责时所应当秉持的根本价值原则和所应当追求的根本价值使命，是儒家之道在教育领域的具体化和规范化要求。师道尊严不仅包含尊师重教的意味，更包含教师的价值观和教师在价值观方面的榜样示范作用。

---

① 〔汉〕郑玄注、〔唐〕孔颖达正义、吕友仁整理：《礼记正义》中，上海古籍出版社2008年版，第1443页。

② 石中英：《师道尊严的历史本意与时代意义》，载《当代教师教育》2017年第10卷第2期，第20页。

③ 〔唐〕韩愈：《师说》，见韩愈著，杨义、蒋业伟今译《韩昌黎全集》上，北京燕山出版社1996年版，第361页。

④ 〔唐〕韩愈：《师说》，见韩愈著，杨义、蒋业伟今译《韩昌黎全集》上，北京燕山出版社1996年版，第360页。

（二）师道尊严的现实挑战

1. 知识、价值和法律领域的变化是挑战师生关系的外在原因

首先，信息时代来临，万物互联、移动互联，人们可以通过互联网等途径获取知识，教师已经不再是唯一的知识来源。这就意味着作为"工具"的教师的可利用价值正在退缩；同时，教师所传授的知识正确与否也很容易受到检验，教师不再是不可撼动的绝对权威，以教师为中心的传统课堂教学模式受到冲击，学生轻点鼠标就可以搜罗到与课程内容相关却比课程内容丰富得多的资料。

其次，当今社会价值观多元化，人们的价值选择标准、道德认同标准也日趋多样。由于社会已经不再被一整套自上而下、严格统一的伦理体系规约，因此，教师所代表和传播的"道"不再被所有人接受和认同，甚至与部分学生的价值观背道而驰。"学校中师生之间的价值冲突不断，教师和教师、教师和家长之间的教育理念也存在不同程度的分歧，教师作为价值领域唯一典范的地位也因此受到挑战。"①

最后，与以往相比，当前教育法制体系下的学生，地位和权益日益提升并得到保护。《中华人民共和国教育法》《中华人民共和国未成年人保护法》都一再强调学生的权利，强调尊重学生。教师对学生的惩戒稍有不当就有可能违法。与此同时，学生尊敬教师却只是道德要求，而非法律规定。教师的地位不再像以前那样得到官方认可、推崇和保护。

2. 教师的价值缺失和行为失范是师道尊严丧失的内在原因

当前教师队伍良莠不齐，个别教师在知识、技能、道德等方面无法达到合格教师的标准，比如：在学术上，怠于钻研，弄虚作假，滥竽充数；在教学上，应付了事，糊弄学生；在生活上，形象不端，作风不检。师生关系方面，教师与学生虽然在人格上是平等的，但在课堂教学和师生交往中仍然有地位与角色的区分。然而有些教师为了凸显自己与学生亲近，能和学生打成一片，甚至让学生直呼其名，放纵学生任意妄为，连正常的课堂秩序都置之不顾。有些教师盲从"学生永远是对的""学生就是上帝"等信条，将"尊重学生"的内涵盲目扩大，一味采用所谓的激励教育、

---

① 林可：《当代"师道尊严"的缺失、异化和重树》，载《中国教师》2009年第1期，第12页。

赏识教育，放弃了正当的批评管教。教师涉足商业圈、政治圈、娱乐圈已不足为奇。他们乐此不疲地在"象牙塔"之外的花花世界活动，不顾自己教书育人的主业，甚至为了搞好副业，不惜牺牲学生的利益。更恶劣的是，有的教师宁愿到校外补习班讲课，赚取高额外快，也不愿多花一分钟辅导自己的学生。一些教师尽管也愿意指导学生，但不注重耐心地引导启发，只注重高效地解决实际问题；不再用真、善、美点亮学生的灵魂之灯，而是过早地将世俗的功利价值观灌输给学生。

3. 教育变革中的异化是丧失师道尊严的重要因素

教育产业化走进误区、高校大面积扩招、就业形势日益紧张等，使学校和教师的功能都被异化。对于许多学生来说，学校不再是汲取智慧和充盈心灵的净土，而只是一个发放文凭的培训机构；教师不再是传承文化、教化心灵的智者、贤者和帮助学生成长成才的良师益友，而只是一个给学分的工具、写评语的机器。学校和教师功能的异化直接导致师生关系异化成市场上的买卖关系——家长和学生花钱购买教师的服务。一些教师在本着"顾客至上"的理念提供服务的同时，也希望从中赚取"小费"和榨取"利润"。师生之间的互利互惠多了，真诚交流少了。

（三）师道尊严的当代重塑

在我国传统社会的学术和教育活动中，师道尊严也产生过一定的负面影响。例如：过于严整的师承门派，会阻碍学术和思想的发展；在私塾、书院的教育活动中，会形成老师居高临下、学生俯首听命的不平等人格关系；等等。

今天提倡师道尊严，其实质是通过尊重知识、重视教育、尊重培养人才的教师的特殊劳动，提高全民族的知识文化修养，提高公民的整体素质，促进社会的发展。我们要有现代的教育理念，尊重法律的平等意识，关心学生的成长成才，但也不能忽视教师的尊严。要重塑师道尊严，首先，要正确理解师道尊严的合理内涵。教师是社会道德和社会文化的传授者、促进者，是权威的化身。在现代师生关系中，强调师生人格平等应以尊重教师为前提。其次，要加强教师道德文化建设。尊重教师，是因为教师本身的职业魅力和人格魅力，是以教师本身的自尊为基础的。教师应有自己的精神家园，应该独善其身，不能随波逐流，失去自己作为一位教师的尊严，失去教师的"道"。教师的言行要"自尊"，要严守道德准则，

恪守道德底线，这是师道尊严最基本的内在要求，也是形成师道尊严的社会环境的内在动力。

基于知识对人和社会的重要性，现代教育仍然需要崇高与尊严；基于对教师人格的信任与尊重，现代教师仍然需要鲜花和光环。从这个意义上讲，师道尊严仍然是需要提倡的。因此，我们在谈论所谓的师道尊严时，应该彻底抛弃其森严的等级观念，而大力提倡尊师重教的传统美德：尊重教师，尊重知识，尊重教育；没有教师就没有教育，没有教师的尊严就没有教育的尊严，没有教育的尊严就没有民族的尊严。

第二节 教育惩戒

惩戒，即通过惩罚使人警戒。惩戒包含"惩"和"戒"两层含义。"惩"即处罚，是一种手段；"戒"是警告，劝诫以使其改正错误，预防未来再犯同样的错误。教育惩戒，是指在学校教育过程中，对犯有过错的学生所施加的旨在矫正其过失以达到对本人和他人的警示作用的教育方式。

教育惩戒的主体可以是学校或者教师，客体往往是学生个体或群体。从实施主体看，教育惩戒可以分为学校惩戒和教师惩戒。学校惩戒，指校长、教师集体或其他以学校名义行使的如记过、警告等处分，或经教育行政部门授权的停学、退学等能带来一定法律效果的处罚。教师惩戒，是教师个人通过对学生的过错行为进行惩罚，让学生对自己的错误行为有清楚的认识，并为自己的错误行为承担相应的后果，从而促使学生自我醒悟、自我改进。

一、教育惩戒的必要性

教育是一个复杂的系统工程，正面的鼓励和反面的惩罚都是必不可少的，不应把两者割裂甚至对立开来，孤立地偏重某一方面，或是摒弃某一方面。教育惩戒的必要性可从以下四方面来认识。

（一）从社会的角度看

传统教育无论是在东方还是在西方，都主张惩戒，都授予学校和教师行使几乎没有限制的惩戒权。教师可用各种手段，针对各种事由，对学生进行惩戒，并且对惩戒造成的结果毫不在意。直到近代教育制度基本确立，才对惩戒的主体、惩戒处分的等级与标准等做出了规定，在一定程度上避免了惩戒的滥用及对学生的无谓伤害。17世纪以后，随着人本主义的兴起，越来越多的人主张完全尊重学生的人格尊严，避免任何不人道的外在强制性的惩戒手段。以法国思想家卢梭等人为代表，他们主张绝对尊重儿童，保护其天性自由发展。美国现代教育家杜威也深受卢梭的影响，他提出的"儿童中心论"的教育理念在20世纪上半叶影响甚大。即便如此，关于教育惩戒的观点也并没有退出历史舞台。英国的洛克、德国的赫尔巴特等人都主张温和的惩戒，在确有必要时不回避体罚。赫尔巴特认为，教育管理是必要的，倾向于保留体罚，但体罚要适可而止。

20世纪以后，绝大多数国家在法律上都禁止体罚学生，教育惩戒和体罚开始有了显著区分。目前，国际社会的基本情况是体罚被明令禁止，但存在教育惩戒，只是教育惩戒的方式和力度有所不同而已。大多数国家在明令禁止体罚的同时，都对教育惩戒做出明文规定并有所保留，这反映了教育惩戒是教育活动客观规律的要求，不能完全摒弃。从教育惩戒的历史和现状看，教育惩戒从没有约束的绝对权力到今天的争议和审慎，体现了对儿童的人文关怀、人格尊重和对其人权的保护。

（二）从法律的角度看

教育惩戒可以适度填补司法管理的空白，从而有利于未成年人法制观念和良好行为习惯的形成。根据人的生理与心理发展成熟度及社会化水平，许多国家都对公民承担刑事责任的年龄有所界定。例如，印度是7岁，西班牙、意大利是9岁，多数国家是14岁。《中华人民共和国刑法》第十七条规定：不满14周岁的人，完全不负刑事责任；已满14周岁不满18周岁的人犯罪，应当从轻或者减轻处罚。对于尚未能够承担刑事责任的未成年人，普通的道德约束并没有强制力，如果他们实施了一些社会危害性较大的行为，就可能出现道德规范"管不了"、法律规范"无法管"的司法真空。对于这样一个年龄段的未成年人而言，教育惩戒就显得尤为

必要。

必须承认,校园里肆意破坏课堂纪律、故意损毁公私财物、经常骚扰异性、打架、斗殴等具有严重危害性的行为时有发生。这些行为既不能依刑法予以处罚,又不能有效进行教育感化,如果不能及时有效地得到遏制,将对行为者本人及其他学生的法制观念和良好行为的形成,产生极其不利的影响。因此,适度的教育惩戒是必要的、合理的。它能让未成年人认识到犯错误后应受到惩罚,应承担责任,逐渐形成法制观念和良好的行为习惯。另外,惩罚犯错的学生,不仅教育了犯错的学生本人,还教育了其他学生,让他们引以为戒。

(三) 从心理学的角度看

儿童的成长过程是一个不断社会化的过程,他们要认识、接受社会的既定规则,用社会规则驯化自己的内心与行为。但是,儿童自由成长的天性也决定了他们会尝试打破规则的约束,无论是有意的还是无意的,他们都可能要为自己打破规则的错误行为负责,接受教师、家长等成年人的管束与惩戒。但是,在具体的社会实践中,许多家长和教师并不能很好地把握尺度,对孩子的训诫往往演变成了粗暴的体罚,甚至是虐待。

每个人都有一种自我膨胀的倾向,它与人的本性并存,表现为过分的自负和过多的以自我为中心。人在成长过程中所表现出来的非社会性行为,不受纪律约束的行为,强制他人、攻击他人的行为,等等,都是自我膨胀的表现。对于自我控制能力差、人生观和世界观尚未形成的学生来说,教育惩戒是抑制其自我过分膨胀、矫正其非社会行为的一种外在动因。在说理、教育等外在因素不起作用的前提下,采用惩戒的方法能让学生在其亲身经历的教训中认识到错误。通过外在因素使学生的内在因素发生作用,自觉抑制自我过分膨胀,防止再犯同样的错误。学生犯了错误,尤其是屡犯错误,如果教育者一味采取平等对话,容易导致学生自我中心意识增强,并催发新的错误行为的产生。所以,采用适当的惩戒是必要的、合理的,这样可以让学生对错误行为产生趋避意识。所谓"一朝被蛇咬,十年怕井绳",讲的就是这个道理。

(四) 从教育学的角度看

惩戒在本质上与教育规律相符合。教育不仅意味着提高人们的道德水平和知识技术能力，而且意味着按照文明社会以及与他人交往的准则规范人们的行为，即我们通常所说的养成教育。事实上，养成教育本身就带有某种强制性。当然，这种养成文明习惯的强制性和我们现在反对的思想专制不是一回事。我们每个人都是一个社会人，如果不遵循起码的公共规则和秩序，是很难与人交往的。在一个集体中，一个人违纪必然会妨碍更多的人的生活。因此，为了尊重多数人的权利，必须给违纪者必要的惩戒。因此，没有惩戒的教育是不完整的教育，是脆弱的教育，是不负责任的教育。

规模化、制度化的教育及其活动需要学校和教师具有一定的权力，以维持教育教学活动的正常进行。"作为未成年人的学生在接受外在行为规范并将其内化为自身行为准则的过程中，也无法完全排除外来的强制性影响，在其走向自律之前，他律往往是必经的路途之一；个体的社会化不可能纯是自发的内在的要求，对外在规范的学习和掌握也必然不是一帆风顺的，存在着不断的失误。"[①] 教育惩戒正是学校和教师以社会代言人的身份对未成年学生进行指导和矫正的方式，其存在是符合教育规律与未成年人成长规律的。

二、教育惩戒的原则

惩戒在学校教育中是合理的、必要的，惩戒权也是教师教育权的重要组成部分，但这并不意味着教师可以随意对学生实施惩戒。教师惩戒权的行使必须遵循相应的原则。[②]

（一）相互尊重

教师对学生的违纪行为实施否定性制裁必须以尊重学生人格、保证学生身心不受到伤害为首要前提。正如马卡连柯所倡导的，任何教育都应是尊重学生与严格要求相结合，应该尽可能多地尊重一个人。对学生的惩戒

---

① 应丹莉、袁圣东：《教育惩戒的分析与探究》，载《基础教育参考》2004 年第 10 期，第 35 页。

② 参见苏静《论学校教育中的惩戒及其应用》，载《南阳师范学院学报（社会科学版）》2005 年第 4 卷第 1 期，第 106—109 页。

不是侮辱，惩戒是为了使违纪学生产生羞愧感，从而达到教育的目的；惩戒使学生重塑对规范的虔诚尊重之情感。在传统的教育实践中，教师往往忽视这一点，把惩戒当成对违纪学生的报复和对其他学生的威慑，造成了对学生人格的不尊重和身心不同程度的伤害。目前，随着新课程改革的逐步深入，每一位教师都应持有尊重学生的理念，因为新课程的核心理念是关注人，关注人的发展。在新课程背景下的学校教育，特别是对学生的惩戒教育自然也应该以学生的发展为价值标准。在惩戒违纪学生时，应尊重学生的一切，只有在尊重学生的前提下，惩戒才有可能使学生产生对过失的羞愧感，这是重塑他们敬畏纪律规范的关键。在惩戒时，对学生的尊重主要体现在对学生人格尊严的尊重。为此，教师在惩戒时切忌对违纪学生暴怒、大发脾气。这种情绪失控极易导致对学生进行体罚，失去教育的人道主义精神。

（二）公正合理

由于惩戒的本质内涵在于确证规范所具有的威严性，所以惩戒必须是针对学生在道德方面出现的不良行为。这也就意味着，只有当学生在道德及其规范方面有错误行为时，教师才能对其实施惩戒行为，而对于学生在非道德方面（比如，知识掌握不牢、作业做得不对等）所出现的过失，教师就不能进行惩戒。同时，教师实施惩戒的对象只能是学生的违纪行为，而非学生个人，即我们通常所说的"对事不对人"。另外，教师在实施惩戒时不能感情用事，也不能采取随意性的态度，更不能出于私心报复。在惩戒和过失之间，要有必然的联系。在实施惩戒行为时，要"使他们感觉到你的做法是合理的，对于他们是有益而必要的；要使他们感觉到你之所以吩咐或禁止他们去做某件事，并不是随心所欲的，出于情绪或异想天开"[①]。教师实施惩戒行为时，要做到合理公正。教师不能滥用自己的权力，而必须切实维护学生的合法权益。教师对违纪学生一视同仁，不偏爱任何人，如果教师对某位同学的违纪行为不加干预或有意宽恕，就会削弱惩戒机制的道德权威性，削弱学生对规范的尊重之情感。

---

① 转引自苏静《论学校教育中的惩戒及其应用》，载《南阳师范学院学报（社会科学版）》2005年第4卷第1期，第108页。

（三）从少从轻

教师要尽可能少地使用惩戒手段，也应建立一个多种强度等级的惩戒次序，尽量在每次惩戒时取下限而非上限。能够为惩戒赋予权威，使惩戒变得可怕的东西，与其说是惩戒引起的痛苦，不如说是惩戒表现出来的责备所包含的道德失信。惩戒一旦被使用，它就会由此丧失掉一部分威慑力。只有当它仅仅构成一种威胁时，它才保持了全部权威。所以，惩戒要越少使用越好，有经验的教师在发现学生对自己的过错确实有所认识并决心改正时，往往减轻或者取消惩戒。相反，如果教师频繁使用惩戒，而且每次取严厉的上限，它可能会节节攀升，最终超过学生的感受域限，使学生产生麻木心理，惩戒的道德威慑力也就荡然无存了。

（四）因人制宜

正如教育活动要考虑学生的个性、年龄、性别等特点一样，惩戒作为一种教育行为，也要充分考虑学生的性情、精神状态、素质、历史、生活方式等特点，在实施惩戒时，要因人而异。当然，这并不是违背公正原则，因人而异原则是在公正原则下，根据学生的特点，在惩戒的方式上、形式上、时间上做出调整。例如，对自信心不足、感受性较强的学生，应少用惩戒或减轻惩戒的强度；相反，则应加大惩戒的力度。另外，教师在实施惩戒前，要了解学生当前的优势需要，有针对性地选择惩戒方式和形式。由于人的行为都是受特定的需要驱使的，惩戒就应该逆着他的需要，在某种程度上剥夺违纪学生的优势需要，使他想得到的得不到。比如，按照公正原则，对违纪学生一视同仁地实施停课反省，但是，如果某个学生本来就不想上课，那么教师停课可能刚好满足了他的需要，而不会对他产生惩戒作用，更不会弱化他的违纪行为。

（五）统筹协调

教师在对学生的违纪行为实施否定性制裁时，要辅之以其他方法，特别是与解释说服法结合起来。教师在对学生实施惩戒前，要与学生进行谈话，让学生明白受罚的原因，清楚克服缺点的途径。教师平时就要培养学生的荣誉感，如果学生不知道集体对他有什么要求和为什么要求他，惩戒将没有什么意义。教师除了在惩戒前向学生解释他为什么会受到处分，在

教师职业道德教育

实施否定性制裁之后也要加强对学生的思想工作，因为惩戒不仅包括惩戒行为的实施，而且包括学生接受处分后不良行为的弱化和合范行为的养成与巩固的全过程。在这个过程中，教师要关注学生的思想变化，加强对学生的思想引导和说服教育。切忌处分学生就完事了，这种做法是不能达到教育效果的。还有，惩戒毕竟是刚性教育，还要与赏识教育结合。我们惩戒的是学生的过错行为，不能因为学生有过错就全盘否定学生，教师要善于发现学生的闪光点，对学生的任何一点进步都要及时给予鼓励。

除坚持以上原则，教师在惩戒过程中还要注意以下几个问题：首先，在实施惩戒前要确实弄清楚，学生对有关规定在不良行为出现前是否已经知晓，不了解规范的人应该负较少的责任；其次，还应确定不良行为是否是学生的自主行为，如果某行为是出于自然强力或他人强迫，那么行为者也应负较少的责任；最后，要注意惩戒方式不能引起众怨，引起大家的厌恶，要为大家所接受。

第三节 反思体罚

体罚作为一种粗暴蛮横的惩罚，不但容易对受罚者的身体造成伤害，也会造成学生一味因循守旧的个性、毫无创新的精神，甚至是虚伪的人格。随着人类文明的发展和科学技术的进步，特别是近代人本主义的兴起，人们开始重新审视体罚。许多国家通过立法保护未成年人，禁止体罚，取消父母、教师及其监护人的体罚权力。我国也有相关法律禁止家长和教师把体罚作为教育孩子的手段。

一、体罚的含义及其危害

体罚，特指教师或家长通过实施某种具体的惩罚手段，直接或间接引起受罚者的身心痛苦，以期纠正或控制其某种行为的规训方式。体罚的目的是让受罚者体验到痛苦而不是受伤害，但作为一种强制手段，体罚具有一定的社会控制作用。教师、父母或者监护人可能无意伤害孩子，但是，过分的惩戒和不当的体罚也会给受罚者带来身心的伤害。

体罚表现为三种形式：一是直接惩罚，即施罚者直接惩罚受罚者的身体，比如打手心、揪耳朵、打屁股、打后脑勺等；二是间接惩罚，即施罚者间接惩罚受罚者的身体，包括罚站、罚跪、罚跑步、罚劳动、挨饿等；三是言语惩罚，即施罚者使用侮辱性语言斥责受罚者，比如讽刺、挖苦、辱骂等。直接惩罚和间接惩罚主要引起受罚者身体上的痛苦，言语惩罚更多地会引起受罚者心理上的痛苦。

无论是从学生身心发展的规律和教育教学本身的规律来看，还是从教育学、心理学和法学的角度分析，体罚和变相体罚都是不可取的行为，是落后教育观念的产物，是对人性的摧残和对人格的扭曲。体罚阻碍着学生个性的张扬和全面发展，也影响着以育人为宗旨的教育现代化进程。简单粗暴的体罚只是让学生感受到痛苦，如果既没有使学生认识到自己过失或错误的内容和性质，也没有教给学生改正错误的方法，那么这种体罚不但无法起到相应的教育作用，还会带来严重的危害。

（一）体罚会伤害学生的身心健康

有的学生会越罚越"皮"，干脆自我放弃，导致厌学、辍学的后果。中小学生特别是小学生身体正处于发育的关键时期，教师体罚学生极易对学生身体造成伤害，留下后遗症。遭受体罚后，学生不但会对教师所教授的这一门学科失去兴趣和热情，而且心灵上所受到的创伤更是无法恢复，给将来的学习生活带去不可磨灭的阴影，如产生自卑、焦虑、胆怯、恐惧、痛苦等心理状况。甚至，个别学生会内心绝望，走向极端，采取自残、自杀的方式来惩罚自己。

（二）体罚会严重影响师生关系

教师体罚学生，在给学生带去伤痛的同时，也会让自己陷入自责与无助的内心煎熬中。体罚有损于教师在学生心目中的良好形象，也会把自己和学生的关系推向对立面，导致师生关系紧张，甚至会产生冲突和激烈对抗。个别学生纪律观念、法律意识淡薄，年轻冲动，会对体罚他的教师进行恶意打击报复，甚至做出伤害教师等触犯法律的行为。

（三）体罚有损教师的良好形象

用体罚的方法惩戒、教育学生，也在一定程度上说明教师缺乏其他有

效的、科学合理的教育方法。如果体罚使学生受到了伤害，那么教师还会因此受到行政处分，不但荣誉受损，严重者还要接受国家法律的制裁，在失去工作的同时还给自己的家庭带来伤害。

二、体罚的社会历史根源

历史上，中西方社会在教育中都广泛采取体罚的方式。

中国传统教育中，无论官、私学校，都有体罚，教师可以用戒尺（也称戒方、戒饬）等责罚学生。《礼记·学记》中有"夏、楚二物，收其威也"①的记载，"夏、楚"即指教师使用的教鞭，是用来警惕鞭策学生，收到整肃威仪的效果的，后也泛指体罚学童的工具。孟子对不尊师守道、态度不真诚的学生，就不以礼相待，并且问而不答。孟子认为："教亦多术矣。予不屑之教诲也者，是亦教诲之而已矣。"②不去教，不去理会，是为了让学生内省改过，这本身就是教诲，是一种惩罚式的教育。东汉王充记自己幼年读书时，"八岁出于书馆，书馆小僮百人以上，皆以过失袒谪，或以书丑得鞭"③。明代国子监特设"绳愆厅"，由监丞负责专门对学生进行体罚。国子监的《监规》："在学生员……敢有毁辱师长及生事告诉者，即系干名犯义，有伤风化，定将犯者杖一百，发云南地面充军。"④清代王誉昌《崇祯宫词》注："有犯，老师批本监提督责处，轻则学长以界（戒）方打掌，重则罚跪于圣人之前。"⑤可以说，体罚在中国传统社会是一种司空见惯的教育手段。

在西方教育史上，以野蛮的体罚教育而著称的城邦，当推斯巴达。在斯巴达，教育由国家统一管理，儿童属于国家，男孩7岁即被送入"国家教育场"，直至18岁升入"士官团"。在教育场内，总监有一批助手，称为"鞭打者"。学童四季穿单衣，光头跣足，以石块为枕，以芦草为席，稍有过错即遭鞭笞，且不许哀号呻吟。文艺复兴前，中世纪欧洲的教会学

---

① 〔汉〕郑玄注、〔唐〕孔颖达正义、吕友仁整理：《礼记正义》中，上海古籍出版社2008年版，第1429页。
② 焦循撰、沈文倬点校：《孟子正义》，中华书局1987年版，第873页。
③ 〔汉〕王充著、陈蒲清点校：《论衡·自纪篇》，岳麓书社1991年版，第446页。
④ 转引自刘虹《中国选士制度史》，湖南教育出版社1992年版，第318页。
⑤ 〔明〕朱权等：《明宫词》，北京古籍出版社1987年版，第297页。

校也普遍流行体罚。棍棒等体罚工具，成了许多学校必备的教具。文艺复兴开始后，人本主义逐渐兴起，但提倡"自由、平等、博爱"的资产阶级教育家并未对体罚有更深刻的反省。德国近代教育家赫尔巴特主张对儿童严管重罚，他制定了一套烦琐的班级管理办法，主要做法是把学生"管"起来，防止其"越轨"，对"越轨"的学生实行压制，乃至体罚。他说："完全废除体罚的努力是徒然的。当劝说不再收效时，通常就采用体罚，但它不宜常用。"① 1750 年，德国一所拉丁语学校的校长体罚学生的情况如下："在身为教师的 51 年零 7 个月里……据保守计算，他打学生的方式和次数如下：用藤条 911 527 次，用棒子 124 010 次，用戒尺 20 989 次，用手 136 715 次，而用嘴巴大叫大嚷 10 235 次，……他让男孩子们跪在豌豆上 777 次，跪在三角木板上 613 次，有 3 001 次让他们戴上'蠢驴'标志，1 707 次举着棍棒罚站……"② 查尔斯·狄更斯是这样描述 18 世纪 90 年代伦敦的学校体罚学生的情况的：一块重 4～6 英镑的木头，哪个孩子如果只是在言谈方面犯了错误就会戴上它；还有戴手铐、蹲马步、上颈枷和手脚枷；"吊笼子"是把严重犯错者装在麻布袋或筐子里悬挂在天花板下。③

在现代社会，学校里的体罚现象仍然存在，体罚也有其存在的社会基础。

（一）惩罚的思想根深蒂固

在中国传统文化中，"打是亲，骂是爱""宁给好心，不给好脸""不打不成器""爱之深，责之切""玉不琢，不成器""子不教，父之过""教不严，师之惰""棍棒出孝子，严师出高徒"等教育观念盛行于家庭中和学堂上。中国古代思想家荀子主张"性恶说"，强调教育要矫正人的本性，并以严格强制的方法，实施品格训练，约束内在冲动，逐渐达到完善；韩非子、李斯更是将荀子的思想发扬光大而使其成为法家的思想基础，强调治理国家要用严刑峻法，对人民实行控制与管理。在西方，奥古

---

① 刘新科：《国外教育发展史纲》，中国社会科学出版社 2002 年版，第 202 页。
② 转引自［英］尼格尔·塔布斯著，王红艳、杨帆、沈文钦等译：《教师的哲学》，山东教育出版社 2014 年版，第 63 页。
③ 转引自［英］尼格尔·塔布斯著，王红艳、杨帆、沈文钦等译：《教师的哲学》，山东教育出版社 2014 年版，第 65 页。

斯丁持人性本恶的观点,基督教文明中也有"原罪说"的影响。为了使人能谨慎地遵从神的旨意,不为魔鬼所诱惑,古代犹太人认为对人的邪恶欲念进行惩罚是有效而必要的,"鞭伤除净人的罪恶,责打能入人的心腹"①,就是鼓励体罚。千百年以来,体罚已经深入人心,家长或教师把体罚当成传统一代一代地传递,被体罚的孩子长大以后,也会自然而然地把体罚搬出来,作为教育孩子的"良方"而不假思索地使用。

(二) 体罚被视为一种有效的教育手段

教师经常使用体罚,因为体罚可以立刻制止学生的不当行为。在课堂中使用体罚会产生震慑作用,而且体罚具有迅速、容易实施及效果显著的特点,对于人数特别多的班级而言,效果更为明显。现代学校教育中,教师的教育教学任务常常较为繁重,工作压力大,难免采取一些简单化的教育手段。另外,体罚的立竿见影效果和威慑效应反过来也会强化教师的体罚行为,以至于不少中小学和幼儿园教师会无意识地使用体罚或变相体罚。对于年轻的家长来说,遇到孩子哭闹、提无理要求、耍脾气时,在劝解说理无效的情况下,不少人也会暂失理性,转而动用"武力"教训孩子,以消心头之火。一旦简单的惩罚方法能起到规训孩子的作用,年轻的家长就可能会反复使用,也容易失去耐心寻求更科学合理的方法教育孩子。

(三) 施罚者的法律意识淡薄

在家庭和学校中对儿童实施体罚,是一个世界范围内都较为普遍的现象。在发达国家,这种状况好很多。在中国,儿童受到体罚的现象还较为突出。中国法学会反家庭暴力网络的调查显示,近2/3的儿童曾经遭受过家庭暴力。可见,在我国,未成年子女受到父母体罚是普遍现象,只是因体罚而受伤害的程度不同而已,这确实是一个很难解决又亟待立法解决的问题。目前,我国法律法规中关于体罚的法律条文比较多。但是,法律仍然不完善,主要是法律没有明确规定父母要承担的法律责任。施罚者没有受到相应的惩罚,这使他们的法律意识淡薄,实际上,反而强化和纵容了他们的体罚行为。

---

① 《圣经旧约·箴言》(和合本), 20:30。

三、对体罚的反思与纠正

通过对体罚的历史探源和社会文化层面的原因分析，我们应当认识到，要真正禁止体罚，转变教育观念是基础，加强立法和执法是保证，提高教师的师德水平和整体素质是关键。

（一）对体罚的反思

明代王守仁对体罚的认识非常深刻。他认为，体罚使学生苦不堪言，且教育效果极差。他说："大抵童子之情，乐嬉游而惮拘检，如草木之始萌芽，舒畅之则条达，摧挠之则衰痿。今教童子，必使其趋向鼓舞，中心喜悦，则其进自不能已。譬之时雨春风，沾被卉木，莫不萌动发越，自然日长月化。"[①] 他认识到"乐嬉游"是儿童的天性，应该引导而不应该拘束，反对以粗暴的态度和方式体罚学生，批评"若近世之训蒙稚者，日惟督以句读课仿，责其检束而不知导之以礼，求其聪明而不知养之以善，鞭挞绳缚，若待拘囚"[②]。其结果是使"彼视学舍如囹狱而不肯入，视师长如寇仇而不欲见，窥避掩覆以遂其嬉游，设诈饰诡以肆其顽鄙。偷薄庸劣，日趋下流"。这种教育方法实际上是"驱之于恶而求其为善也，何可得乎"[③]。

中国近代以来，对体罚的教育方式也有反思，并形成了制度上的约束。1903年，清政府所颁布的《奏定学堂章程》提出初等小学堂的设学宗旨是"以启其人生应有的知识，立其明伦理爱国家之根基，并调护儿童身体，令其发育为宗旨；以识字之民日多为成效"[④]。要求注意用"循循善诱之法"，还规定尽量不用体罚："夏楚只可示威，不可轻施，尤以

---

① 〔明〕王阳明著，陈明、王正、谷继明等注释：《王阳明全集：传习录、书信》（简体注释版），华中科技大学出版社2015年版，第88页。
② 〔明〕王阳明：《训蒙大意示教读刘伯颂等》，见董子竹《王阳明传习录再传习》，崇文书局2019年版，第330页。
③ 〔明〕王阳明：《训蒙大意示教读刘伯颂等》，见董子竹《王阳明传习录再传习》，崇文书局2019年版，第330页。
④ 陈景磐：《中国近代教育史》，人民教育出版社1979年版，第156页。

不用为最善。"① 对于高等小学堂，则明确要求废除体罚："学童至十三岁以上，夏楚万不可用；有过只可罚以植立、禁假、禁出游、罚去体面诸事。"②

英国17世纪哲学家洛克反对在教育中实施体罚，他认为，通过戒尺进行体罚不但产生不了多大作用，还会产生一些弊端：第一，人的本性是追求肉体与现实的快感，避免痛苦，体罚会加强这种本性，从而种下邪恶的种子。第二，体罚会让孩子产生逆反心理。第三，奴隶式的教育方法只能养成奴隶式的性情，棍棒相逼时，孩子会屈服，装作听话的样子；可一旦知道不用被惩罚，便会放纵任性。第四，体罚若极其严厉，虽然能阻止孩子任性，但会严重损伤孩子的精神，使他们精神颓废。③

（二）禁止体罚的法规

国际社会在保护未成年人权益方面做了大量工作。1923年，《儿童权利宪章》被救助儿童国际联盟认可。1924年，《日内瓦宣言》（世界上第一部关于保障儿童权利的宣言）在日内瓦诞生。1959年，联合国大会通过《儿童权利宣言》，这是世界上第二部关于保障儿童权利的宣言，明确了各国儿童应当享有的各项基本权利。虽然"宣言"不具有法律约束力，但有助于人们转变观念。在1989年11月的第44届联合国大会上，《儿童权利公约》获得一致通过，该公约要求各缔约国"应采取一切适当的立法、行政、社会和教育措施，保护儿童在受父母、法定监护人或其他任何负责照管儿童的人的照料时，不致受到任何形式的身心摧残、伤害或凌辱，忽视或照料不周，虐待或剥削，包括性侵犯"④。这份公约被认为是第一部有关保障儿童权利且具有法律约束力的国际性约定。1991年12月29日，中华人民共和国第七届全国人民代表大会常务委员会第23次会议批准了《儿童权利公约》。

1991年9月4日，中华人民共和国第七届全国人民代表大会常务委

---

① 参见陈景磐《中国近代教育史》，人民教育出版社1979年版，第156—157页。
② 陈景磐：《中国近代教育史》，人民教育出版社1979年版，第157页。
③ 参见［英］约翰·洛克著，徐诚、杨汉麟译《教育漫话》，河北人民出版社1998年版，第60—63页。
④ 《儿童权利公约》，中国人大网，2000年12月28日，见 http://www.npc.gov.cn/wxzl/wxzl/2000-12/28/content_2658.htm。

第五章 教师威信与教育惩戒

员会第 21 次会议通过了《中华人民共和国未成年人保护法》，2006 年和 2012 年分别有修订。《中华人民共和国未成年人保护法》第十条规定家庭中"禁止对未成年人实施家庭暴力"；第二十一条还规定："学校、幼儿园、托儿所的教职员工应当尊重未成年人的人格尊严，不得对未成年人实施体罚、变相体罚或者其他侮辱人格尊严的行为。"另外，《中华人民共和国教育法》《中华人民共和国教师法》，以及教师职业道德规范、行为准则等，都有禁止体罚的相关规定。

（三）不可矫枉过正

我们应该摒弃恶意体罚学生的做法，但应该注意的是，反对体罚并不是要取消所有的教育惩戒。体罚和惩罚教育不完全等同。惩罚教育是一种教育手段，是对学生问题行为的一种强制性纠正，可以有多种形式，因事因人而异。惩罚并不是打骂学生，使学生的身体遭受痛苦，更不是诋毁、侮辱学生，损害他们的尊严与名誉；而是对学生过失的一种正常的处理方式，目的是让学生明白，犯了错误，就应该受到惩罚，为自己所犯的错误负责。从这个意义上讲，惩罚作为处理学生的一些问题行为的必要方式，不应回避。特别是中小学生，他们正处于心智的成长阶段，对一些事物认识不清，判断是非的能力差，产生一些问题行为在所难免。

我们不能因为出现个别教师的过当体罚，而对所有的教育惩罚都大加声讨，乃至谈"罚"色变，使一些教师在教育学生时缩手缩脚。如果学校和教师对一些问题行为，在说服教育、爱心关怀解决不了的情况下，只能听之任之、姑息迁就，就可能使不良习气滋生，这是失职，不是爱和宽容，结果反而对学生的成长不利。爱心当然是教育的基础，在处理问题行为时也必不可少，但教育惩戒与教育爱并不矛盾，没有惩罚的教育是不完整的教育。正如国家在进行公民道德教育的同时也有刑罚一样，教育需要爱，也必须具备相应的惩罚制度，以矫正青少年学生在成长过程中出现的个别不良行为。

延伸思考

"信息量和知识量激增，要求个人和集体采取定性方法来处理信息和知识的传输、传播和获取。考虑到信息和通信技术的潜力，教师现在应成为向导，引导学习者（从幼儿时期开始，贯串整个学习轨迹）通过不断扩大知识库来实现发展和进步。在这种情况下，某些人起初预测，教师职业注定会逐步消亡。这些人称，新的数字技术将逐步取代教师，实现更广泛的知识传播，提高可获得性，最重要的是在教育机会急速扩张的同时节约资金和资源。但我们必须认识到，这种预测已不再令人信服：所有国家必须仍将有效的教学职业视为本国教育政策的优先事项。

"如果教育是为了促进个人的全面发展和促进新的发展模式，教师和其他教育工作者依然是重要的行动者。虽然主流话语一再阐明教师的重要性，但多种趋势表明，无论是发达国家还是发展中国家，都出现了教师非专业化的情况。这些趋势包括：大量不合格的教师涌入，部分原因是师资匮乏，但也有资金短缺的原因；通过合同制教学，聘用代课教师，特别是在日益依靠辅助人员来完成教学工作量的高等教育机构；教师的自主性降低；由于实行标准化考试和高风险的教师评估，教学专业质量下降；私营部门的管理方法侵入教育机构；许多国家的教师薪酬与其他部门专业人员的薪酬之间存在差距。"①

---

① 联合国教科文组织编、联合国教科文组织总部中文科译：《反思教育：向"全球共同利益"的理念转变?》，教育科学出版社2017年版，第46页。

好的先生不是教书，不是教学生，乃是教学生学。

——陶行知①

第六章　正确认识学生

教师要以发展的眼光来看待学生，他们的可塑性很强，潜力很大。儿童和青少年时期是一个快速发展与成长的时期，他们需要在成人的社会环境中挣扎，在与既有社会规则的冲突中破茧成蝶，艰难成长。矛盾与冲突在所难免，出现问题也不足为怪，关键还是要有处理问题的正确态度。教师不能以成年人的眼光看待孩子，也不能总是以成年人的标准要求孩子。孩子还没有完全具备成人的身体和心理条件，没有完全具备成人的思维和认知能力。当然，教师也不可能把孩子完全置于自然状态下成长，那样孩子就失去了成长的推动力和社会化的约束力。教师的教育教学应当符合学生身心发展的规律。

美国"州际新教师评价和支持联盟"（INTASC）是由州教育机构、高等教育学院和全国教育机构组成的教师资格认证与专业发展的组织，该组织的教师资格认证核心标准有10条原则，其中，有7条是专门针对或涉及教师如何认识学生的，具体包括：①教师理解儿童的学习和发展，能够为支持儿童的智力、社会性和个性发展提供学习机会；②教师理解学生的学习方法和学习过程的差异性，并创造适应不同学生需要的教学机会；③教师理解并能使用各种教学策略，以鼓励学生的批判性思考、问题解决和行为技能；④教师理解学生个体及群体的学习动机和行为，能够创造鼓励积极的社会交往、积极参与和自我动机的学习环境；⑤教师运用有效的语言和非语言知识以及媒体交流技术来培养学生积极的探究、合作和课堂中支持性的互动关系；⑥教师在对学科、学生、社区和课程目标了解的基

---

① 华中师范学院教育科学研究所主编：《陶行知全集》第1卷，湖南教育出版社1984年版，第88页。

础上编制教学计划;⑦教师理解和运用正规或非正规的评价策略来评价并确保学习者智力、社会性和身体的不断发展。① 抛开具体的社会和文化环境,上述原则对教师如何正确认识学生具有普遍的指导意义。

第一节　学生的身心特征

教育学界一般按年龄来划分教育阶段:3～6岁为学龄前阶段(儿童、幼童、幼儿),6～12岁为小学阶段(儿童),12～15岁为初中阶段(少年),15～18岁为高中阶段(青年前期),18～22岁为大学阶段(青年中期)。心理学界根据生理和心理的发展特点,一般把青少年的起止年龄界定为13～22岁。法律和社会学上对人生阶段的划分也各有标准。综合看来,人生阶段的界定是一个比较复杂的问题。不同的国家、民族、社会文化会有不同的划分;不同方向的研究者所持的理论观点、观察判断的角度和标准不同,对儿童和青少年的年龄起止时间与年限长短的划分也会略有不同。对于个体和特定群体而言,儿童、青少年期各方面开始和结束的时间与表现都会有一定的差异。

在人类个体一生的发展过程中,童年期是一段天真无邪的时期,也是心理和生理进入较快发展时期的开始,青少年期是个体身心发展从不成熟走向成熟、从儿童走向成人的一个过渡期,成年期是心理和生理上已获得成熟的时期。处在以上不同阶段的人也由此被习惯地称为儿童、青少年、成年人。其中,儿童和青少年既处在身心迅速发展的人生阶段,也常常是在校接受教育的学生。教师应当对不同年龄段的学生的身心发展状况有初步的了解,以利于教育教学活动的顺利开展。②

---

① 参见［美］费奥斯坦、［美］费尔普斯著,王建平等译《教师新概念——教师教育理论与实践》,中国轻工业出版社2002年版,第232—233页。

② 本书在这里只是对相关问题稍加阐述。掌握儿童和青少年的身心发展特点、表现、差异、趋势等状况,是教师专业素养的基本要求和重要组成部分。教育工作者应对儿童心理学、青少年心理学等进行专门学习,以掌握此类相关知识,并将其应用于工作实践。

第六章 正确认识学生

一、身体发育的特点

身高和体重是未成年人身体发育的主要标志。从出生到成熟，人的身高一直在增长，体重也不断地在增加。通常情况，女性身体发育到18岁左右停止，男性约到20岁停止。人的身体发育并不是随年龄增长而等速增加，而是有高峰期和平稳期。一般有两个发育高峰期：第一个是在0～2岁；第二个是在11～13岁（女）或13～15岁（男），属于青春发育期。发育高峰期内，人的身高增长的平均值为每年6～8厘米，体重增加的平均量为每年4～5千克。按当前儿童的发育水平，女孩在11岁左右开始进入青春发育期，她们身高和体重的年增加量超过男孩。男孩进入青春发育期约比女孩晚两年，在女孩身体发育高峰期已过、发育速度减缓时，男孩正好进入青春发育高峰期。男性进入青春发育期后，迅速追上女性的身体发展速度，身高、体重、肩宽等身体发展水平都超过女孩。此后，男性的身高和体重一直领先于女性发展。①

人的身体发展和神经系统等各种生理系统的发展都遵循着固定的次序和一定的规律。其中，生殖系统中的生殖器官在10岁以前基本上没有发育，10岁或11岁以后迅速发育成熟。一般的生理系统，如肌肉、骨骼、呼吸、消化系统的发育过程有两个快速发展期和一个缓慢发展期：4岁以前是第一个快速发展期，发展迅速；5～10岁处于相对缓慢的发展期；从10岁或11岁开始到成熟阶段是第二个快速发展期。脑容量直接影响大脑机能，儿童在7岁左右脑容量达到成人的90%；12岁时约达1400克，与成人脑容量非常接近；20岁时脑容量不再增加。在青春发育期，个体的生长突增会使其体貌特征出现惊人的变化。这些变化几乎涉及全身的骨骼、肌肉和绝大多数内脏器官。在进入青春期之后短短三四年的时间里，每个人平均要长高25厘米，性能力将发育成熟，身材的比例结构将会变得与成年人相同，个体在体貌特征上开始呈现出年轻成人的特点。

人的身体发展状况有显见的规律性，也有明显的个体差异和群体差异。据统计，女孩最早7岁、最晚13岁开始进入青春期，而男孩进入青

---

① 参见王双宏、黄胜主编《学前儿童发展心理学》，西南交通大学出版社2018年版，第44—45页。

春期最早是在9.5岁，最晚是在13.5岁。在发育速度上，对女孩来说，青春期首要特征的出现与身体完全成熟之间的时间间隔，短则一年半，长则6年；对男孩来说，青春期从开始到结束的时间间隔是2～5年。青少年在青春期的起始时间和发育速度上存在如此大的差异，以至于有研究者指出，探讨青春期个体生理变化的平均年龄往往会引起误解。① 对于个体而言，平均年龄的相关数据主要具有比较意义，对我们认识个体并无太大帮助。群体差异方面，不同国家、不同地区、不同文化群体，或者同一国家的不同社会经济群体、同一民族的不同历史时期，均有群体性差异，并且群体的平均身体发育时间和发育速度主要受制于环境因素，遗传作用微乎其微。比如，对同一国家不同社会经济群体的比较发现，来自富裕家庭的青少年的青春期开始时间明显早于贫困家庭的同龄青少年。②

生理发展是心理发展的物质基础，它制约着人的心理发展；人的心理发展水平和规律在一定程度上受其生理发展水平和规律的制约。

二、儿童的心理特征

（一）学龄前儿童的心理特征

3～6岁的学龄前儿童的身心发展有5种主要的年龄阶段特征：①爱玩，爱模仿。儿童处于典型的游戏年龄阶段，这一阶段是角色游戏的高峰期。儿童的独立性差，爱模仿别人。看见别人玩什么，自己也玩什么；看见别人有什么，自己就想要什么。②好学、好问。好奇是儿童的共同特点，年幼的儿童的好奇心较多地表现在对事物表面的兴趣上。他们经常向成人提问题，但问题多半停留在"这是什么""那是什么"上。随着年龄的增长，他们不光问"是什么"，还要问"为什么"，已有了抽象逻辑思维的萌芽。③行为具有强烈的情绪性。儿童的行为常常受情绪支配。情绪性强是整个幼儿期儿童的特点，年龄越小越突出。幼儿园的孩子，看见别的孩子都哭了，自己也会莫名其妙地哭起来。④思维仍带有直觉行动性。思维依靠动作进行，是儿童（尤其是学龄前儿童）的典型特点。例如，

---

① 参见司继伟主编《青少年心理学》，中国轻工业出版社2010年版，第45页。
② 参见司继伟主编《青少年心理学》，中国轻工业出版社2010年版，第47页。

让儿童说出某一小堆糖有几块,他们要一块一块地数才能弄清,而不会像大些的孩子那样在心里默数。⑤开始有规则意识。4～5岁及以上年龄的儿童已经能够在日常生活中遵守一定的行为规范和生活规则,开始出现合作行为。在进行集体活动时,他们可以认真听别人讲话,不随便插嘴,举手发言。①

3～6岁的学龄前儿童心理发展的趋势特点是从简单到复杂,从具体到抽象,从被动到主动,从零乱到成体系。儿童最初的心理活动,只是非常简单的反射活动,以后越来越复杂化;最初是非常具体的,以后越来越抽象和概括化;最初是被动的,主动性逐渐得到发展;最初是零散杂乱的,心理活动之间缺乏有机的联系,随着年龄的增长,心理活动逐渐有了系统性,有了稳定的倾向,出现每个人特有的个性。

(二)小学生的心理特征

进入小学,儿童成长过程中所产生的新的发展需要,会与其原有的心理水平产生内部矛盾。新的发展需要,是指儿童成长的家庭、学校、社会等客观环境对个体提出的各种要求、期望等在个体内部的反映;原有的心理水平,是指儿童已经形成的各种知识、能力、情感、行为习惯、个性品质等的水平。新的发展需要与原有的心理水平互相依存、互相矛盾,并通过对立统一的矛盾运动达到新的平衡,从而推动儿童心理不断地向更高的水平发展。

儿童的这种心理发展的矛盾运动是连续不断的,同时,呈现出一定的阶段性。

小学低年级的儿童,从过去以游戏为主导性活动的幼儿变成以学习为主导性活动的小学生,这对于一个六七岁的孩子来说是一个很大的改变。尽快适应入学后的各种新要求,成了低年级小学生最大的发展性需要。他们在短短的一两年时间里,必须养成各种良好的学习习惯、生活习惯、行为习惯;必须适应新环境、新规范、新老师、新同伴、新集体;必须掌握突然增加了难度和数量的各学科的知识、技能,并且接受比较严格的考核和评价;必须承担一种前所未有的社会义务,学习那些自己可能还不甚感

---

① 参见薛俊楠、马璐主编《学前儿童发展心理学》,北京理工大学出版社2018年版,第22—24页。

兴趣的内容。在这个过程中，还会产生一系列情感、情绪上的或积极或消极或痛苦的体验。

到了中年级，小学生入学适应的发展性需要已经基本得到满足。但随之而来的问题是他们的智力发展进入一个新的关键阶段，开始从以具体形象思维为主要形式向以抽象逻辑思维为主要形式加速过渡，迅速发生质的变化。与之相应的外部变化，则是小学三四年级学业难度的提升。在此阶段，如果缺乏教师的要求和激励，儿童可能在学习上落伍，并由此产生挫败感。儿童的思维能力发展有个体的差异，学习能力也有强有弱，学习态度、学习成绩也开始出现分化。

小学生升入高年级后，自我意识的发展进入第二个上升期，个性的发展进入了骤变期。他们在意识的独立性、情感的丰富性、行为的自觉性、志趣的稳定性等方面，都达到了新的发展水平。同时，性发育可能造成的异性同学交往过密、亲子关系中形成代沟、厌学和逃学、对教师的抗拒和逆反等一些令成年人感到头痛的问题也可能在这个时期表现出来。这一时期的孩子，在心理发展方面的突出需要主要是形成良好个性的问题。①

三、青少年的心理特征

青少年正处在生理发育和心理发展变化的一个十分重要的、剧烈的、动荡的时期。在青春期到来时，青少年在躯体和心理方面快速发展，表现为身体急剧生长和变化，肌肉、骨骼等组织全面成长，生殖系统成熟，第二性征逐渐显露。随着身体的发育，青少年必须适应发展中的新自我，同时，还必须适应别人对他的新形象所表现出来的反应。然而，由于青少年身心方面的发展不一定均衡，因此，他们会产生不稳定的现象，在幼稚与成熟的尺度上，会有大幅度的徘徊。这个时期是个体心理迅速走向成熟而尚未完全成熟的一个过渡期，在心理发展方面更是错综复杂。此时期个体所表现出来的心理特征主要有以下四个方面。②

---

① 参见孙义农主编《小学生心理辅导》，浙江大学出版社2003年版，第52—53页。
② 参见司继伟主编《青少年心理学》，中国轻工业出版社2010年版，第7—9页。

（一）自我意识迅速发展

自我意识就是个人对自己的行为，以及自己在社会生活中所处的地位和所起作用的认识。随着青少年的成长，呈现在他们面前的物质世界的形态日益复杂。个体进入青少年时期，开始对自己的内心世界和个性品质方面进行关注与评价，并且凭借这些来支配和调节自己的言行。他们不再对父母表现出强烈的依赖性，而是希望有自己的空间，有自己的思想观点。但是，在相当长的一段时间内，他们并没有形成关于自己的稳固形象。也就是说，他们的自我意识还不够稳定，时常会走向两个极端。随着时间的推移，他们对自己的评价逐渐走向成熟，但是，时常也会带有片面性、情绪性和波动性。这一时期，他们的自尊心极强，对于周围人给予的评价非常敏感和关注，哪怕一句随便的评价，都会引起他们内心很大的情绪波动和应激反应，以至于对自我评价产生动摇。因此，如何建立起对自己和他人的正确认识，是青少年常遇到的心理问题。

（二）情感丰富却易冲动

进入青春期以后，青少年的情感逐渐变得丰富起来，但由于社会阅历不深，世界观、价值观尚未定型，常常容易感情用事。生活中，青少年如果遇到矛盾，感到委屈或者不满，他们便会不假思索地去争吵怄气，认为都是别人的错误，甚至一气之下，做出严重的反社会行为。这就是心理学家所谓的暴风骤雨式的心理动荡期。可以说，在这个时期，青少年需要进行痛苦的"蜕变"，从一个莽撞、反叛、冲动的少年逐渐转变为能够自制、自尊和友爱的成年人。因此，这个时期，正是进行社会化教育的重要时期。

（三）性意识的觉醒和发展

性意识，一般是指青少年对性的理解、体验和态度。在这个阶段，青少年会经历疏远异性阶段、接近异性阶段和恋爱阶段。青少年在青春发育初期，由于生理上的急剧变化、第二性征的出现，在与异性交往时往往会感到害羞、不安或反感，于是，在心理上和行为上表现出疏远异性的特征。随着年龄的增长、生理和心理的进一步成熟，青年男女之间会产生一种情感的吸引，相互怀有好感，对异性表示出关心，萌发出彼此接触的愿

望。随着生理上的进一步成熟及社会生活的全面影响,青年男女之间开始萌生爱情。他们仅把特定的异性视为自己交往的对象,互相关心、相互爱慕,从而进入恋爱阶段。这个阶段的爱情多以精神内容为主,重视纯洁的感情,较少受感情以外的现实的东西影响。

(四)烦恼和矛盾增多

青少年在情感发展过程中表现出来的丰富的心理特点,并非孤立地存在,它们错综复杂地交织在一起,构成了影响青少年心理发展中的各种矛盾,也给青少年增添了很多烦恼。随着学业的增多、竞争日趋激烈,学习压力是每个青少年都要面对的事情。学习成绩起伏是很多中学生最大的烦恼。有些学生一时找不到合适的学习方法,又不能与教师进行很好的沟通,导致学习成绩下降,自信心受到影响,天天处于一种低沉的状态。进入大学以后,全国各地的学生聚集在一起,由于生活习惯的不同、地域差异和性格差别,刚刚走向更广阔生活空间的青少年往往会产生人际交往的问题。感觉没有好朋友,会有孤单、沮丧的心理状态,但随着知识的积累、生活阅历的增加,这些烦恼一般都会消除。同时,随着"心理断乳期"的到来,一方面,青少年产生了强烈的独立要求,认为自己已经成人,喜欢自作主张;另一方面,他们对父母、成人及长辈又存在较多的依赖性。这个时期,青少年社会阅历还不够丰富,世界观、价值观尚未完全形成,面对陌生或复杂的环境,往往缺乏信心,难做决断,这就构成了独立和依赖性的矛盾。除此之外,他们还有理智与情感的矛盾。青少年情感丰富、敏感,情绪不够稳定,往往容易冲动、感情用事。

四、学生的人格特征

儿童和青少年还有一个重要的社会角色——学生。学生通常具有向师性,但是,作为一个处于成长中的社会个体,学生也有越来越强烈的独立愿望。

(一)向师性

向师性,是指学生有趋向教师、接近教师、信赖教师,甚至模仿教师的心理和行为倾向。向师性是学生的本质属性,从幼儿园到小学、中学,再到大学甚至到研究生,不同学段的学生均有向师性的心理特点。

学生都具有作为学生的角色意识。"我是学生,我要学习,我要听老师的教导"——学生或多或少都有这种心理属性,这种角色意识是教师进行教育教学的基本前提和保证。学生在拥有学生意识的同时,也会建立对教师的角色意识。一般而言,学生会在各方面尊重教师,会认为教师总是在某学科上有丰富的知识,有高尚的品德,甚至会把教师想象得各方面都十分完美。学生的向师性为教育教学活动提供了基本条件。教师应充分利用这一条件,主动关心学生,了解学生,爱护学生,多与学生交流,对学生的学业、思想、行为进行适当的指导,以尽教师的职责,确保学生健康成长。通常而言,学生作为学生的这种角色意识具有相对稳定性,一旦建立就不会在短时间内很快消失。这种角色意识也不仅仅建立在知识传承的基础上。例如,若干年后,学生在知识积累上已经远远超过某位教师,但是,在教师面前仍然会保持适当的尊敬。

作为学生,无论在哪个班级学习,无论学哪个科目,都希望遇到好教师。学生的大部分校园生活是在教师的影响下进行的,学生在学校里过得好不好,学得好不好,能不能愉快、健康地成长,都跟教师有密切的关系。任何一个学段,如果一个学生感受到有教师对他特别偏爱,他会非常高兴,也会极为努力地学习;相反,如果一个学生感觉到某位教师对他心存偏见或有意忽略,他会非常沮丧,他的一生都可能受到不可平复的影响。每个学生都渴望得到教师的关注,甚至关爱,教师漠视学生会对学生造成极大的伤害。

学生的向师性也会随着各种条件的变化而发生变化。教师如果不能真正履行自己的教育教学职责,不主动关心学生、爱护学生,就不能在学识和道德方面起到示范作用;随着学生身心的成长,知识和阅历的积累也可能会超越某个时期的某位教师,学生的向师性就会减弱,乃至消失。

(二)独立性

每个学生都是一个独立的社会个体,是独立于教师的完整的人。未成年人对家长、对教师有一定的依赖性,但是无论学生怎么依赖家长和教师,也不管学生怎么缺乏个性,他都具有独立性。

学生是独立的人。他的身体是独立的,他要依靠自己的器官来消化、吸收、长身体;他的心理也是独立的,他要靠自己的心理器官来学习、思

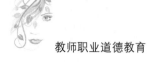

考，来消化、吸收知识，来增长自己的智慧。教师想替代也是替代不了的。教师只能引导、鼓励学生去学习、思考、观察，但是不能代替学生去学习、思考、观察。

学生是独立于教师头脑之外的客观存在。学生不是教师的四肢，也不是泥塑或提线木偶，不可能教师想让他是什么样子他就是什么样子。不仅学生的身体成长有规律性，学生的学习、心理成长也有客观的规律性。教师必须遵循学生身心发展的客观规律，不仅不能把自己的意志强加给学生，也不能把知识强加给学生。

学生有独立的倾向和独立的要求。一个人从呱呱坠地到长大成人，就是一个不断走向独立的过程，追求独立和自由是人的本能，任何人都不愿意被束缚。学生阶段的孩子，尤其是青春期的孩子更是如此。比如：孩子自己能做的事情就不希望父母多帮忙，学生自己可以看懂的书就不希望教师多讲，自己可以解决的问题就不愿意旁边有人指手画脚，等等。

学生正常情况下都有一定的学习能力。学习能力是人的本能，从孩子出生开始，就有很多东西是他通过独立学习而得到的，并不是教师、父母教给他的。即使是教师、父母教给他的知识，也需要借助独立思考、独立实践才能被真正领会和掌握。在接受学校教育的过程中，除了系统化的课程学习，还有很多个性化的、独特的个人学习。

第二节 建立科学的学生观

无论哪一个年龄段的学生，在一定程度上都是独立的社会个体，需要得到平等对待与尊重。从社会学上看，学生首先是作为人而存在的；从教育学上看，学习首先是学生的个人行为。无论学生的成绩、品行怎样，他在人格上都是与教师平等的。杜威认为学校生活组织应该以儿童为中心。"现在，我们教育中将引起的改变是重心的转移。这是一种变革，这是一种革命，这是和哥白尼把天文学的中心从地球转到太阳一样的那种革命。这里，儿童变成了太阳，而教育的一切措施则围绕着他们转动，儿童是中心，教育的措施便围绕他们而组织起来。"[1] 学生是有能动性的人、潜在发展的人，他们不是教师手中的面团，想怎么捏就怎么捏，任何教授的知识都要经过学生主观的过滤才能变成他们自己的东西，教师无法强迫。

一、学生是生活的人

学生是和成人一样有丰富个性、有多种需要的完整的人，仅仅把学生当作受教育的对象或学习者来对待是不恰当的。他有丰富的情感，有喜怒哀乐，他的生活并不仅限于课堂或学校。学生的学习也并不是单纯的知识接受或技能训练，而是伴随着交流、创造、追求和喜怒哀乐情感的综合过程，是学生整个内心世界的全面参与。如果没有从这个高度上来认识和对待学生，那么，教育措施就容易脱离学生实际，教育教学活动也难以收到预期的效果。陶行知提出"生活即教育""社会即学校"，他说："环境里的幼年人生活既是中心学校的中心，我们首先就要把他弄个明白。我们要晓得幼年人在生长历程中有什么能力，有什么需要。我们虽不能完全知道，但是学者已经研究出来的，我们必须充分明了。幼年人不是孤立的，他是环境当中的一个人。环境对于幼年人的生活有两种大的力量。一是助力。自然界的光线、空气、食物、饮料在常态之下，都是扶助人类生长的东西。社会里的语言文字、真知灼见以及别人的互相提携，也都有扶助我们生长的作用。二是阻力。例如狂风、暴雨、水患、旱灾、虫害种种，都是自然界与人为难的东西。"[2]

学生是有情感、有个性、有平等人格的人，应该得到尊重。教育教学过程是师生的双向交流过程，缺乏尊重的教育，是强加给学生的教育。这样的教育会让学生觉得自己处于被动挨打的地位，容易产生逆反、抗拒的心理，造成师生之间的所谓猫鼠关系。所以，在教育教学过程中，教师应当始终尊重学生的人格，以平等的态度对待学生，爱护学生的自尊心。无论学生成绩好坏、家庭条件优劣，教师都应做到平等相待。教师应该做

---

[1] ［美］约翰·杜威著，赵祥麟、王承绪编译：《杜威教育论著选》，华东师范大学出版社1981年版，第32页。

[2] 陶行知：《中国师范教育建设论》，见陶行知《中国教育改造》，人民出版社2008年版，第63页。

到：不以个人好恶区别对待学生，不以师长尊严欺凌学生，不以过失伤害学生，不以分数评价学生。

在具体的教育教学过程中认识学生，就是要求教师的教育活动应当密切联系学生的生活。教师的教学内容是从实际环境中抽象出来的一般性知识和技能，这些抽象化的知识和技能离开学生的实际生活就不容易被教和学，在学生离开学校时也不容易被回忆和提取出来而加以应用。① 因此，不能将学生的生活与教学割裂开。脱离生活的抽象知识让学生感到陌生，会导致学生觉得学习枯燥无味，厌学怕学；脱离生活实际的知识也容易让学生觉得学到的知识是无用的，学校教育也就失去了其功能与意义。

二、学生是独特的人

每个学生都有自身的独特性。作为独立的社会个体，每一个学生都有自己独特的内心世界、精神生活和内在感受，也有不同于成人的观察、思维和解决问题的方式。虽然现在资讯发达了，未成年人接触到的信息并不少于成年人，但是，他们与成人之间仍然存在着很大的差异，他们对社会规则还不完全了解，他们认识事物的方式、思维方式、处理问题的方式还是稚嫩的。当然，成长于信息化、民主化时代的孩子，也不同于他们的父辈和祖辈。社会在变迁，人们的代际差异总是存在的，上一代的经验用于下一代人身上，往往会引起矛盾与冲突。另外，由学生个体组成的不同学生群体也有着区别于其他群体的内在独特性。

在教育活动中，由于每个人的经验不完全相同，因此，每个人对事物的理解和解释及对事物赋予的意义也不完全一致。教师与学生之间及学生与学生之间各自的经验是不同的，因而，他们对同一问题的理解和解释也不会完全相同，这是教学过程中很正常的现象。因此，教师应该接纳学生的见解，认识到由于学生个人的经验和原有的认知结构是不相同的，故每个学生的理解都是独特的，也是合理的。

在目前的教育领域，虽然要求发展学生个性的呼声很高，但强调教师的权威，强调答案的标准化，以一个模子一统课堂，诸如此类不顾学生个性和独特性的情况仍然普遍存在，严重阻碍了学生个性的发展。教师要认

---

① 参见涂元玲《论建构主义的学生观》，载《当代教育论坛》2004年第3期，第40—41页。

识到，同龄学生有不同的兴趣、爱好和性格。比如：有的学生语言能力较强，有的数学能力突出，有的在音乐方面较有灵性；有的好动，有的文静，有的外向，有的内向。教育教学改革应该强调培养学生的个性，注重培养学生独立思考的精神和能力，尊重学生的个性，切实转变不符合这些要求的教育教学观念。

三、学生是发展的人

发展的人也就是还不成熟的人，教师要用发展的观点认识和对待学生，理解学生的稚嫩与不成熟，容忍学生身上的不足和错误。学生身心是不断变化、逐渐成熟的。从机械记忆到理解记忆、从具体思维到抽象思维，学生的发展是在遗传和后天环境与教育的作用影响下产生的由量变到质变的过程。学生的身心发展也是有阶段性的，差一两岁就可以表现出较大的身心差异。一般而言，小学一二年级与三四年级、五六年级与初中阶段的七八年级，每一个层级之间都有显著的差异。学生身心发展也存在个别差异。由于有不同的遗传，以及不同的后天环境与教育因素，所以不同学生的成长速度、发展水平是千差万别的。

在教育教学中，因为学生是发展的人，我们在强调学生主体性的同时，也要重视教师的指导作用。学生的成长过程是离不开教师的引导与帮助的，要培养和发展学生的主体性，让学生学会自主学习，恰恰非常需要教师的管理、指导和组织，教师对学生的学习起着不可或缺的作用。教师的指导与学生的主体性并不矛盾，一个发展中的人是不能完全脱离外界的帮助而进行独立学习、自觉成长的。

学生是不成熟的人，需要理解与宽容。每一个人都是从错误中成长起来、在挫折中成熟起来的。教师要认识到，儿童时期的磕磕碰碰、少年时期的莽撞冲动、青春时期的自以为是，都是一个人成长、成熟的必经阶段。教师不能以成年人的眼光去要求孩子，更不应要求学生的言行举止必须正确无误。他们的思想还不够成熟，知识系统还不够完善，阅历还不够丰富；应允许他们淘气，允许他们犯错误，允许他们玩，允许他们有缺点。宽容意味着理解、信任，是教育者对发展中的学生所必须具有的一种态度。

四、学生是学习的人

学生是发展的人,是成长过程中的人,也是终究要长大的人。学生的成长需要学习,尤其是系统的学校教育。教师的教育活动就是要让他们得到锻炼,在挫折中逐步独立、健康成长。学生是学习的人,教师应当真正履行自己的教育责任,行使自己的教育权力。学生需要教师的严格要求。在遵循教育规律的前提下,教师在德、智、体、美、劳各方面严格要求学生,做到严中有慈、严中有爱、严中有度、严中有方,使学生对教师敬而爱之。陶行知先生曾说:"先生的责任不在教,而在教学,而在教学生学。"[1]

学生是教育教学活动的积极主体。在整个教学过程中,学生均是处于积极的状态进行主动探索、主动建构、主动思考的认知主体。建构主义学习理论的核心就是:"以学生为中心,强调学生对知识的主动探索、主动发现和对所学知识意义的主动建构。"[2] 这不同于只是把知识从教师头脑中传送到学生笔记本上的教学,而是学生根据自己已有的经验积极主动地将新学习的内容纳入已有的认知结构中,主动地建构教学内容的意义。教师在这个过程中只是教学的组织者和学生学习的指导者、促进者和帮助者。学生在整个教学过程中主动地探索、协商和讨论。随着教学的渐进,学生自我学习和组织的能力逐渐增强,最后可以达到不需要教师的帮助而能够独立学习的水平。在这样的过程中,学生的主体地位也被充分地体现出来。教师在整个教学过程中,自始至终只是在组织、指导学生的学习,而不是向学生灌输,使学生成为被动的知识容器。

由于观念的落后和经验主义的影响,许多教师不相信学生内在的主体能力,事无巨细地包办代替,没有对学生在教育活动中表现出来的自觉性和主动性予以充分认识和肯定,因而,未能调动学生主动学习的积极性。

---

[1] 陶行知:《中国教育改造》,人民出版社2008年版,第11页。
[2] 孔云主编:《经典教学理论与课堂教学应用》,海洋出版社2018年版,第188页。

第六章　正确认识学生

第三节　学生是学习活动的主体

每一个学生都是拥有内在力量、具有独特性与创造性的学习主体。当学生以知识的探究者、意义的创造者和学校民主生活的参与者的身份投入学习和生活中时，他们将以自己的好奇、想象、智慧和行动丰富自己的心灵，改变他人的观念，并还世界以惊奇。我们在考虑学生的身份时，应该意识到学生是独一无二的人，是学习如何成长的人，是需要被理解的人。从教师的视角出发，"考虑到信息和通信技术的潜力，教师现在应成为向导，引导学习者（从幼儿时期开始，贯串整个学习轨迹）通过不断扩大知识库来实现发展和进步"①。生存论哲学将人的生存作为哲学的根本问题，从生存的高度把握知识与人的精神生命和意义世界的关系。下面我们从人的生存与价值的层面来探讨学生作为学习活动主体的内在力量。②

一、学生是知识的探究者

孩子进入学校时并非无知的、无力量的"弱者"，相反，他的内在力量远远超乎在知识和经验上占优势的成年人的想象。日本教育家小原国芳指出，"人的本质在于创造、自由、主动、无限、内在生命、独创、理性、自我活动等"③，"虽然我们想训练、教育孩子，但实际上进行教育的却是孩子本身。……实际上教育并非在教师之中，而'教育的王国在儿童之中'。如果不承认自我塑造、自我教育、自我创造这种自我发展的人格活动能力，教育则无从成立，多么有名的教师，多么好的教育方案、下

---

① 联合国教科文组织编、联合国教科文组织总部中文科译：《反思教育：向"全球共同利益"的理念转变?》，教育科学出版社2017年版，第46页。
② 参见李丽《学生是什么?——生存论视野下的学生观》，载《上海教育科研》2009年第3期，第55—57页。
③ ［日］小原国芳著，由其民、刘剑乔、吴光威译：《小原国芳教育论著选》上卷，人民教育出版社1993年版，第350页。

多大的功夫也终归徒劳"①。也就是说,学生是学习者,应该处于教育活动的中心地位,伴随着他们的成熟程度和心智、经验的增长,学习者所能享受和运用的自由也会越来越多。

教师应当深切地认识到"儿童和青少年作为求知者和思考者,用他们自己的方式认识世界和他们自己"②。教师要承认学生作为知识的探究者的身份,承认他们构建的区别于学科专家和一般成人思维方式的精神世界的价值,如此才有可能发生真正意义上的学习。如果学生在课堂上能感受到自己的思想受到尊重,如果教师在课堂上能接受学生之间的差异,越来越不强求千篇一律,那么学生的独特性不仅能被及时关注,而且能得到加强,学习的个体成长意义便会真正显现。

无论教师的讲授多么精彩,无论教材的呈现多么丰富,无论学者对复杂的大千世界做出多么精深的揭示、解释与描绘,都不能代替孩子以自己的眼睛、双手、头脑和心灵去进行"再探索""再发现""再创造"。儿童获得的属于个人的知识成果与情感体验哪怕再稚嫩,对其自身成长的价值也丝毫不逊色于前人的伟大发明与创造。杜威强调个体独立思考和个体差异性在教育中的重要性:"教育上所重视的个性因素有两重意义。第一,一个人必须有他自己的目的和问题,并且能自行思考,在心理方面才是一个个体。……除非一个人为自己思考,不然就不是在思考。只有学生自己观察,自己反思,自己提出建议,自己检验建议,他已知的事物才能得到发挥和证实。思维和食物的消化同样是一件个人的事情。第二,各人的观点,喜欢学习的对象以及处理问题的方式,都存在个别差异。如果这些差异为了所谓一致性的利益而受到压制,并且企图使学校中的学习和答问都必须按照一个单一的模式,就不可避免地使学生造成心理上的混乱和故意矫揉造作。学生的独创被逐渐摧毁,对自己心理运作的质量的信心被逐渐破坏,被反复灌输要驯顺地服从别人意见,否则就是胡思乱想。"③为强调一致性而否定独立思考,无论对个体还是共同体都是灾难。教师要

---

① [日]小原国芳著,由其民、刘剑乔、吴光威译:《小原国芳教育论著选》上卷,人民教育出版社1993年版,第350页。
② [美]帕特丽夏·F. 卡利尼著、张华等译:《让学生强壮起来——关于儿童、学校和标准的不同观点》,高等教育出版社2005年版,第81页。
③ [美]约翰·杜威著、王承绪译:《民主主义与教育》,人民教育出版社2001年版,第320—321页。

求学生好好学习的时候，应该首先尊重学生作为知识的探究者的身份，而不是把他们当作接受知识的容器。

二、学生是意义的创造者

每个学生都是作为意义的创造者而存在于这个世界的，这种创造表现在他们对世界的理解、对生活的体验等各个方面。"人的存在从来就不是纯粹的存在；它总是牵涉到意义……对意义的关注，即全部创造性活动的目的，不是自我输入的；它是人的存在的必然性。"①

学生是独立的发现者。我们所获得的任何关于世界的观念都是对客观世界做了某种主观上的加工的产物。当儿童观察、理解和表现这个世界的时候，他们不是从分门别类的学科知识出发，以科学为镜子来映照这个世界，而总是要在世界和自我之间发生意义关联，思考这个世界对我"意味着什么"。这样一来，"一个儿童"眼中就有"一个世界"。受个人经验的影响，儿童眼中的世界在很大程度上是超越科学关于"客观"与"真实"的定义的，带有明显的个性化特征。如果儿童被迫或习惯于停留在他人（包括科学家、教师、家长等）的意义上思考，而不在自己的意义上进行新的思考，那么儿童就无法体验到自我的力量和精神的自由。反映到教育教学实践活动中，只有当教师理解了科技与人文、学科逻辑与儿童的心理逻辑之间的关系，才能在教育中有"学生的视野"，为"学生所看到的世界"留下足够的空间。

学生是与自然的对话者。自然现象的意义并非科学家所揭示的本质、原理与规律的集合，科学的视角也并非认识和理解自然现象的最好视角。相比之下，儿童更倾向于以渗透了个人情感体验的认识方式来理解自然。"即使是一棵树，如果不把它仅仅当作观察和研究的对象，不仅仅看到它吸收空气、土壤的过程以及如何将它加以植物学的分类，甚至把它单纯归结为一些数字公式等，而是以'仁爱''仁慈'的态度对待它，那么，这棵树就不再是'它'而是'你'，人和树就处于'我—你'的'关系'之中，树对于'我'而言就成了有'回应'、有意义的东西，而不是简单

---

① ［美］A.J.赫舍尔著、隗仁莲译：《人是谁》，贵州人民出版社1994年版，第46—47页。

的'物'。"① 事实上，儿童对很多自然现象的理解，既不同于学科专家，也不同于成人，他们往往以仁爱之心释放想象力，实现人与自然的对话。这里并非抹杀科学对我们认识客观世界的价值，而是反对把科学当作目的。科学只是我们认识客观世界的工具，只有将其反映到人的生产生活中才有意义。"真有教育意义和真正有益健康的后果并不是家长们自封为自然代理人所给予的，而是自然本身所给予的。"② 所以，在教育中，教师应该摒弃对世间万物过于简单化、纯科学化的理解，还世界以复杂，还学生心灵以创造和想象的自由。

学生是生活的体验者。体验是每一个人的重要学习方式和成长方式。日常生活中所有的经历、情感、故事都丰富了学生的精神世界，因而进入学习视界的不仅是知识，还有每个学生鲜活的生活体验，这些生活体验不可能也不应该被关在教室大门之外。瑞士教育家裴斯泰洛齐分析了生活的教育意义："生活作为个人自身所过的日子，其本身就是一本自然的书。这里面蕴藏着开明的教育力量的秘诀。学校如果不把它的工作建立在这个基础之上，就会误入歧途。"③ 学生作为心智处于生长发育中的人，每个人的成长轨迹与节奏、经历、兴趣、爱好都有很明显的个性特征，其生活体验也具有强烈的个性化意义，而这里的意义不是在生活之外悬设的，也不是他人直接给予的，而是学生自己体验到的对现实的领悟。学生对生活的体验是真实的生命历程，是情感与理智的融合，是对生活世界中各种关系的深层觉察。学生的生活体验不仅可以作为教学资源进入教学过程，恢复教学作为生活的本意，改变预设的教案对教学的控制，而且有利于保持教师和学生心灵的开放性，实现师生之间的情感交融和精神相遇。

三、学生是民主生活的参与者

学校不应该是以学习功课、应付考试、准备升学为目的的机构，而应

---

① 张世英：《人生与世界的两重性——布伯〈我与你〉一书的启发》，载《中国人民大学学报》2002年第3期，第30页。

② [英]赫·斯宾塞著、胡毅译：《教育论：智育、德育和体育》，人民教育出版社1962年版，第95页。

③ [瑞士]裴斯泰洛齐著、夏之莲等译：《裴斯泰洛齐教育论著选》，人民教育出版社2001年版，第246页。

该是走向社会的学习共同体。学校在很大程度上是一个具有伦理责任的社会组织,只有当学校文化具有"关心""创造""民主""自由"的品性,民主社会才有生长和发展的土壤。很难想象,从缺乏民主生活、缺乏自由平等、强调控制与服从的学校里走出来的学生,以后走入社会会成为社会民主化进程的推进者。

孩子是未来世界的主人,他们未来会生活在什么样的世界中,很大程度上取决于他们现在所接受的教育和正在形成的价值观。"我们应该使他了解:他能够而且必须在社会生活中发挥民主作用;他作为个人或集体的一员,能够把社会变得更好些或更坏些。我们应该使儿童养成一种世界观,使他按照这个世界观生活,使他能够决定他的未来前途。"① 现在世界的成年人应该赋予学校以生命,赋予学生以创造者的身份和不断再思考、再想象的责任。如果学生在学校过的是一种民主生活,能够平等待人、尊重他人,学校与未来社会就共享了一种富有真实性和连续性的生活方式。

杜威在论述人与世界的关系、知与行的关系时说:"如果有生命的有体验的人是他所在世界活动的亲密参与者,那么认识就是一种参与的方式,这种知识有多大效果,就有多大价值。"② 在日益紧密的全球化进程中和日益加快的社会发展过程中,学校能否彰显其自由、民主的性格,已经成为学校能否适应未来社会、是否具有精神活力的重要标志。当教师和学生组成学习和实践的共同体,以积极的参与者的身份合作探究问题,改进校园生活方式,并由此而培养民主意识、习惯和能力,民主就不再是抽象的原则,而开始真正走近我们。

延伸思考

"近年来,传统性别角色对个体发展的限制日益受到抨击。当前国际性别教育中流行的教育理念——双性化教育——认为过于严格、绝对的性别定型观念会限制儿童、青少年智力和个性全面健康的发展,过于男性化

---

① 联合国教科文组织国际教育发展委员会著、华东师范大学比较教育研究所译:《学会生存——教育世界的今天和明天》,教育科学出版社1996年版,第94页。

② [美]约翰·杜威著、王承绪译:《民主主义与教育》,人民教育出版社2001年版,第356页。

的男孩和过于女性化的女孩，其智力、体力和性格的发展一般较为片面。具体表现为：综合学习成绩不理想，缺乏想象力和创造力，遇到问题时要么缺少主见，要么固执己见，同时难以灵活自如地应付环境。相反，那些兼有温柔、细致等气质的男孩，兼有刚强、勇敢等气质的女孩，却大多智力、体力和性格发展全面，文理科成绩均较好，往往受到老师和同学的喜爱。成年后，兼有"两性之长"的男女在竞争激烈的现代社会里，往往更能占据优势地位……

"传统的性别角色是两极分化的，男性特质（如独立、竞争、成就动机强）与女性特质（如依赖、温柔、家庭定向）互不相容。双性化是指个体同时具有理想的男性化特征和理想的女性化特征。双性化的个体可以是自信而又温柔的男性，也可以是富于支配性而又善解人意的女性。双性化教育要求教育者不要有性别偏见或性别刻板观念，不用性别去规范儿童的心理和行为，凡是理想化的特征和行为模式，任何性别的儿童都应有机会获得。"①

随着社会的迅速发展，日益激烈的竞争使人们对双性化教育的要求日益迫切。社会发展要求越来越多的两性不能再囿于单性化的束缚，而应该具有双性化人格。所以，双性化是角色发展顺应新时代的必然趋势，进行双性化教育也势在必行。

---

① 司继伟主编：《青少年心理学》，中国轻工业出版社 2010 年版，第 244—245 页。

一个人遇到好老师是人生的幸运,一个学校拥有好老师是学校的光荣,一个民族源源不断涌现出一批又一批好老师则是民族的希望。

——习近平[①]

第七章 师 生 关 系

交往是在特定的社会环境或特定语境中,人与人之间各种形式、性质的互动的外在呈现形式,是一个双向构建的过程,是由两人或两人以上的互动发展而来的。良性的交往双方均是独立的个体,具有主观能动性,具有平等的人格和地位,不是机械的、被动的参与者,而能够自主地选择何时交往、怎样交往。与日常的人际交往相比较而言,师生交往除了具有一般人际交往共有的特点,也有自身的特殊性。特殊性主要表现为是培养人的活动,培养的是合格的社会公民,其工作性质对师生关系的建构提出了更高的要求。

师生关系,是指学校教育中的教师与学生在教育教学活动过程中所结成的特定人际关系。师生关系的好坏直接影响着教育活动的过程、方式和最终的教育教学效果,影响着学生的学习状态、人格发展,以及教师的心理状态与工作态度。师生关系本身是一种重要的教育资源,是教师与学生在教育教学过程中作为活生生的人的意义和价值的具体体现。师生关系不仅体现了教育价值,还体现了师生作为人本身的价值和意义;师生关系还受社会文化、传统观念等的影响。新型的师生关系应该是平等民主、互相尊重、互相理解、互相信任、亲密和谐的。只有建立新型的师生关系,才能更有利于学生积极性、创造性的发挥,才有利于师生在教学活动中共同合作,为实现教育教学目标而共同努力。

[①] 《9·10将至,习近平对教师们有啥期望?》,人民网·时政频道,2015年9月9日,见http://politics.people.com.cn/n/2015/0909/c1001-27563832.html。

第一节　师生关系的内涵与本质

师生关系，是指学校教育中的教师与学生在教育教学活动过程中所结成的特定人际关系。师生关系是一种具体的教育关系，包含着双方所处的地位、功用与彼此对待的基本态度等。

师生关系，是学校教育教学活动中最基本、最活跃、最能动、最复杂的人际关系，是随着教师与学生之间教与学的过程而形成的。常态下的师生关系中，教师与学生作为教育者与被教育者的角色，决定了师生之间实际上不可能存在绝对的平等和一般的合作关系。① 由于教师与学生的知识占有量和社会身份存在差异，所以，教师与学生之间以教育教学为目的的交往必定存在结果上的不平等。这种不平等是影响师生交往的一个重要因素。

一、师生关系的建构性

中国传统社会并没有专门调节师生关系的道德规范，师生、师徒关系的规范许多都包含在"君臣"和"父子"的关系伦理规范之中，"师也者，有父之亲，有君之尊"。② 荀子将君、师并称，曰："君师者，治之本也。"③ 宋代胡瑗也说"视诸生为其子弟，诸生亦信爱如其父兄"④。在儒家思想的熏陶下，我国古代师生之间形成了亲密但等级关系严格的师生关系。俗话说："一日为师，终身为父。"《礼记·学记》中记载"凡学之

---

① 参见邵晓枫、廖其发《我们究竟需要什么样的师生关系——对我国当代师生关系理论构建的思考》，载《教育理论与实践》2007年第27卷第10期，第47—50页。
② 〔清〕张履祥：《愿学记一》，见李国钧主编《清代前期教育论著选》上册，人民教育出版社1990年版，第173页。
③ 〔清〕王先谦撰、沈啸寰、王星贤点校：《荀子集解》，中华书局1988年版，第349页。
④ 转引自毛礼锐、瞿菊农、邵鹤亭编《中国古代教育史》，人民教育出版社1983年版，第313页。

第七章 师生关系

道,严师为难。师严然后道尊,道尊然后民知敬学"①。"天地君亲师"将教师的地位放在了极高的层面。虽然也不乏韩愈提出的"弟子不必不如师,师不必贤于弟子,闻道有先后,术业有专攻"②的呼吁,但是整体而言,严格的师生等级制度是中国传统社会师生关系的印记。

相对而言,西方师生关系较为注重学生的主体地位。苏格拉底把自己的教学方式比喻为"产婆术",他通过与学生之间进行辩论,找到学生思想中的矛盾点,引导学生发现自身知识的矛盾之处,从而暗示学生发现正确的知识。在这个过程中,苏格拉底的教学方式从某种程度上认识到了教学过程中学生的主动性问题,通过暗示和辩论,诱导学生发扬自己的主观能动性来探求知识。柏拉图的洞穴隐喻也深刻地探讨了教师在教育活动中所扮演的角色。教师的"主人"与"仆人"的角色之争一直持续下来。③近代以来,德国的赫尔巴特提出"教师中心论",认为在教学活动中教师应当支配学生进行学习。杜威对赫尔巴特的思想进行了批判,并认为儿童才是整个教学活动的中心。

现代以来,西方的人本主义思想逐渐在争论中占了上风,教师不再高高在上或者完全没有地位,而是强调平等与民主。师生关系具有以下几个特点。

首先,师生关系是给定的存在性关系。当学生进入学校,开始接受正常的学校教育,师生关系便在这一特定的制度体系中被确立下来了。这种关系是教育制度给定的,只要存在学校教育这种社会活动,就必然存在师生关系。给定的存在性关系通常表现为工作关系和组织关系。工作关系,是指教师和学生之间的"授受关系"、教育和被教育的关系;组织关系,主要表现为领导与被领导的关系,以及在此基础上的责权关系,即处于此种关系中的双方各自承担的责任和权利。

其次,师生关系是生成的功能性关系。在给定的存在性关系的基础上,教师与学生的关系还要在教育教学活动中通过双向互动进一步发展,

---

① 〔汉〕郑玄注、〔唐〕孔颖达正义、吕友仁整理:《礼记正义》中,上海古籍出版社2008年版,第1443页。

② 〔唐〕韩愈:《师说》,见韩愈著,杨义、蒋业伟今译《韩昌黎全集》上,北京燕山出版社1996年版,第361页。

③ 参见〔英〕尼格尔·塔布斯著,王红艳、杨帆、沈文钦等译:《教师的哲学》,山东教育出版社2014年版,第53—74页。

生成更深层次的情感关系和伦理关系。教师与学生在教育活动持续开展中,会形成一种相互依存的情感关系,彼此间的心理认同感也会产生并逐渐增强,心理上的协同度也会不断提升,使师生关系可以被看作一种情感关系。教育本身是一种社会性活动,教育的发展也会折射出社会的伦理道德规范,虽然新的教育理论和理念等不断成熟,但是,教育活动依然带有一定的伦理性,师生关系自然内在地包含着伦理关系。

最后,师生关系的建构呈现主体间性特征。在双向互动的交往过程中,教师和学生在教学活动中相辅相成,共同发挥作用。在学生向教师学习的同时,教师也在向学生学习,在教的过程中自我成长、自我成就。当然,教师在教育过程中仍处于主导地位,对整个教育过程发挥着主导性的作用。学生时期是人成长过程中特殊而重要的阶段,这个阶段凸显的特点是对爱和归属的需要。在校园生活中,他们不仅需要一个有利于掌握知识、提高能力的场所,更需要一个能表达情感的场所,需要一个能被信任的成长环境。也就是说,教育过程要使教育对象的情感得到归属、人格得到尊重。因此,教师要做到高效地完成教学任务,并且不能忽视学生的身心发展状况。为此,一方面,教师要营造和谐的教育氛围,建立一个和谐、团结、有向心力、互帮互助的班集体,让每一个学生都感受到集体的温暖,体会到爱与被爱的归属感,达成现实关怀;另一方面,师生在教学过程中实现知识共享、情感共享、价值观共享。当教育对象遇到困境时,能自然地抛开师生之间的身份界限,主动寻求教师的帮助,同时,教师又能设身处地地理解学生,使师生关系离开课堂后仍然得以延续。①

二、从主体性到主体间性

主体是与客体相对应的存在物。主体,是指对客体有认识和实践能力的独立于社会和历史的人。主体性,是主体在对客体的对象性活动中展现出来的主体特性,表现为主观性、自我性和能动性。传统的"单一主体论"把教育者置于居高临下的权威地位,所以,在整个教育过程中,教育者具有主导作用,是教育活动的唯一主体,而受教育者则是被动接受教

---

① 参见孙小雯、任凤琴《交往行为理论视角下新型师生和谐关系建构》,载《理论观察》2019年第11期,第127—130页。

育影响的对象化的受众,是教育活动的客体。"双主体说"认识到参与教育活动的教育者和受教育者都是一定社会关系中有意识的人,把教育活动中的教育者和受教育者都视为主体,突出了教育过程中教育者和受教育者地位的平等。在"双主体说"的理论视野中,主体仍然具有占有性,一方主体性的发挥以另一方作为客体为代价。主体性哲学受制于本身存在的缺陷而无法突破"唯我论"和"人类中心论"的藩篱,于是,主体间性哲学便在哲学家对主体性哲学的反思和批判中实现了对主体性的超越。主体间性,是20世纪西方哲学中用以建构交往理论范式的核心范畴,是一种以每个人的全面发展为前提的"主—客—主"交往实践模式。主体间性突破了"主客二分"的唯我论,在现代哲学中已经获得了广泛的认可。

主体间性,是指交互主体性。在人的生存本质意义上,人不是"主客二分"基础上的主体,生存也不是对客体的征服和构造,而是自我主体与对象主体的交互活动。"如果某物的存在既非独立于人类心灵(纯客观的),也非取决于单个心灵主体(纯主观的),而是有赖于不同心灵的共同特征,那么它就是主体间的。主体间的东西意味着某种源自不同心灵或主体之间的互动作用和传播沟通,这便是它们的主体间性。"① 主体间性强调"主体—主体"之间的互识与共识。互识,是指主体之间的相互认识和相互理解;共识,是指不同主体对同一事物所达成的相互理解,所形成的主体间的共同性和共通性;通过对共同事物达成的共识,主体才能达到深层的互识。② 从主体性走向主体间性,认为存在是主体间的存在,孤立的个体性主体变为交互主体,这是人们认识自身所处世界的一个哲学意义上的进步。

在教育哲学的主体间性论域中,主体间性是对单一主体与双主体的发展与超越,教育成为一种主体之间的双向或多向的交往实践关系。教育者和受教育者结成以主体性为基础的主体之间的交往实践,教育过程就是交往过程,主体间性内含于教育过程中。③ 主体间性的教育过程是教育的参

---

① [英]尼古拉斯·布宁、余纪元编著,王柯平等译:《西方哲学英汉对照辞典》,人民出版社2001年版,第518—519页。
② 参见岳伟、王坤庆《主体间性:当代主体教育的价值追求》,载《华东师范大学学报(教育科学版)》2004年第2期,第1—6、36页。
③ 参见冯建军《以主体间性重构教育过程》,载《南京师大学报(社会科学版)》2005年第4期,第86—90页。

与者通过平等的对话、交流和交往达到彼此理解、沟通与视域融合,实现共同进步的过程。在这种交往实践中,要实现教育者、受教育者,以及制定教育资料的教育系统等主体的多向互动,不仅要充分调动各方参与者的积极性和主观能动性,还要突出各自不同的内在特性,不能混淆彼此、平分秋色地对待。教育者、教育系统、教育对象都有其主体的立场、处境和视域:"教育者要在尊重受教育者平等的主体地位以及个体差异的前提下,启发和挖掘教育对象的潜能,教育对象也要充分尊重教育者的主导性;在交往、交流中,不仅使教育者、教育系统的主导性、创造性和前瞻性得到发挥与参与,同时也使教育对象的思想得到启迪,兴趣和潜能得到激发,实现自教自律。"①

三、从"我与你"到"我与它"

马丁·布伯的对话理论是主体间性的重要形态之一。主体间性强调的是主体之间的关系,这样的关系是建立在相互承认、相互尊重的基础之上的,意识到"我"这个主体存在的同时,也要意识到"你"这个主体的存在。这也就意味着在坚持"我"的主体性的同时,也要坚持"你"的主体性,而在这之间"我"和"你"的交往活动就是主体间性的体现。"我与你"的关系是"我"对"你"的直接体认,为"你"的存在赋予了哲学本体的地位。马丁·布伯认为,个体与对象之间的关系分为"我与你"和"我与它"两类,这一划分体现了个体与对象之间的双重性与对立性。在"我与你"的关系中,"我"与他人的关系是共生的,"你"即把他人当作与"我"一样具有人格性的对象。在"我与它"的关系中,"我"和他人是对立的关系,即传统认识论中的主客体关系。"我感觉某物,我知觉某物,我想象某物,我意欲某物,我体味某物,我思想某物——凡此种种绝对构不成人生"②,凡此种种都是"它"之国度的根基。"它"是"我"利用的对象和工具。

---

① 陈华:《留守与超越:高校德育的主体间性及其张力》,载《高教探索》2014年第5期,第147页。
② [德]马丁·布伯著、陈维纲译:《我与你》,生活·读书·新知三联书店1986年版,第18页。

第七章　师生关系

"我与你"的关系本身就是一种教育关系。在"我与你"的关系中，"我必须重新学习我是谁、你是谁，并且认可或'开始意识到'我们每一个人现在不仅仅作为一个孤立的个体，而是一种交互关系。这样的一个学习过程可以被视为：意识到自己作为个体是依托于另一个人的关系而存在的"①。"我与你"的师生关系承认人是关系的存在，强调师生关系中的主体存在和权利平等。构建"我与你"的师生关系，需要改变教育教学过程中完全由教师讲授而学生只能被动接受知识的状况。"我与你"的师生关系要求学生主体和教师主体间可以平等对话，要求重视学生的主体地位以发挥学生学习的主动性、积极性。② 然而，现实社会中，在工具理性主义的影响下，教师的主体地位正面临被客体化的困境，师生关系在社会发展中呈现出新的"我与它"的矛盾。要解决这一问题，就要对师生关系进行反思并重新建立"我与你"的关系。

在"我与你"的关系被应用于更为具体的教育场景的基础上，有人提出"AB 关系"。学生犯错后站在教师面前，教师和学生此时便形成"AB 关系"。最常见的关系便是"A→B"，即"我"（A 代表教师）教育"你"（B 代表学生），把"我"的"教育"传输给"你"，"你"只能接受。在"A→B"关系中，教师和学生站在对立的立场上，都是从各自的观点和经验考虑问题，彼此不存在思维交集，这就严重削弱了教育之力。因此，师生关系应切实从"A→B"模式走向"AB→问题"模式。"AB→问题"模式的教育是教师和学生在共同视域中直面的问题。双方通过坦诚交流，明确事件发生的背景及来龙去脉，也弄清楚相互的观点和对此的一些看法。在这样的教育中，双方是商讨式的。③ 这样的师生关系也更加民主与平等。

---

① ［英］尼格尔·塔布斯著，王红艳、杨帆、沈文钦等译：《教师的哲学》，山东教育出版社 2014 年版，第 103 页。
② 参见郑秀兰、陈武林《师生关系的异化与回归：基于"我与你"关系视角》，载《基础教育参考》2020 年第 1 期，第 7—10 页。
③ 参见谭建明《师生关系的变化彰显教育智慧》，载《教学与管理》2019 年第 32 期，第 20 页。

第二节　师生关系的特点与矛盾

　　师生关系总是体现着所处时代的社会特征。随着社会的不断发展、师生交往环境的不断变化，师生的价值观、交往目的、交往需求、交往方式都发生了很大的变化，因此，不同时代的师生关系既有联系和继承性，又表现出与过去不同的特质。因此，我们不能用一成不变的观点看待和理解师生关系，而应与时俱进，用动态的、发展的观点去认识和体会。

　　传统的师生关系将师生比喻成容器。教师因知识水平、综合素质高而被比喻成一个大容器，处于成长阶段的学生则因知识水平相对较低而被比喻成一个小容器。常见的说法就是"教师要给学生一杯水，自己要有一桶水"。这种描述只反映了师生关系的静态特征，教师的"大容器"与学生的"小容器"只是容量的大小不同，并无本质的区别；大容器和小容器也都是封闭式的无源之水，如一潭死水。传统的师生关系体现的是不平等的关系，教师高高在上，学生对教师只能仰视，教师对学生有绝对的权威，不允许学生有半点异议；体现在教学过程中，即从教师到学生的"教"只能是封闭的、单向的、注入式的。

　　现代师生关系发生了明显的变化。现代师生关系重在知识的不断更新过程，重在师生间情感、知识的交流过程，而不在于其容量的大小。教师和学生都不再是承载固定知识的容器，而是源头活水。教师是江河湖泊，学生是潺潺小溪、涓涓细流。在江河湖泊与潺潺小溪、涓涓细流的关系中，江河湖泊与潺潺小溪、涓涓细流均为有源之活水。师生之间就应该是平等的、民主的、和谐的关系，师生可以就某一问题进行讨论，并在讨论中达成共识。体现在教学过程中，就是互助式、互动式、多向的、开放的教学方式。在教学过程中，师生之间、生生之间有许多的交流，他们在这种交流中进行学习，共同提高。在这个交流过程中，师生都能获得成功、找到自信，也发展了人的个性，培养了健全人格。

一、现代师生关系的特点

师生关系是学校教育教学活动中最基本、最活跃、最能动、最复杂的人际关系。现代师生关系具有以下四种一般特征。

（一）平等化

随着社会的进步，学生接触社会的途径增多，价值取向日趋多元化，生活和学习方式日益多样化，他们从自己的需要和兴趣出发，通过多种途径吸取对自己有用的知识，教师不再被看作知识和技能的唯一传授者。师生关系中，过去那种以教师为中心的主客关系被师生作为两个独立个体的平等关系取代。他们之间的平等，首先是人格上的平等，是教师和学生作为人的存在的平等，是教师和学生生存与发展的平等。作为平等的主体，教师不再扮演权威角色，学生也不再俯首帖耳，而是积极参与教学活动，敢于发表自己的见解，成为与教师平等对话交流的真正主体。

（二）民主化

现代的师生交往方式越来越脱离过去那种教师主动、学生被动的状况，更多地体现出以师生平等对话为主要形式的民主精神。平等对话可以产生真正的交流和沟通，使师生的认识和精神高度一致。对话是师生达到相互"理解"和"一致"的先决条件，它彰显教育的民主特性，凸显师生关系的时代特点。师生关系的民主还有利于发挥教师和学生在教育教学中的主体间性，使教师和学生各自的主体性得到充分的发挥，也使学生的个性获得健康积极的发展。

（三）个性化

个性，是每个人的先天遗传基因不同、后天生活环境及个人的主观努力不同所形成的独特的个体差异性。个性具有很强的可塑性。教师与学生主要是以教育教学活动为纽带联系在一起，双方都是活生生的个体，他们的家庭背景、成长经历和人生观、价值观等各不相同。在此基础上生成的师生关系，也具有鲜明的个性化特征。教师和学生之间会形成形形色色、千姿百态的师生关系，每组师生关系既有共性的东西，更表现出独特的一

面。有教师和学生的个性化,就有师生关系的个性化,这是我们所处时代的特质的缩影。

(四)平淡化

随着师生关系平等性和民主性的增强,以及交往方式的改变,现代师生关系也日趋平淡化。传统社会师生关系的结合更为紧密,学生的依附性更强。随着科技的发展,人际交往的手段丰富了,途径增多了,师生交往的形式也丰富了。交往手段的丰富,淡化了零距离交往的需求,也在一定程度上淡化了师生关系。现代社会的人际关系与传统社会相比,已经发生了巨大变化,人与人之间的道德与情感纽带越来越松散。一些教师不想或不愿在师生关系上过于密切,他们尊重学生,与学生之间保持一定的距离;许多学生也只是对教师抱有必要的尊重态度,但总保持着不即不离、若即若离的关系。师生之间礼数周到,但大多数情况下,深入的交流特别是思想层面的交流比较少。

二、现代师生关系的矛盾

教育教学中的师生关系也是一对矛盾关系。教师和学生都是相对独立的社会个体,他们在价值观念、教育理念方面存在差异,不同的情感经历、年龄、性别、性格也会造成两者之间的矛盾。

(一)社会原因

在教育教学过程中,教师面临着一个难题:一方面,他必须以社会代言人的身份站在社会文化的立场上,通过一定的评论方式来维护现存的社会关系和文化;另一方面,他又必须考虑到尚未成年的学生个人既有的对社会的理解与情感,以学生所能接受的方式来传递社会规范。

观念上的差异,使师生之间对同一事物的评价标准会存在差异。[①] 在教师方面,传统的师道尊严观念影响根深蒂固,教师总认为自己高人一等,学生应该绝对尊重他的劳动,尊重他的人格,不应该在课堂上消极听

---

① 参见李泽民《高校师生关系现状与发展研究——基于广州地区7所高校的调查》,载《教育导刊》2010年第7期,第27—30页。

课，不把教师"放在眼里"。在学生方面，学生与教师有代沟、有距离，对教师的教学方法可能不感兴趣，加上对学习的信心不足或其他一些原因，在课堂上表现出一种消极态度。但是，这并不能说明学生不尊重教师，问题在于如何看待学生的消极态度或表现出来的违纪行为。师生之间价值观念的对立是师生关系紧张的思想根源。例如，教师认为，学习对个人和社会都有好处；而学生则不这样认为，他认为，学习是一件痛苦的事，通过其他途径照样可以达到自己的目的。即使师生的评价标准一样，但在表达这个标准的方式上也可能产生分歧。比如，学生也知道学习的重要性，但是，当教师用挖苦、嘲笑、讽刺的话语或体罚的方式对待学生时，学生就不会产生"学习是最重要的"的感性认识，甚至会导致师生关系的对立。

(二) 组织原因

教师之所以对学生施加那么大的压力，很大程度上在于学校的升学压力。学生的学习成绩和升学率直接与学校的声誉相关，与学校所得的拨款、所筹措的经费相关，相应地也与教师的工资、奖金、职称、职务等挂钩。这就迫使教师必须对学生提出过高的要求。如果学生因为自己的能力或其他原因达不到教师的要求，教师就会用极端的方式对待学生，如用讽刺、挖苦、体罚、侮辱等。而学生在课堂上相对来说处在弱者的地位，本来学习就很被动。如果教师对学生在课堂上的不良行为表现出非理智的行为和态度，那么学生行为的性质就有可能发生转化，师生之间正常的人际关系就可能遭到破坏，师生矛盾会进一步加深。尽管教师有时是出于好意，是"恨铁不成钢"，但方式和方法过于简单、粗暴，挫伤了学生的自尊心，也挫伤了他们的学习积极性。可以说，应试教育导致教师对学生的期望值过高，是师生之间产生矛盾的现实根源。

班级内部存在的个体差异，导致每一位学生在学习成绩、性格特征、身体条件等方面有不同的表现。教师对某种尺度之下的学生表现，总是有不同的处置态度与方式，久而久之会产生矛盾。如果教师总是突出地用其中一种尺度去衡量班级成员，那么矛盾会更加突出。

(三) 个体原因

师生年龄的差距通常会带来相应的矛盾。一般而言，特别是在中小学

和幼儿园，教师总是与学生有年龄上的较大差异。由于受特定历史时期政治、思想、经济、文化的熏陶，相对年长的教师在思维方式和处世待人的行为方式上往往带有一种时代的特征。这对于处于现时代的青少年学生来讲，可能会感到格格不入。这就是所谓两代人之间存在的思想上、心理上的代沟。一般来说，年龄差距也会带来相应的心理差距。青少年学生思想活跃、情绪激昂，喜怒哀乐常常溢于言表，容易冲动、感情用事。但是，教师由于职业的地位和要求，会随着年龄和阅历的增长而日趋成熟和老练，表现得比较矜持和稳定。这种代沟和心理差距，常常会引起师生对某些事物的感知、理解、判断和评价不一致，由此出现矛盾和冲突。

师生性格的差异也会引起一些矛盾。师生关系在建立和发展的过程中，与其他人际关系一样，经常会受到师生性格特点的影响。教师的性格特征在很大程度上决定着学生对教师的评价和态度。在交往的过程中，师生一般都会自觉地进入自己所扮演的社会角色，都能不同程度地按角色要求来表现自己。这种角色特点有可能会掩盖师生本来的面貌，使双方不时地自觉约束自己的言行、举止、表情、情绪，不能真实而充分地表现出性格倾向和个性特征。但是，每个人的性格总是会不自觉地流露出来，教师、学生在交往过程中也总是带有各自的性格特征。师生关系的建立和发展是在师生双方性格倾向和个性特征的基础上展开的，如果双方存在性格冲突，显然就会产生矛盾并影响良好关系的建立。

三、师生矛盾的调适策略

青少年学生的成长规律和教育规律决定了师生之间存在矛盾的必然性。矛盾并不总是坏事，矛盾也是发展的内在动力。只有在极少数的情况下，突出的师生矛盾才会引起激烈的冲突。大多数情况下，低水平的矛盾冲突并不会影响到正常的师生关系，反而是学生在个体化进程中的正常表现。矛盾冲突的解决质量与学生个性的形成、社会认知和社会技能的发展、自我的发展等密切相关。一般而言，低水平的矛盾冲突有利于学生同一性和社会性的发展，也会提供一个如何处理与他人的关系的模式，提高学生处理问题的能力、控制情绪的能力和道德行为能力。

师生矛盾关系的调适，需要教师与学生矛盾双方的互动和努力，但是，在通常情况下，教师有更大的主动权。当师生之间矛盾冲突水平过高时，教师应当通过强制、合作、回避、迁就、妥协等对策来降低冲突水平，缓和与解决师生矛盾。

（一）强制策略

学生作为未成熟的个体，缺乏足够的知识，心理上尚未成熟，也相应缺乏学习、生活方面的自制力。部分教师会在必要的、可行的情况下采取强制策略，行使教育惩戒权力，对学生采取适当的强制和惩戒措施。但是，教师在应用强制策略时应该注意，不能用简单的命令代替对青少年学生的引导，不能用严厉的训斥代替与他们的交流。否则，运用不当，不但不能缓和矛盾，反而还会加剧师生之间的矛盾冲突，影响师生关系，加大教育难度。教师必须明白，外在的强制最终并不能真正取代青少年学生的自我教育。

（二）合作策略

合作是调解师生矛盾的最优策略。教师在处理师生矛盾时，应尽量考虑师生双方的立场、利益，寻求双赢或多方共赢的局面。合作策略的实现需要具备下列条件：一是师生双方都有解决问题的态度，能够真正做到对事不对人；二是彼此互相尊重，愿意分享自己的观点，聆听对方的观点；三是把师生之间的矛盾冲突当成发展师生关系的机遇，师生双方能够静下心来耐心细致地沟通与对话。

（三）回避策略

当师生之间的矛盾冲突爆发的破坏性可能超过潜在成效时，当某一问题可能成为其他问题的导火索时，当冲突之外的人（如校长、家长、其他教师、其他同学等）能够帮助有效地解决问题时，教师可以考虑回避策略。回避是暂时把双方冲突的矛盾热点冷处理，不是拖延，更不是不处理，而是寻求适当的时机和方式。当然，也确实存在一些矛盾问题，假以时日就能解决。教师可以偶尔采取这种策略逃避激烈的冲突，忽略不同的意见或保持中立。

（四）迁就策略

学校教育教学秩序的稳定、师生关系的适度融洽很重要，教师要有维

护秩序稳定、关系稳定的意识；教师也应当允许青少年犯错误，从错误中吸取教训而成长。基于以上原因，在实际情况允许时，也可考虑运用迁就策略。迁就策略即尽可能地去满足对方的利益而牺牲自身的利益，或者屈从于对方的意思。采取迁就策略，教师的态度往往会让学生以为教师为了某种原因而息事宁人，缓和矛盾，迁就自己。所以，仅仅迁就并不能排除矛盾，改善师生关系；迁就策略主要用于非原则性矛盾冲突。在适当时机，进一步的讨论会更有助于师生关系的建设，从根本上解决冲突。

（五）妥协策略

在传统的观念中，妥协就是投降、失败。但实际上，很多问题并不都能分出是非对错，非黑即白的绝对立场也不利于解决问题，妥协是对不同意见的尊重，这是必要的。教师跟学生妥协也并不意味着教师在放弃尊严，妥协在很多时候是民主的表现。当师生双方各有道理而目标相互排斥时，当过分坚持可能会造成更大的损失时，可以采用妥协策略。妥协要抓住成熟的时机，否则，会阻碍师生双方就真正的问题进行充分的分析或诊断。

第三节 和谐师生关系的建立

和谐师生关系，是指师生关系中的一种和谐大于冲突的师生间良性积极的互动状态。没有师生关系的和谐，就没有教育教学质量的保证与提高。和谐师生关系的构建是一项系统工程，需要社会、学校、教师和学生各方面共同努力，形成合力，如此才能构建适应时代发展的和谐师生关系。健康和谐的师生关系中，教师和学生在人格上是平等的，在交互活动中是民主的，在相处的氛围上是融洽的。双方既是教育活动的策划者和参与者，也是参与教育活动的主要角色，不仅要互相配合完成给定的教学任务，更要相互关照与帮助，以实现教育价值。

第七章　师生关系

一、树立师生关系新观念

师生关系互相依存。教学活动过程本身也是一种关系的存在。在这个关系中，人被重新创造，同时他们又在重新创造着关系。教师的知识毫无价值，除非这些知识被教授出去。即教师作为"主人"价值的存在和实现要依赖于学生，没有学生也就没有教师存在的意义。①

提升角色认同感有利于健康和谐师生关系的建立。角色认同是对社会角色期待的内化和适应，师生都应合理地界定自身的角色。教师对自我角色的认同，是职业发展的需要，也是自我价值的实现过程。一名称职的教师要履行教书育人的本职，不但要不断地更新自己的知识结构、能力结构，提升自身适应社会发展的能力，还要尊重学生的个体差异，了解学生的需求，提高服务学生的意识。学生角色绝非是被动接受者的代名词，而是学习共同体的成员，是深度学习的实践者。学生应提升主动学习的意识和能力，尊敬教师，主动与教师建立融洽的人际关系。教师和学生不应是一根藤上的两个苦瓜，而应是一起享受教学过程的快乐人。②

健康和谐的师生关系有助于提升教育教学质量。从教育教学活动开展的层面来看，健康和谐的师生关系能使教师与学生间的互动交流变得更为有效，教育教学活动的开展也更为顺畅。健康和谐的师生关系也有利于形成良好的学校教育教学环境，从而促进整体教育教学质量和水平的不断提升。从教师的工作角度看，健康和谐的师生关系可以使教师在教育教学活动中的工作压力不断降低；从学生知识获取、自身成长的角度看，健康和谐的师生关系也可以让学生在一个更为轻松的状态下学习、成长，有利于增强学生的学习兴趣。"教师与学生之间的互信是把教育关系捆在一起的情感黏合剂。不信任教师对学生来说会造成如下几个后果。他们会不愿意去涉足学习新事物所带来的危险的不确定性。他们会避免冒险。他们会把自己最关心的东西掩盖起来，隐而不说。他们会带着玩世不恭的保留态度

---

①　参见［英］尼格尔·塔布斯著，王红艳、杨帆、沈文钦等译：《教师的哲学》，山东教育出版社2014年版，第149页。

②　参见夏纪梅《构建"师生学习共同体"的要素与方法》，载《中国大学教学》2018年第3期，第79—83、92页。

去看待教师的规劝和教导。对于学生来说,要学的东西越是深刻和意义重大,他们就越需要信任他们的老师。"①

"学生中心"的教育理念是建立和谐师生关系的价值核心。过去,学生一般被迫接受学校传授给他们的东西,在教学语言、内容或安排方面都是如此。在多元化时代要创新并建立和谐师生关系,学校和教师必须首先树立"学生中心"的教育理念。在教育教学过程中真正贯彻落实"学生中心"的理念,积极发挥教师在师生关系中的主导作用,使学生成为真正的主体。教师应当把学生看作真正的学习主体,他们是建构自己知识体系的人,是有独立个性、有独立人格、有理智、有情感的能动主体,而不是消极被动的教育对象。②"教师要和学生建立一种新的关系,从'独奏者'的角色过渡到'伴奏者'的角色,从此不再主要是传授知识,而是帮助学生去发现、组织和管理知识,引导他们而非塑造他们。"③

民主与平等是创建新型和谐师生关系的关键。学生虽然具有向师性的特点,但作为社会个体,随着年龄的增长和知识的积累,他们也越来越有独立意识、自我意识和评价能力。学生总是对教师有着美好的期待,希望教师多关注他们,希望与教师建立一种民主平等的人际关系。作为成长中的学生,他们也愿意民主参与学校和教师组织的教育教学活动及其他文化活动、社会活动,为以后积极参与社会政治活动做预演和准备。现代社会也需要未来的主人翁把教室当成实验室。平等还表现为教师对待学生要一视同仁,不能偏心。教师偏心,是指教师由于某些学生有吸引人的方面而偏爱他们,而某些学生有不讨人喜欢的方面则对他们抱有偏见。教师偏心会很快失去学生的信任。因此,教师要注意不能跌入这样一种习惯:不知不觉地偏向那些自己喜欢的人,最后才首肯一下那些自己不喜欢的人的所作所为。"要注意不要让你非语言的体态流露出你对讨论中的发言者的个性的好恶。要警惕不要让学生接受到关于你个人喜欢哪些学生或不喜欢哪些学生的非语言信息。当你看到学生们把你不喜欢的学生当成替罪羊时,

---

① [美]斯蒂芬·D. 布鲁克菲尔德著,周心红、洪宁译:《大学教师的技巧——论课堂教学中的方法、信任和回应》,浙江大学出版社2005年版,第107页。
② 参见蔡林燕、薛永萍《建立和谐的高校师生关系》,载《中国科技信息》2008年第19期,第226—227页。
③ 联合国教科文组织著、联合国教科文组织总部中文科译:《教育——财富蕴藏其中》,教育科学出版社2014年版,第104页。

要问问自己你的态度在多大程度上影响了这组学生。当你看到替罪羊现象出现时,要明确地在讨论中留出一点时间,让那位被当成替罪羊的学生有机会充分、自由地在没有任何恐惧的情况下发言,从而发出一个强烈的象征性信息。"[1] 教师作为一个有普通情感的人,总会对班里不同的学生有不同的好恶,有喜欢的和不喜欢的。重要的是,不要让这一点影响到你作为一名教师的公开行动。

二、和谐师生关系的建立

和谐的师生关系有利于落实学校教育中的各项育人功能,提高育人成效。不同年龄阶段的学生,建立和谐师生关系的具体方式也应有所不同。小学生稚嫩、天真、活泼,教师应该无私地关爱,运用启发、引导、感化的方式;中学生已具有一定的社会认知能力和判断能力,又隐藏着青春期的叛逆和自我,这就需要教师运用更多的智慧和理性,去尊重、理解和倾听,以求达到师生的相互沟通;大学生的自我意识趋于稳定,自我评价能力逐步增强,对事物的理解也已趋于抽象化,因此,他们对教师已不再仅仅是感情上的依恋,而是从品德、学识、兴趣、能力等多方面去要求和期待。

无论对哪个年龄段的学生,要营造和谐的师生关系,教师首先要转变自己的观念,尊重学生的人格,关注学生的个体差异;要意识到自己已不再是知识的唯一传授者,不再是课堂的唯一主宰者。在具体方法上,建立和谐师生关系通常有以下几种基本方式。

(一)以平等尊重为前提

建立和谐师生关系的前提是师生相互尊重。师生之间是对等的,教师给予学生充分的信任和尊重,学生也能回馈教师信任和尊重。一方面,教师尊重每一个学生,平等对待每一个学生。在处理教育教学及相关事务时,教师在态度上要做到不厚此薄彼,既不对优秀生青眼有加,也不对后进生另眼相看。另一方面,学生要尊重教师。学生的尊重能促进教师对职

---

[1] [美]斯蒂芬·D.布鲁克菲尔德著,周心红、洪宁译:《大学教师的技巧——论课堂教学中的方法、信任和回应》,浙江大学出版社2005年版,第112页。

业的认同,增强成就感,提高工作积极性。和谐的师生关系同时表现出师生的平等关系特点,教师与学生之间不仅人格、权利平等,而且在感情、生活等各方面也体现出平等的关系。教师对学生的态度和蔼友善,学生对教师态度亲近,师生共同努力,营造出一种和谐的教育氛围,在这种氛围中师生共同进步,实现教学相长。

(二) 以沟通交流为手段

顺畅地沟通交流是建立和谐师生关系的重要手段。师生之间进行充分的语言交流、心理相容和情感沟通,能够产生满意、愉悦、合作等积极的情感体验,进而促进师生关系的和谐,也有利于消除师生之间的疏离和隔阂。师生围绕学习、生活、情感等多方面的议题进行交流,不仅可以帮助学生提高学习效率,还可以帮助学生解决生活中的困难,引导学生形成积极向上的心理状态,促进学生身心的和谐发展。同时,教师在师生沟通交流中也能促进自身的职业成长,体会到职业的幸福感、成就感,实现自我价值。[①]

(三) 以理解宽容为桥梁

和谐师生关系的建立需要教师和学生的互相理解与宽容。一方面,教师能设身处地地理解学生,允许学生试错,宽容学生的失误。教师都是从学生时代过来的,应当认识到师生之间在年龄、文化水平、阅历、思想情感等方面存在的差别,也应了解学生的所思、所想、所求。另一方面,学生也要理解教师的良苦用心,体谅教师教育教学工作的艰辛,积极配合教师的工作,努力完成学习任务,不辜负教师的期待。[②] 师生在整个教育教学过程中,通过互相理解与宽容保持良好互动,这就是和谐。

(四) 以课堂教学为载体

课堂教学是学校教育的重要活动,师生和谐关系的建立也应当以此为

[①] 参见姚裕萍《高校和谐师生关系构建与障碍分析》,载《高等农业教育》2009 年第 1 期,第 42—43、46 页。

[②] 参见王以雷《新型和谐师生关系的建构》,载《教学与管理》2016 年第 12 期,第 59—61 页。

重要载体。在课堂教学过程中，教师和学生配合默契，圆满完成各项教学任务，有利于和谐关系的建立。课堂教学是教师的基础工作，教师课前认真地备课，上课不迟到，不无故缺课，并以整洁的仪表仪态、饱满的精神状态面对学生，把正面积极的情绪传递给学生，提高学生的学习积极性、主动性。学生在课堂上认真听讲，积极发现和探究问题，回应教师的提问，与教师互动。教师认真教，学生认真学；学生会因为学习有了进步、取得了相应的成绩而产生成就感，教师也会因为自己的劳动有了回报而产生幸福感。

三、班主任师生关系调适

班级是学校教育的基本单位，班主任是教师中的特殊角色。班主任在构建和谐师生关系中发挥着特殊作用。

（一）做学生与任课教师之间的桥梁

一名班主任除了尽职尽责地完成本职工作，还要高度重视学生与任课教师的关系，主动做学生与任课教师沟通交流的桥梁。任课教师是学科知识的传授者，也是班集体的重要组成之一。班集体的建设，只有在任课教师的积极支持和配合下，在学生尊重、敬爱所有教师的前提下才会蒸蒸日上，才会获得好的发展。但是，由于任课教师往往只教班级一两门课程，与学生的接触相对较少，对学生的了解不是很全面，也不行使班级管理方面的具体职责，部分自律性欠佳的学生往往会对任课教师态度平淡，甚至不够尊重，对任课教师布置的任务落实不到位。班主任应发挥桥梁纽带作用，及时向双方传递信息，让学生了解任课教师，也让任课教师及时了解学生的情况，同时，要求学生积极配合任课教师的教育教学工作。

（二）处理好与学生家长的关系

培养学生的重任不能完全依靠学校教育来完成，必须有家庭教育的参与。班主任要想多了解学生，与学生建立和谐的师生关系，建立起与家长的友好关系是一个重要途径。班主任可主动通过互加电话、建微信家长群及其他方式，多渠道与家长多联系、多交流。一方面，及时向家长通报学生的在校情况，表扬学生取得的进步，点出学生尚须努力的方向，以及需

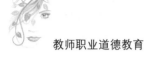

要家长配合的地方，等等；另一方面，可以通过家长了解学生在家的表现情况。只有掌握了学生在校内、校外的表现，班主任才能真正全面地认识和了解一个学生，协调好与学生的关系。班主任和家长之间有着一个共同的目标——希望学生成人成才，因此，在教育学生的观念、方法等方面通过沟通是容易达成共识的。为了与家长做朋友，班主任应该放下教师的架子，以朋友的身份平等对待家长，与之探讨教育学生的最佳途径，寻求家长的理解和支持。

（三）在班级管理中积极主动

身教重于言教。班主任要真诚关心和爱护学生，不仅在思想上、学习上、生活上给予关心，而且具体体现在实际行动上。例如，班主任每天面带微笑地到班里看望学生，会让学生的身心感到愉快，情绪变得高涨。对于班级中个别有特殊情况、突发情况的学生，班主任更应该格外留意。例如，对于生病的学生、家庭有困难的学生、身体有残疾的学生等，班主任要亲自过问，特殊安排。可能学生遇到的困难并不大，班主任的关怀和帮助却解决了学生的问题，在其心中必将留下深刻的记忆，也为其他同学帮助他人做了很好的示范。学生自然会发自内心地"爱"上班主任，关心班集体，愿意与班主任拉近距离，真诚交往。

（四）要放下架子，转变观念，当好参谋

学生是班级的主人，班主任是班级的"参谋"和"军师"。班主任要在尊重学生的前提下，转变观念，放下架子，主动走进学生中，尽量熟悉每个学生的家庭背景、个性差异、兴趣爱好、心理变化、发展特点，了解他们的需求和想法，确立学生在班集体中的主人翁地位。学生的主人翁意识一旦被激发，就会自觉地关心班级事务，维护班集体荣誉，主动学习，追求进步，能够进行自我教育、自我管理，个性得到全面的展示，变"要我学"为"我要学"，变"要我做人"为"我要做好人"。班主任只有真正了解班级每个学生在做些什么，想些什么，才能因势利导，有的放矢地对他们进行教育，以达到育人的目的。

第七章 师生关系

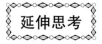 延伸思考

保持师生之间的健康距离,有利于教师保持教育公平。

"有道德的教师是公平和正义的,评估应该基于学生事先都知道的客观标准。如果一个教师同某个学生建立了友谊关系,当他在评分或评价这个学生的表现时,其客观性就会被削弱。同学生过于亲密会使教师的判断黯然失色,即使有些教师尽量避免主观的可能性。"①

教师仪表是教师的言谈、举止、态度等,是一个教师德、才、体、貌等各种素质在社会交往中的综合表现所形成的独特风貌。教师仪表是人格属性的一部分,它与教师的情感、观念、性格、情绪等隐含的人格要素不同,是人格的表面活动。研究者认为,教师应具备的仪表有几个方面:①健康的体格;②端正的容貌;③整洁的仪表;④安详的举止;⑤流利的言语;⑥适当的礼节;⑦愉快的表情;⑧文雅的风度。

---

① [美]费奥斯坦、[美]费尔普斯著,王建平等译:《教师新概念——教师教育理论与实践》,中国轻工业出版社2002年版,第245页。

教师是立教之本、兴教之源，承担着让每个孩子健康成长、办好人民满意教育的重任。

——习近平①

第八章　教师的其他人际关系

在教师的教育劳动中，除了师生关系，教师还要处理好与家长、同事和领导的人际关系。正确认识并处理好这些关系是教师教育劳动得以顺利开展的重要保障。

第一节　教师与家长

学校和家庭是学生成长过程中重要的环境。家庭是人生的第一个课堂，父母是孩子的第一任老师；有什么样的家教，就有什么样的孩子。家庭教育对一个人的成长具有潜移默化、深远持久的影响。家庭教育既是学校教育的基础，又是学校教育的补充和延伸。学校教育需要家长的理解、支持、配合和参与，只有家校教育协调一致，形成合力，才能促进学生健康发展。基于此，学校与家庭之间必须建立起良好的信任，形成家校共育的合力，共同完成育人使命。教师应当处理好与家长的关系，调动起家长参与学校教育的积极性和主动性。教师和家长的关系对教师教育劳动的成败有着重要影响。

---

① 《习近平向全国广大教师致慰问信》，人民网·人民日报，2013年9月10日，见http://cpc.people.com.cn/n/2013/0910/c64094-22864548.html。

第八章 教师的其他人际关系

一、共同为了学生

教师与家长作为两种不同的社会角色，其关系的建立是以学生为基础和纽带的。学生是教师与家长沟通的桥梁，在学生参加学校教育的过程中，教师与家长产生了必然的联系。这种联系在学生接受学校教育期间是始终存在的，是不以教师和家长的意志为转移的。在教育培养学生的过程中，教师与家长拥有共同的教育目标，这是他们沟通与合作的基础。

教师与家长在教育目标上存在着内在一致性，主要体现在以下四个方面。

（一）在思想品德培养目标上的一致性

青少年学生的思想品德不是先天固有的，也不是自发形成的，而是在学校、家庭和社会各方面的综合影响下，通过他们个人的实践活动形成和发展起来的。教师和家长都殷切期望学生形成良好的思想品德，为此他们共同负有教育的责任。他们将根据国家和社会的需要，向学生灌输正确的政治思想意识，用高尚的道德情操熏陶学生，防止、克服社会上不良思想和行为的影响，帮助学生在思想上、政治上健康成长。

（二）在知识才能培养目标上的一致性

社会需要造就一代掌握现代文化科学知识和技能，能够适应各行各业建设需要的合格的劳动者和各类专门人才。学校教育和社会实践锻炼，要让学生掌握系统的文化科学知识，掌握必要的基本技能，发展他们的智力和能力。这是教师和家长共同承担的社会责任。教师和家长都希望学生成绩优异、知识丰富、本领高强，并以此为荣。

（三）在身体素质和良好生活习惯培养目标上的一致性

青少年学生正处在生理发育逐步成熟的过程中，是否具有良好的生活习惯和健康的体质，既关系到他们能否健康成长、顺利完成学业，也关系到他们今后能否担负起国家建设的重任。因此，保证学生有足够的营养、卫生保健设施，以及良好的学习条件和生活条件，引导学生养成良好的生活习惯，也是教师和家长的共同心愿。

(四) 在审美情趣培养目标上的一致性

培养学生正确的审美观和鉴赏能力,是全面发展教育的必要组成部分。随着社会的发展,广大教师和家长日益认识到培养学生正确的审美情趣的重要性,并逐步加大了学生审美情趣培育的投入。

总之,在教育目标上,教师和家长存在着高度的一致性。这种教师和家长在教育目标上的一致性,决定了两者之间存在着建立良好关系的客观基础。但是,教师与家长工作对象的属性不同,工作的职责也不一样。虽然是同一个人,但是,在不同的社会关系中,他的社会角色是不一样的。在师生关系中,教师面对的是学生;在亲子关系中,家长面对的是孩子。教师与家长的工作目标、工作性质、工作方法、评价方式都有很大的差异。①

二、平等合作

学校和家庭由于学生这个桥梁和纽带而走到了一起,两者之间构成了一种不以任何一方的意志为转移的客观关系。教师与家长有着共同的教育对象、教育目标和社会责任。面对学生,教师和家长作为教育者,所肩负的责任是同等重要的,不应刻意区分谁轻谁重、谁主谁次。教师和家长是一种平等合作的关系,为了学生成长成才须相互协作。

(一) 平等合作关系确立的依据

虽然教师几乎天天在为培养学生而辛勤工作,但是,教师只是一种职业,正像家长所从事的职业一样,是社会进步和社会分工的结果。家长和教师,只是不同的分工、不同的职业而已,抛开职业的区别,家长和教师都为学生的发展负责任。家长和教师的角色不同,但都是为了孩子。孩子在学龄之前,由家长负责教育和培养;孩子入学之后,家长仍在时时刻刻、有意无意地以各种方式影响和教育孩子。虽然孩子在就学阶段所受到的教育主要来自学校,但在孩子的成长过程中,家长和教师分别扮演了不同的、彼此不可替代的教育角色。所以,教师与家长在教育过程中的地位

---

① 参见本书第三章第二节"教育爱"的相关内容。

第八章 教师的其他人际关系

是平等的。从教育关系来看，教师和家长都处于施教者的主体地位，是特定教育环境下的主体，无论哪一方都要对教育的客体——学生负责。

（二）平等合作关系的具体要求

教师与家长的平等合作关系，表现为双方社会地位的互相平等、双方联系交往的互相尊重和双方在教育过程中的互相配合。教师要与家长建立平等合作的关系，首先要树立正确的家长观。正确家长观的核心就是双方关系的平等。教师和家长都是社会的职业劳动者，具有同等的社会权利和社会义务，在人格上是平等的，不存在领导与被领导、支配与被支配的关系。因此，不管是主观还是客观，教师和家长在人格上都是完全平等的，由此也决定了教师和家长的关系具有三个特点：第一，教师除了道德上的威望，对家长无任何权力可言；第二，由于教育学生是教师必负的社会责任，因此，教师要和所教学生的家长建立合理的伦理关系，不管家长的社会背景如何；第三，在交往的过程中，教师要主动协调、促进与家长平等合作关系的形成，因为教育的主动权掌握在教师手中。

基于教师与家长关系中存在的一些现实问题，学校和教师应在观念与行动上实现三个转变：第一，要改变家长的从属地位，转变为以学校为指导、以家长为主体的双向合作关系，家长在家校关系中不能过于被动；第二，要从学校、教师单向的居高临下的指导，转变为教师、家长双向互动、相互交流，教师在家校关系中由绝对权威转变为相对权威；第三，要改变从学校和教师出发要求家长配合的社会性目的，实现从孩子出发进行个性化教育的目的。

（三）教师要充分尊重家长

在与人交往时应该尊重对方，这是对一般社会成员普遍的、起码的要求，也是衡量一个人社会化程度的标志之一。教师要与家长建立平等合作的关系，在与家长交流的时候，要先尊重家长。

首先，教师与家长在沟通交流学生的问题时，应该耐心和克制，尽量用征求和商量的语气。一般来说，当对学生的教育活动比较顺利时，教师和家长发生矛盾的可能性比较小。当学生犯错误时，尤其是当学生反复犯同一错误或相似的错误，教育过程不是很顺利时，教师如果不注意自己的情绪就很容易产生不尊重家长的言行，从而导致家长对教师心生怨意，甚

至导致两者间的矛盾冲突。遇到这种情况，教师应注意反思学生所犯的"错误"是一种错误，还是学生心理需求的自然表露，抑或是学生身心发展过程中的正常现象；与家长探讨学生犯错误的原因，从而找准学生犯错误的原因，以便有效地解决问题；明确犯错的对象是学生，不应该迁怒于家长。

其次，教师应该虚心听取家长的意见，积极采纳其正确的意见。原因在于：其一，由于家长与孩子朝夕相处，即使孩子上中学，也有将近2/3的时间在家里度过，家长对孩子的爱好、兴趣、性格、脾气了如指掌。而孩子的言谈举止在家中表现得最自然、真切。因此，一般来说，家长能真实地反映学生在校外的情况，教师要虚心听取家长的意见和建议。其二，家长的知识层次在不断提高，很多家长也比较注意教育学知识的进修和教育学修养的提高。因此，家长对教师的教育教学往往能提出一些到位的意见和建议。教师如能虚心地听取，肯定是大有裨益的。从这层意义上讲，教师也应该听取家长的意见。虽然，在时间上，教师工作比较辛苦，抽不出更多的时间去了解家长的看法，在心理上，教师亦不是很愿意听到家长的批评意见，在价值观上，教师想努力体现自身在教育事业中的价值，不想自己被"抹黑"，但是，由于教育的需要，教师要虔诚而耐心地倾听家长的意见。教师这样做不仅不会影响教师在家长心目中的威信，反而会密切两者之间的关系。

最后，教师必须一视同仁地对待每一位家长。这是教育公平的必要延伸。教师必须爱所有的学生，不仅要爱那些学习成绩优秀、听从自己教导的学生，也要爱那些学习成绩差、喜欢调皮捣蛋的学生，并倾其全力做好转化工作。这是教育公平原则对教师的要求。教师还应意识到，正像教师不能随意淘汰后进生一样，教师也无权拒绝和任何一位家长合作。现代学校教育是以班级为基本教学单位的，师生之间一般没有选择余地，这就使教师对家长一般也没有选择的余地。所以，教师不仅不应该拒绝和家长合作，还应该主动协调和他们的关系，充分发挥他们在教育学生的活动中的作用和积极性。一般来说，教师对优秀学生的家长和素质比较高的家长较为尊重，事实上，教师和这样的家长也比较容易沟通。但是，对那些暂时处于后进状态的学生的家长和素质不是很高的家长，教师往往缺乏应有的尊重，也缺乏主动沟通的意识。这种状况是不符合教师职业道德的要求的。至于少数教师对具有一定身份、社会地位的家长显示出过分的热情，而对贫困学生的家长爱理不理、冷眼相对,则更为教师职业道德所不容。教师职业道德要求教师一视同仁地对待每一位家长,而不管家长的素质、身份和社会地位究竟如何。

三、交流沟通

教师与家长平等合作关系的确立离不开二者之间的交流沟通。交流沟通是合作的关键,面对不同的学生,教师要主动与家长进行沟通和交流,以便双方更全面地了解学生,共同合作教育好学生。

(一) 交流沟通的要求

1. 教师要了解家长的特点,及时交流信息

面对职业、经历、社会地位与身份、文化程度等不同的家长,教师要了解、掌握因不同心理需求而形成的不同类型的家长的特点,采取"因人而异"的交往方式。这需要教师在与家长的交往中,注意观察和分析家长的实际,进而有针对性地开展工作。同时,教师要保持与家长的联系,与家长建立情感,只要是学校布置的与学生切身利益相关的重大事项,都要及时地与家长取得联系,争取得到家长对教师工作的理解与支持。

2. 教师要理解家长,主动倾听家长的意见

教师与家长交往时,要以教育工作者的胸怀理解家长对孩子的期望,倾听家长在孩子教育问题上的建议或意见,从而奠定良好的交往基础。任何一位家长都由衷地希望自己的孩子在校学习努力、成绩优异,为将来步入社会积蓄竞争力量;对于家长的期望,教师应该予以充分理解。面对教育中可能会出现的各种问题,教师要站在家长的角度思考问题,认真倾听家长的意见。只有做到这一步,让家长感到教师与自己的心是相通的,教师的所想所为是为孩子的前途考虑,家长才能逐渐与教师的想法达成共识,共同设计教育孩子、帮助孩子提高的方案,并找出教育的最佳途径,达到最好的教育效果。

3. 教师要坚持主动交往,避免推卸责任

在教师与家长的关系中,双方交流沟通的主题就是学生。一般而言,在涉及学生的教育教学问题上,教师相对于家长要更为专业。因此,教师

在与家长交流沟通的过程中常常居于主导地位；教师也有责任帮助一些家长树立正确的家庭教育观念，营造良好的家庭教育环境。不能因为一些学生的问题源于家庭，就对他们放任不管。在学生的教育问题上，学校和教师应该勇于承担责任。在许多情况下，学生家庭中的问题解决了，那他在学校中、在学习上的问题也就迎刃而解了。

（二）交流沟通的途径

教师与家长的交往，既具有一般的人际交往所应有的要素与功能，又不同于常在相对固定环境中进行的一般人际交往的模式。在与家长沟通的过程中，教师既要表现出强烈的责任感，也要注意对话沟通的正常渠道，从而达到最佳效果。

1. 家长会

家长会是邀请家长配合学校教育的重要方式，是教师广泛联系家长，与家长交流沟通，解决班级普遍性或专题性问题的重要途径。家长会一般由学校发起，班主任组织，在学期初、学期中、学期末举行，可邀请全体或部分家长参加。为了更好地调动和发挥家长在学生教育中的作用，教师可以组织成立家长委员会，根据工作需要，在适当的时候召开家长委员会会议。

2. 家访

家访是班主任了解学生成长环境的重要途径，也是查找学生问题行为原因的重要手段。学生的行为总是带有家庭的印记。为了实现学校和家庭教育的有效配合，应当有计划、有步骤地对家长进行访谈。根据目的的不同，家庭访谈可分为了解性家访、专题性家访、沟通性家访三种类型。了解性家访，主要是了解学生、家庭、家长等的基本情况。专题性家访，是对少数学生的特殊问题采取的有针对性的家访，适用于有特殊表现或问题的学生，内容主要是向家长报告其子女的特殊表现或问题，商讨共同教育的方式方法。沟通性家访，旨在与家长交换信息、增进感情，以取得家长的良好配合，适用于因学校、家庭彼此不了解而产生误解或分歧，造成配合欠佳的少数家庭。

3. 书面交流，电话交流，以及通过网络平台、社交软件交流

书面交流，电话交流，以及通过网络平台、社交软件交流也是教师与家长常用的沟通方式。当前，各学校和教师都建立了学校、班级的 QQ 群

或微信群,有的学校和教师还使用微信企业号、微信公众号、微博、钉钉等平台。这些方式极大地方便了家校之间的沟通和交流。不论采取哪种方式,教师都要注意自己的沟通态度与沟通方式的适用程度,并做好沟通前的准备工作,进而提高沟通的效率。

(三) 交流沟通的原则

1. 在交往中传递信任

教师与家长携手共进,首先要打破传统的尊卑观念,从教育的新视角来理解、分析教师与家长的平等地位,从而认识家庭教育的重要性,并将这个观点在交往过程中渗透给家长,使他们直接感受到教师对其教育子女能力的信任,以及他们的配合在孩子成长中的重要作用,这样便于调动家长参与教育的积极性。但是,在整个工作过程中,要注意两个问题:一是不过分依赖家长,貌似充分信任,其实是典型的矛盾转移,推卸责任;二是在信任家长的同时,冷静地思考家长所反映的信息,排除部分家长因心情或期望值过高而出现的极端情绪干扰。

2. 在沟通中展示真诚

教师的真诚在与家长交往中是任何其他方式所无法代替的。因此,教师在与家长的沟通过程中,无论是处理问题的方式还是交往中的说话方式,都要努力使家长感受到真诚,以及其中渗透着的教师帮助学生健康成长的良好愿望。这样会有助于激发家长的合作意识,双方共同努力,为学生创造广阔的发展空间。教师与家长沟通,要特别注意说话方式,既要坚持原则,不失教育工作者的身份,又要讲究说话艺术,话语中显真诚,处事上见真情,努力营造温馨的"一家人"氛围。

3. 把住道德关,不谋取私利

教育是用心灵去塑造心灵的工作,任何一点失职都有可能直接影响学生的成长与发展。教师要以对学生高度负责的精神与家长交往,时刻提醒自己恪守教师的职业道德,保持交往关系的纯洁性,展现教师的人格尊严与人格魅力。只有这样,家长才会信任教师,才能形成教育合力。教师既不能利用家长的关系谋取个人私利,也不能被动地接受家长的礼物,而是要态度明朗又不失礼貌地婉拒。要向家长讲明教师与学生之间的纯真感情是建立在相互激励,帮助学生在学业、思想各个方面不断进步的基础上;教师与家长之间关系的建立又是以培养青少年茁壮成长为共同目标,任何

与这一目标不相符的因素都会使本来纯洁的关系失去其影响力。

第二节 教师与同事

在学校中,教师与同事之间的交往关系有几种形式:一是在正常的工作中形成的正式的工作关系,如新老教师之间结成传、帮、带、学的师徒关系;二是在工作闲暇时进行的非正式的交往,如在课间休息、午餐时间的交谈,或在学校组织的文体娱乐活动中的交往;三是由个人意愿而进行的工作以外的私人关系,如因彼此性格相投而结交的知心朋友。教师职业道德主要是针对发生在学校中的教师工作交往关系的道德规范的界定,尤其是正式的工作交往关系。

与同事交往,是教师人际关系的重要组成部分;与师生关系相比,它没有主导和主体之分;与教师和家长的关系相比,它没有主导和辅助之别。人才的培养需要集体的智慧和群体的合力,教师与同事之间的人际交往主要表现为一种平等互助的关系。教师与同事之间的人际关系是在共同完成学校工作任务的环境中建立的,处理好这类人际关系,对做好教育教学工作具有重要意义。鉴于当前学校教育工作的复杂性和系统性,教师与同事之间就学校工作通常会达成高度共识,这也要求教师与同事之间建立一种和谐融洽的人际关系。

一、和谐共事

平等交往是建立和谐融洽的人际关系的基础。年轻教师应当尊重年长的教师,年长的教师要爱护年轻教师。但是,无论任教什么科目、什么年龄、什么职称的教师,都应是人格平等的。相互尊重是教师间人际交往的前提,也是师德境界的体现。只有在相互尊重的基础上才能形成团结和睦的同事关系和融洽积极的集体,才能增进教师与同事之间的友谊。谦虚谨慎是教师与同事之间交往处事的有效方法。学校工作是整体,每个教师都有其特定的岗位职责和自身优势,教师与同事之间的交往应充分挖掘互补功能,在交往中实现思想上的互助、信息上的互换、情感上的融合和知识上的整合，以提高整个教师队伍的专业化水平，达到更好的教育教学效果。

二、团结协作

合作是人类社会生活中最为突出的互动形式之一。在一定意义上，所有的社会生活都是以合作为基础的；没有合作，社会就不可能存在。现代学校教育是一种集体协调性很强的职业劳动，教师孤独地在自己的"自留地"耕耘的时代已经过去。作为生活在学校集体中的个体教师，需要很好地与同事合作。只有学校内部各部门通力合作，学校各项工作才能有序进行。学生的培养是众多教育工作者共同劳动的结果，离开了学校集体和同事之间的团结协作、互相帮助，学校教育的任务基本无法完成。

（一）团结协作的意义

教师与同事之间的关系既是一种各司其职、并肩作战的关系，又是一种同心同德、团结协作的关系。这种关系对创造人才成长的优良环境，增强各方面教育影响的一致性和有效性具有十分重要的意义。

1. 团结协作有利于实现教育目的的统一性

教师与社会、学校、同事之间不存在根本利益的冲突，教师劳动的目的和学校教育的目的与社会发展目标是一致的。在教育教学中，教师的分工各有不同，但最终都要统一到培养人才这一基本任务上。教师只有在互尊互学、团结协作的气氛和环境中工作，才能为社会培养出大批优秀人才。

2. 团结协作是现代教育规律、教育任务的基本要求

科技发展、社会分工和人的全面发展的要求，使教育成为一项系统工程，不是哪一位教师能独立完成的。人的一生中有多个学习阶段，要学习许多基础知识和专业知识，这些知识的传授分别由不同的教师来担任。一所学校、一个班级所开的课程和所要进行的教育教学工作，也要由不同的教师来承担。

3. 团结协作有利于教师自身素质的完善和能力的全面提高

教师的工作仅凭一腔热情是不够的，缺少多方面的实践经验往往会导致工作的失误。教师要在复杂的教育过程中尽快完善自身素质，提高自身

能力：一方面，需要在实践中不断丰富、充实、提高自己；另一方面，也需要加强与同事的交流，培养团结协作的观念。

4. 团结协作有利于学生良好品德的养成

教师如何对待他人、集体和社会，都潜移默化地影响着学生。学生会自觉或不自觉地以教师为人处世的态度和方式去处理自己的人际关系和利益关系。教师是否善于团结协作，是否善于处理各种人际关系和利益关系，对培养学生的合作意识、提高他们适应社会的能力，具有重要的教育作用。

5. 团结协作有利于形成良好的校风和心理氛围

教师集体的风气是校风的重要组成部分，只有团结协作的教师集体才能形成良好的校风。良好的校风是办好学校的精神力量，能对全校师生起到潜移默化的教育和熏陶作用，并能长久地影响教师与学生的工作、学习和生活。

（二）团结协作的内容

在一所学校中，教师的同事包括教师、行政人员、教辅人员及后勤人员等。教师与同事的团结协作分为以下两类。

第一，教师与教师之间的团结协作。教师与教师之间就各自的学术思想、教学经验、教学感悟进行交流，能够有效地提高业务水平。年级教学组或同一班级的不同学科的教师，其所教的学科对学生的全面发展都具有重要作用，不能厚此薄彼，应该相互配合、相互尊重。同一教研组或同一学科的教师可能毕业的学校不同、从教的年限不同、经验积累不同，对教育、教学具有不同的看法，每位教师都有自己的特点和长处。老教师有经验，新教师应主动谦虚求教，使自己快速进步；新教师有活力，老教师也要积极向年轻人学习，使自己不落伍。优秀教师、模范班主任和先进工作者是教师群体的光荣与骄傲，他们用辛勤的汗水和智慧在长期的教育教学实践中努力探索，做出了成绩。普通教师应该学习他们的工作态度和宝贵经验，将这些精神财富发扬光大，使之成为集体的共同财富。

第二，教师与行政人员、教辅人员、后勤人员的团结协作。教师在台前与学生打交道，但是，一所学校的正常有序运行还需要除教师之外的幕后人员的协作。学校教育的工作存在不同分工，只有围绕目标团结协作，才能形成育人的协同效应。学校行政人员的管理和规划、教辅人员的配合、后勤人员的服务，是教师全心全意投入教学、顺利完成教育教学任务的保证。教师在与行政、教辅、后勤人员打交道时，要以礼相待，尊重他们的工作。

（三）团结协作的要求

1. 维护集体荣誉，服从集体利益

现代教育是一个靠集体分工协作才能完成的事业，任何个人都不可能单独承担起全面育人的任务。集体的发展是每个人发展的基础，每个人对集体的发展都有不可推卸的责任。教师工作在形式上较多地表现为个体劳动，但是，学生在校期间所接受的教育影响，不是只来自某个教师，而是来自整个教师集体。只有教师集体团结统一、步调一致，才能有效地培养好学生。

2. 合作奉献，与人为善

学校中的各个岗位、开设的各门课程都是培养全面发展人才所必需的，它们之间是相互联系、相互促进的。每一位教师都不应该过分强调本学科的重要性，有意无意地贬低其他学科；而要维护其他教师的威信，努力提高本学科的教学质量。每一位教师的成长都需要一定的外部条件，学校是教师生活、工作的地方，是其职业成长的沃土。教师必须学会调整自己，与他人合作。

3. 理解他人，豁达大度

理解能沟通心灵，消除猜忌，达成共识，创造轻松和谐的氛围。在教师群体中，对事物看法和问题处理存在分歧是正常现象，应当换位思考，求同存异。由于教师在工作形式上经常处于个体劳动状态，彼此之间并非十分了解，甚至会产生误解，所以尤其需要教师心胸豁达，与人为善，真诚待人。

三、良性竞争

所谓竞争，就是一个人或群体努力获得另一个人或群体同时也在努力获得的东西的行动过程。竞争与合作一样，同是社会互动的主要形式之一。竞争是合作的对立面，可视为一种冲突，是遵循某些规则和协定的一种合作性冲突。教师工作的特殊性，使教师团体中的竞争不同于战场、市

场、赛场上的竞争，而是一种积极、合理的良性竞争，有利于激发教师的进取心，也是教师产生自尊和自信的源泉。优秀的教师团队一定要有良好的内部竞争机制，以促进教师个人、团队公平、公正的良性竞争。

（一）良性竞争的特点

1. 从动因来看，竞争是为了促进学校集体的整体发展

竞争能增强学校的活力，能调动人的积极性，激发人的进取心。没有竞争，学校工作缺乏必要的生机与活力，教师会因为缺少应有的压力而缺乏动力。一个人人都争先恐后、奋力前进的集体必然是一个充满活力的集体，也必然能得到最大程度的发展。

2. 从过程来看，竞争是公开、公正的

不管是个人与个人之间的竞争还是团队与团队之间的竞争，都应该遵守一定的竞争规则。规则对竞争者的行为做出了规范，为竞争的合理、有序开展提供了保障。只有在公开、公正的竞争过程中，竞争者才能心无旁骛地去追求成功。

3. 从结果来看，竞争是各竞争者之间的共赢

良性竞争不以淘汰为目的，不是为了让谁压倒谁，而是为了让竞争双方在原有基础上都能取得进步，最终促成学校集体的整体进步。最终的优胜者或许只有少数，但是，所有竞争参与者都能在竞争的过程中体验到进步与挑战的快乐。从人的需要来看，人都有实现个人理想、从成功中获得成就感的需要。成功的心理需要会促使教师不满足于现状，不甘于平庸。在必要的竞争中，教师通过不断提高个人的素质和能力，以获取成功，赢得他人的尊重。显然，这样的竞争并非为了挤垮他人，而是为了让自己能取得更大的发展。

（二）良性竞争的条件

1. 以相互团结为前提

开展良性竞争，教师应该正确处理好合作与竞争的辩证关系。必须以团结协作为前提，教师与同事之间的良性竞争才能在一个学校共同体中展开。教师与同事之间，既是天然的合作者，又是潜在的竞争者。这种微妙的、复杂的关系，是自然形成并客观存在的。如果没有竞争，我们的教育事业只会处在低水平而无法发展；没有竞争，我们无法创造出优异的业

绩。教师与同事之间，既要热忱合作，又要敢于竞争。

2. 自觉维护与遵守保障良性竞争的制度

良性竞争需要一个良好的外在环境，良好竞争环境的营造不仅是学校的责任，也是每一位集体成员的义务。

一方面，学校要努力创造一个有利于良性竞争的大环境，树立起"能者上，平者让，庸者下"的浓厚良性竞争氛围。教师评价标准应是科学合理的。科学合理的教师评价不应只着眼于过去，更应着眼于教师的未来；不仅注重教师个人当下的工作表现，更要注重教师的未来发展和学校的未来发展。发展性的教师评价应以教师为本，促进教师的发展，弱化教师与同事之间的功利性竞争，破除简单的"优胜劣汰"。评价应深入教育活动的过程之中，注重评价主体的多元化、评价内容的多样化，为教师的发展营造一个宽松、和谐的氛围。

另一方面，教师团体成员应当自觉维护与遵守学校制定的保障良性竞争的制度。尊重规则的前提是有集体成员认可的公正的规则，人们不会遵循那些只保护少数人，有违公平竞争的规则。当规则对竞争参与者具有同等的约束力，能够维护参与者的合法权益，并能保障获胜者享有胜利成果时，这样的竞争规则就是公正的。如果竞争规则缺乏公正性和透明度，就很容易使竞争成为某些教师为了能在竞争中获得个人的最大利益而不惜损害他人和集体利益的工具。教师不仅要自觉维护和遵守保障良性竞争的制度，还应该从内心生发出一种敢于竞争、善于竞争的勇气，在竞争的过程中提高自身的素质。

（三）良性竞争的道德要求

1. 具备正确的竞争意识——"物竞天择"

竞争是自然界与人类社会发展的一种常态。在不断的竞争中，自然界维持着自身的平衡，人类社会获得不断的进步。教师应树立正确的竞争意识，明白各成员之间的竞争是一种良性竞争，不是"你存我亡"式的"斗争"，而是作为促进自我发展的一种手段。教师还要敢于竞争，只有与他人比较，才能找到自己的优点与不足，才能找到发展自己的压力和动力。

2. 对竞争对手态度友好

教师与同事之间既是竞争者也是合作者，首先是合作者，然后才是竞

争者。所以，教师不能将对手看成"敌人"，大搞"明争暗斗"，否则只会破坏学校的和谐与发展。

3．正确对待竞争的结果

只要是竞争，就会有胜负，面对胜负，教师应当有一颗平常心。优胜者不骄傲，应该尊重失败者；失败者不气馁，也应向优胜者学习。这样才能让竞争变成进步的基础与动力。

第三节 教师与领导

在教师的教育劳动中，每一位教师都不可避免地要和自己的领导打交道。这里的领导，既包括学校领导，也包括教研室、年级组的领导。教师与领导的这种同事关系不同于一般的同事关系；由于工作分工的不同，领导与教师之间存在着领导与被领导的关系。教师与领导的关系具有其特殊性，带有权力与服从的色彩。教师与领导融洽、协调、团结一致，有利于增进二者的信任和情感，形成良好和谐的心理状态和工作氛围，提高教育、教学效果；相反，则会造成情感对立，相互不理解、不支持，导致管理工作混乱，教学秩序失常，影响学校工作。

一、服从领导

在学校的教育教学活动中，对于领导而言，教师就是被领导者，因此，教师必须做到以下三点。

（一）尊重领导，服从领导，忠于职守

教师在和领导相处时给予其应有的尊重，这也是教师职业道德的内在要求。而要做到尊重领导，教师应注意以下问题：一是服从正确领导，支持领导工作。教育过程是一个有计划、有目的，有组织、有领导的活动过程，领导在整个教育过程中起着组织者、指挥者的作用。所以教师必须正确对待领导，支持领导工作。在这里，人们对服从领导往往存在这样的误区，即认为服从领导就是降低自己的人格，是种"奴隶主义"。事实上，

第八章 教师的其他人际关系

领导的决定是建立在集体利益基础之上的，领导意志实质上是集体意志的体现，领导行为是学校各项工作得以正常进行的一种必需要求。从这一意义上讲，服从领导是服从集体的特殊表现形式。

（二）体谅领导，为领导分忧解愁

由于教育劳动的复杂性，学校各级领导在工作中也会有许多实际困难，也有难以办成的事情。教师要体谅领导，为领导分忧解愁。教师对领导提出一定的要求，是事业发展的需要，但如果要求太高、太急，就会脱离实际。领导作为一个特定的社会角色，和常人一样具有自己的局限性。因此，对学校工作中存在的问题，一定要平心静气地做出实事求是的分析，给予公正的评价。要真心诚意地支持领导，发现领导工作中的缺点或失误时，要通过正常的途径，抱着对工作负责、与人为善的态度帮助领导加以克服，改进工作。

（三）维护领导的威信

将维护领导的威信作为处理教师集体中人际关系的道德要求，并非出于满足领导的个人欲望，而是为学校事业发展的大局着想。因为任何一个单位要搞好工作，都必须有较强的凝聚力，而领导又处在凝聚力的中心位置。一个单位的领导有威信，这个单位凝聚力就强，工作就能得以有效展开。从这一意义上讲，维护领导的威信是维护集体利益的内在需要。

二、尊重教师

基于教育劳动的特殊性，以及学校教师自身的特点，领导尤其应在以下几个方面尊重教师。

（一）尊重教师价值选择的权利

和其他职业劳动者相比，教师思想比较深刻，对问题有独到的见解和价值观，他们遇事往往有自己的价值选择。领导应该充分尊重教师的这种权利。如果教师的价值选择与社会的法律和道德要求并不相悖，即使他和领导者的价值观不一致，领导者也应该尊重其价值选择。如果教师的价值选择不符合社会的法律和道德要求，有必要使教师放弃或提升其价值选

择，那么也应该在充分尊重其人格尊严的前提下，做耐心细致的说服教育工作。一般而言，教师都有较为深刻的知识理性和道德理性，只要领导者的教育方式得当，要他们接受科学的价值观就并非一件难事。

（二）尊重教师的个性

教师较高的知识层次和所从事的教育劳动的个体性质，决定了他们比其他职业劳动者更具有个性。这种个性，对学校的事业发展极为可贵，是学校充满活力的重要原因之一。教师缺乏个性，或者个性受到压抑，则不仅教师难以充分实现其价值，整个学校也难有生机，必将失去发展的后劲。所以，领导应该充分尊重教师的个性。只要他们的个性不违反国家的法律和社会伦理要求，就应该在对其尊重的前提下，将其保护好、发展好。

（三）尊重教师的事业心

近年来，由于物质生活水平明显提高，许多教师不仅要求教师这一职业能满足其谋生的需要，而且能成为他们实现人生价值的主要手段，这突出地表现在他们将教育劳动作为事业来追求，所以，学校能为他们事业的成功创造良好的条件，正成为越来越多的教师对领导的期望。这一追求和期望，对学校的发展极为重要，也极为可贵。领导不仅要通过各种努力进一步提高教师的物质生活水平，还应关注教师的事业发展，努力为他们的进修提高和进入学科前沿创造条件，力求使教师的事业向更高的层次发展。

（四）尊重教师的民主权利

教师的民主权利，包括对领导工作中的失误提出批评的权利，对学校的建设和发展提出建议和参与决策的权利，等等。教师的民主权利是一种法定的权利，对教师民主权利的尊重和维护是学校事业发展的需要。领导应该从学校发展的大局认识尊重教师民主权利的重要意义。如果能够充分调动教师的积极性，汇集他们的智慧，那不仅可以从方向上保证学校的发展依循正确的路径，也能为学校的发展提供强大的"动力源"和"潜能库"。所以，领导不仅应从机制上保证教师对学校发展的建议权和决策权落实到位，而且应以宽广豁达的胸怀欢迎教师对自己工作中的失误提出批

第八章 教师的其他人际关系

评。这种对教师民主权利的尊重,丝毫不会降低领导者的威信,只会赢得广大教师更进一步的尊敬。

三、相互理解

由于教育劳动的复杂性,学校各级领导在工作中也会有许多实际困难,也有难以办成的事情。教师与领导之间应该相互理解,努力建立平等、民主的关系,营造一种轻松、和谐的氛围来提高工作效率。理解是包容,理解是体谅,理解是设身处地地为他人着想,相互理解是人类最美好的品德。教师与领导相互理解,有利于同事关系的和谐,有利于教师的心理健康。教师在理解领导的同时,也更易被领导理解。相互理解让教师与领导间的误解和冲突减少,使教师身心愉悦。教师身心愉悦才能不断挖掘工作潜能,为教育事业添砖加瓦。在价值观念多元化的今天,教师的思想观念、情感价值取向更加丰富,在不同思想和价值观的碰撞中,必然会有不解和冲突产生。领导如不能宽容看待教师的不同思想观念,面对利益冲突不能平衡心态,必然导致双方关系紧张,甚至敌对。理解是教师与领导间人际关系和谐的有力保障,是学校人际管理的最佳模式。但是,理解不代表迁就和服从,教师和领导应坚守道德的约束,科学合理地推动理解关系建设,推动学校人际关系和谐。

延伸思考

在家校关系中,教师应该做到:我们面前没有局长,没有处长,没有科长,只有家长。

"学校向全世界开放,采取了两种方式。学校倾向于把它本身当作一个多重目的的文化中心。学校的图书馆作为公共图书馆为大众服务;大礼堂就是当地的剧院;科学实验室、车间、运动设备、无线电、电视广播室和资料供应中心都是向社区开放的,至少在放学以后和放假的时候是如此。因此,人们正试图把学校扎根于社会之中,使之摆脱孤立状态。不仅在农村,而且在城镇中心,学校要适应社会需要(虽然很难在条件差的城市创办好的学校)。同样,在家庭方面,人们也正在试图使家长能够直接参与学校结构,共同制订教育计划,在社区学校和家长学校中尤其如

教师职业道德教育

此。同样,人们也正努力使学校接近劳动世界,尽管这种试图克服脑力劳动与体力劳动之间严格区别的努力是肤浅的、表面的。然而这种接触往往有助于培养儿童喜爱劳动和尊重劳动的精神,并有助于在学校与邻近工厂或农场工人之间形成一种互相了解的风气。"①

"研究和经验性的观察表明,决定学校效率的主要因素之一(如果不是唯一主要因素的话)就是学校校长。一个有能力组织有效集体工作,并被视为懂行和思想开放的好的行政主管人员,常能成功地在其学校中引进重大的质量上的改进。因此必须保证把学校领导托付给合格的,尤其在管理方面受过特定培训的专业人才。这种资历应使学校领导者获得更大的决定权,以及对其出色行使困难职责的奖励。在终身教育中,每个人时而是教师,时而是学生。从这种观点出发,也可招聘教育界以外的人士在限定的时期内承担特殊的任务。他们能带来某些教师不具有的,但能满足某种需要的技能,比如以一种少数民族语言讲课,给难民上课,或者在教学和职业界之间建立更密切的联系等。在某些情况下,为提高学校出勤率,改进教学质量和社会团结,请家长对专业教师的教学给予协作已显示出有益性。"②

---

① 联合国教科文组织国际教育发展委员会著、华东师范大学比较教育研究所译:《学会生存——教育世界的今天和明天》,教育科学出版社1996年版,第174—175页。
② 联合国教科文组织著、联合国教科文组织总部中文科译:《教育——财富蕴藏其中》,教育科学出版社2014年版,第111页。

要加强师德师风建设，坚持教书和育人相统一，坚持言传和身教相统一，坚持潜心问道和关注社会相统一，坚持学术自由和学术规范相统一。

——习近平[①]

第九章　教师的学术道德

　　学术研究通常是专业人员的重要职责之一，专业人员通常也精于本专业领域的学术研究。专业人员之所以从事学术研究，是因为四个方面的因素：一是对资料或相关研究的尊重；二是在形成研究文本的过程中，通过阅读其他研究成果，我们可以避免局限在当下的意见，将井底之蛙式的日常经验或傻瓜般的道听途说予以纠正；三是可以为其他研究者提供可供阅读、参考的研究文本，成为其他研究的资料，避免重复研究；四是把研究过程、结论记录下来，是一个把专业反思清晰化、准确化的过程，往往会获得更多、更清晰的新观点、新发现。所谓学术研究，就是从难题、困境出发，提出科学假设，经过资料的收集梳理、分析比较、证实或证伪研究假设，得出结论，从而获得对难题、困境的认识，并解决问题，揭示事物规律的科学探究过程。[②]

　　学术素养，重在修为；学术规范，重在践行；学术诚信，贵在坚守。教师学术道德的形成与发展，必须先树立高尚的道德体系和求真守信的价值取向，还需要制定完善的学术规范及法律法规，以及行之有效又可践行的条例内容，最重要的是始终不渝的初心和坚定强大的自律自觉。教师学术道德建设任务艰巨而复杂，需要政府、科研机构、出版部门、学校、教师通力协作，弘扬学术道德和科学伦理，全方位构建符合新时代发展要求且契合中小学教师群体实际的学术诚信体系、学术规范评价机制，共同营

[①] 《习近平：把思想政治工作贯穿教育教学全过程》，新华网，2016年12月8日，见http://www.xinhuanet.com/politics/2016-12/08/c_1120082577.htm。

[②] 参见檀传宝主编《教师职业道德》，北京师范大学出版社2015年版，第123页。

造健康的可持续发展的学术生态。

教师作为专业性很强的知识群体,也是学术研究活动的重要力量。教师的学术研究主要包括两个方面:一是教育科学研究,要解决的是教育活动中的相关问题;二是学科专业研究,探讨的是专门知识领域的相关问题。中小学教师侧重于前者的学术研究,大学教师侧重于后者的学术研究。接下来探讨的学术道德主要是针对教育科学研究。教师群体的学术道德和学术素养水准的高低,不仅直接关系到学术水平的进步,也关系到广大学生和一批又一批新的学术人群的成长。

第一节 教师学术素养的构成与提升

教师的学术素养,是指教师在知识、能力、思想、情感等方面的不断积累,透过教学和科学研究过程逐渐形成的比较稳定的学术意识、学术知识、学术能力和学术伦理道德等基本品质,进而将其转化为教化学生的一种涵养。学校是进行学术研究活动的重要场所,教师的学术素养直接决定着教师培养创新人才的实际能力。教师必须具备一定的学术素养,才能通过言传身教完成"传道、授业、解惑"的任务,才能培养学生的创新思维能力和动手能力。

一、学术素养的构成及其内涵

教师的学术素养,主要包括专业知识储备、学术研究热情、学术研究能力、学术专业伦理等要素。

坚实的知识储备是教师从事学术研究的基础。专业性在于建立系统化的专业知识,没有专业知识、学科知识做基础的科研和教研活动犹如空中楼阁。教师面向的是生动活泼的人,探讨的是人与人之间、人与知识之间、人与社会之间的问题。这就要求教师不能止步于课堂,不能囿于校园,而要用更深厚的理论功底和更广阔的视野来关怀人、关注教育问题。因此,教师不仅要掌握教育学、心理学的基础知识和本学科、本专业方向的相关知识,还要掌握教育研究的方法论知识,熟悉学术资源平台的运用方法等。这样，在遇到研究问题时可以选择适合的方法为我所用，在查阅文献的时候能够依据方法类知识帮助自己分析判断问题及相关研究的意义与价值。在教师专业化的时代背景下，专业知识与学科知识的大量储备是教师开展学术研究的最基本要素。

对教育事业的向往、坚守和追求会提高教师的学术研究热情。教师具有"学术人"和"教育人"的双重身份，学术研究是教育教学实践的知识支撑，教育教学实践是学术研究的问题来源与归宿，两者相辅相成。没有学术研究的支撑，教育教学就可能成为经验式的表演；没有教育教学的实践基础，学术研究也就成为空中楼阁。再进一步，没有对学术研究的热情，教师就无法胜任学术研究工作。学术研究看起来很枯燥，没有热情就产生不了兴趣，学术研究也就无法持续下去。学问已经进入专业化时代，从事学术研究需要有巨大的热情，"凡是不能让人怀着热情去从事的事，就人作为人来说，都是不值得的事"①。教育本身就是一项系统工程，涵括了许多学科交叉的内容，教师要在芜杂的现象中发现问题，在浩瀚的书海中寻找支点，在复杂的对象中平衡关系。只有在责任心和使命感的驱使下，教师才会合理安排自己的时间和精力用于学术研究。

具备一定的研究能力是教师从事学术研究工作的必要条件。学术研究的能力主要涉及日常学术活动中表现出来的思辨能力、问题意识，以及研究活动中对发现问题、设计研究、开展研究和形成文字各个阶段所需具备的观点表达能力。学术研究能力的培养需要相当长时间的专业训练和实践积累。教师要先行受教，才能担当人类先进思想文化的传播者、知识的创造者，才能成为学生健康成长的指导者和引路人。教育者潜心问道不是坐而论道、闭门造车，而是既要学术问道，又要关注现实，通晓社会发展的必然逻辑，融入社会实践。一般来说，在学术研究中，问题意识是前提，创新能力是关键，善用方法是要点。教师在教育教学实践过程中善于质疑，敢于质疑，善于从熟视无睹的日常现象中发现问题；针对问题，要具备并提高在查阅相关学术资料和整理分析材料的基础上主动确定课题的能力；通过运用调查、访谈、实验等方法，增强收集资料和写作的能力。

科学技术是一把双刃剑，学术研究如果没有相应的价值观念和专业伦

---

① ［德］马克斯·韦伯著、钱永祥等译：《韦伯作品集Ⅰ：学术与政治》，广西师范大学出版社2004年版，第162页。

理规范做指引，就可能走上歧途，甚至反噬人类自身。

二、提升学术素养的有效路径

教师学术素养的提升，既需要教师自身注重自我学习、自我磨炼，也需要社会各界尤其是教育行政管理部门、学校予以坚定的支持和保障。

（一）强化个体自我引领

透过教师个体的自我修养促进学术素养的生成，是提升学术素养的关键。教师的学术素养需要借助体验、觉悟、内省等方法去生成，教师的自我锻炼、自我反省、自我调控、自我陶冶是教师学术素养生成的重要方法。[①] 学术能力要求教师具有对学术加工处理和创新的能力，教师应能从大量的学术资源中凝练出有利于教学的学术知识，并对教学加以指导，这是教师学术素养结构的核心内容。教师要提升自身学术素养，如果没有专业的理论指导和方法支撑，往往难以将教学中积累的丰富经验上升到理论的高度，难以透过表象抓住事物发展的本质规律，难以将教学中发现的问题上升到学术上进行解释和梳理解决。教师要坚持学习科学理论和科研知识，努力掌握科研技能。树立正确的学术研究的价值观和方法论。学术素养是一个综合性的知识、能力、信念体系，不能仅仅局限于科研本身，也需要在专业知识、学科知识的相关领域甚至是以外的领域下功夫，广泛涉猎，才能开阔视野，视野开阔后才能发现问题，提出问题，解决问题。

（二）积极构建保障机制

教师本身就肩负着繁重的教学任务，如果没有充分的保障条件，就很难有更多的精力和动力去从事学术研究。教育行政部门和学校应在队伍建设、工作环境、时间、资料、经费等方面予以制度化保障。第一，加强组织保障。没有组织的管理都是空话。对于学校而言，教研室、科研团队等必要的科研和教研组织是落实管理的关键所在。第二，购置必要的设备或资料。巧妇难为无米之炊。图书、专业期刊、电子信息资料订阅、网络、

---

① 参见冯丽洁、何齐宗《论教师的哲学素养》，载《教育学术月刊》2008年第12期，第6—9页。

电脑、打印机购置等,都是教师开展科学研究的基础条件。没有足够的图书情报和必要的设备,要求教师出研究成果是难以想象的。第三,经费保障。经费是构筑科研和教研机制的核心保障之一。各级各类学校都应当为教师科研和教研活动建立适当的财政倾斜制度,划拨专项资金,折合科研投入、成果为工作绩效,以促使教师积极投入科研和教研活动中。

(三) 多方创设学习机会

教师个人和机构都应该想方设法地创造更多的学习、培训机会,以提高教师个人和团队的科研能力。教育领导机构和学校应该把提升教师科研能力纳入工作计划,分期、分批安排教师参加培训项目或进修课程。帮助教师构建反思教研机制。教师反思的实质是教师个体(或群体)用批判和审视的眼光,对业已形成的习惯性思维的再追问、再思考,是对自身教学行为与存在问题的回顾和剖析过程。美国教育家波斯纳提出"成长 = 经验 + 反思"的模式,我国教学家林崇德提出"优秀教师 = 教学过程 + 反思"的教师成长公式,都明确指出一个结论:反思是教师发展的重要基础。教师应充分利用教学反思机制,不断对自身、对他人成果进行主动反省、思考、审视、探究,不断促进自己观念的转化,不断改进自身的教学行为和科研思维,使自己真正实现由经验型向专家型、由技术型向研究型的角色转变。

三、教育科研伦理的基本特征

无论从事什么学科的教育教学工作,教育科学研究都是教师职业的基本要求。下面专门谈谈教育科研伦理的基本特征。[①]

(一) 复杂性

教育科学研究过程的复杂性导致了教育科研伦理的复杂性。
1. 教育科学研究形式多样,研究者很有可能同时是被研究者
首先,教育教学的实际问题关涉教师的可能性非常大,教育问题或教育困境的产生,教师自身的态度、价值观及其教学行为本身往往是非常重

---

① 参见檀传宝主编《教师职业道德》,北京师范大学出版社2015年版,第126—127页。

要的诱因。其次，行动研究是教育科学研究的一种主要形式。

教育科学研究一般有两种类型：一类是以科学的方法研究别人的问题或抽象的理论问题，研究者通常是大学、研究机构的教育学、心理学的专业人员，可以称为专业研究者。其研究目的主要在于建立普遍的原理原则，发现普遍规律。另一类是以科学的方法研究自己的问题，研究者通常是学校教育教学的实际工作者，包括各级各类学校的教师和相关从业人员。其研究目的主要在于将研究结果应用于具体情境中并解决具体问题，而非理论建设与发展。后一类就是教育过程中的行动研究。在行动研究过程中，研究者往往同时是被研究者。这种情形下的教育科研伦理就涉及教师如何对待自我、对待职业的"自我公正"问题。

2. 教师作为研究者，其自身可能就是教育科研的重要研究工具

自然科学的研究方法是客观的外在于研究者的手段、路径、方式、工具等。与自然科学的研究方法相比较，教师在教育科学研究中既是研究者，也往往是非常重要的研究工具。因此，教育科研在涉及人的问题时，教师作为研究者就必须学会反思和移情。

3. 人作为教育科学研究的对象时，具有主体能动性

"中小学教育科研是涉及人的探究活动，其研究对象（被试）通常是师生及相关者，是活生生的人"[①]，因此，研究对象具有很强的主体能动性，其变动不居的思想、情感、态度和价值观导致不确定性。同时，研究对象没有研究的义务，也不对研究可能产生的后果承担责任，但研究者应把研究对象当作研究的合作者，而不是研究者的物化对象，更不是研究者的牺牲品。"他们的自愿接受、隐私保密、公正对待和劳动回报等权益要得到保护，并要充分考虑研究对他们造成的显性和隐性影响。"[②]

（二）教育性

教师职业道德本身就具有教育性，从事教育科学研究作为教师职业活动的有机组成部分，其中所包含的道德特征也必然具有教育性。教师既要从事教育教学实践，也要从事教育教学科研，两者是教研相长、相辅相成的。从本质上讲，教师的所有职业活动都具有教育性。教育科研不仅仅是

[①] 李哉平、金遂：《中小学教师研究46问题》，现代教育出版社2013年版，第174页。
[②] 李哉平、金遂：《中小学教师研究46问题》，现代教育出版社2013年版，第174页。

解决教育教学问题、探究教育教学规律的技术性工作,科学研究过程中的求真精神同时承担了为人师表、教人求真的价值引导功能。如果教师在学术研究中只求功利性,无视科学性,甚至投机取巧,抄袭造假,不仅明显违背学术道德规范和科学精神,也难以教育自己的学生去诚实守信,求真务实。

(三) 创新性

创新是科学研究的灵魂。教育科学研究的创新性主要表现为教育理论创新、教育方法创新、教育技术创新、思维方式创新、教育教学模式创新等。教育科学研究的创新性与教育问题的情境性、不确定性相联系,也与培育学生的创新精神相一致。当然,创新性也与研究者的科研能力有关。教育科研具有一定的专业性,只有在具有相当程度的积累和相当时日的训练的条件下,掌握科学的研究方法,创新才成为可能。真正做到创新当然非常不容易,但创新精神应该成为教师从事教育科研的一种基本态度和道德要求。

第二节 教师学术道德的原则与要求

学术研究对专业知识的发展、专业领域中的其他成员负有道德责任,也对整个社会的进步负有专业责任和道德责任。教育科学研究应当遵循学术研究中的一些基本道德准则,研究方法规范和研究结果所呈现的要求中也有相应的道德蕴含。[①]

[①] 参见檀传宝主编《教师职业道德》,北京师范大学出版社2015年版,第128—130、132—139页。

一、学术道德的原则

(一) 公正原则

学术道德的公正原则,包括对良心坚守的公正和对规范遵守的公正。

1. 对良心坚守的公正也就是要"自重"

学术道德讲究自重、自觉、自我约束。从科研课题的选择、研究问题的勘定,到资料收集、科学论证、逻辑推演、假设的提出、证实或证伪、结论的得出等诸多环节,都涉及一个学术态度的诚信问题。这个问题的实质是教师作为研究者能否公正地对待自己。比如,当抄袭别人的成果时,是否能够面对自己的良心?为达到预期结论或目的而篡改数据,这样的研究结论发表出去,能否让自己的内心保持持久的安宁与幸福?"己所不欲,勿施于人",当看到别人的研究论文是对自己研究成果的剽窃时,自己会感到不公与愤怒。我们不希望别人抄袭我们的研究成果,当然我们也不应该抄袭别人的研究成果。

2. 对规范遵守的公正即"制度正义"

个体对社会公正原则的遵守是一种集体的公正契约。这种公正虽然与个体密切相关,但是,其落脚点一定是社会整体性的制度正义。教师从事科研工作,不仅仅是探究教育自身或其他专业领域的事物发展规律的需要,而且有着促进社会整体发展的功能与价值,其中就包括社会正义的伸张。教育引领社会整体的进步,教育子系统在社会大系统的整体发展过程中具有非常重要的意义。教师对知识的创新、对教育理论的创新、对教育教学实际问题的解决,一定会在整体社会制度正义层面得以观照,如此才能进一步彰显学术道德的价值。

(二) 关怀原则

1. 学术研究必须包含对人类社会发展的关切

教师首先应当站在人类社会发展进步的高度进行学术研究工作。学术研究是知识的创造,是对人类思想完善的关切。教师的学术研究体现的是一种对人类、对自然的"大爱"。如果不是出于对人类社会发展、对自然界规律的真正关切的责任感,那么,学术研究就只是一件沉闷的杂活,是功利性的工具，甚至沦为一种负担。

2. 学术研究必须坚持对教师自身发展的关怀

教师进行出色的学术研究，不仅可以提升自身知识水平、教学能力和教育素养，还有利于新教师跨越职业适应期，有利于老教师克服职业倦怠感，让自己的职业发展更加平稳。出色的教育教学水平一定是建立在相当水平的学术研究基础上。学术素养的提升也有助于提升教师的自我效能感、自我尊重感、成功感和幸福感。

3. 学术研究必须坚持对学生科学素养的关怀

育人始终是教师职业的核心任务，教师的学术研究也要有长远的育人眼光。学术研究不仅是为了进一步创造知识、探寻教育规律、解决当下问题、提升教育教学成绩，还必须着眼于在潜移默化之中影响并培育学生内在的创造性和科学素养。

（三）务实原则

1. 研究内容必须真实，研究过程必须诚信

学术研究的根本目的是探究现象世界的客观真理，判断科学知识及理论的标准是真还是假。科学研究在于求真，力求客观真实、实事求是，这就要求研究过程必须坚守诚信。无论是纷繁复杂的人类社会，还是丰富多彩的自然现象，都要求科学研究的内容真实客观。科研是对客观规律的探寻，是对客观存在的问题的解决路径的探寻，求真是科学研究的生命。

2. 研究方法必须务实，切忌虚华浮躁

研究方法非常重要，选择何种研究方法应当依据研究问题的性质、特点和研究目的而定，不应哗众取宠，更不能为了运用某种方法而寻找问题。

3. 研究成果的表述力求平实、客观

学术研究成果的呈现是研究过程及研究思维的具体化，成果的语言表达、文字表述、视图展现等都应力求平实、稳重，不应"说大话""喊口号""炫文采""戴高帽"，不要过度渲染，更不能文过饰非、偷梁换柱、数据造假。学术研究的科学性在于，有的研究经历了辛苦的过程，却未必能得出想要的结论甚至得不出结论。即便如此，研究仍然有其学术价值。

教师职业道德教育

二、研究方法的规范

课题选定之后,就需要借助研究方法把选择确定的、符合伦理规范的研究课题付诸实施。研究方法不是外在于研究者的僵化不变的条条框框,而是人们在长期的研究过程中不断总结、提炼出来的。研究方法也是一个认识过程,由于人们研究视角的不同、研究对象的复杂性等,研究方法本身总是处在一个不断发展与调整的过程中。

一般而言,依据研究问题的不同,研究方法可以划分为历史研究、描述研究、相关比较研究、实验研究、理论研究等类别。这些研究的方法也需要通过资料收集、数据统计、调查、文献注释等具体的操作环节才能得以实现。在研究的具体实施过程中,应注意以下三种伦理规范问题。

（一）资料客观

1. 资料收集要全面、客观、准确

资料收集是落实研究过程的首要环节,也是观察研究过程始终的研究步骤。在资料收集过程中,必须做到全面、客观、准确,并避免重复。

研究开始前和进行中,都要尽可能全面、客观地收集相关资料,否则会影响研究者对研究方法的选择、对问题性质的定位,更会影响研究结论的科学性。只有掌握了全面的资料,才可能准确把握该课题领域前人或他人的主要研究成果、达到的研究水平、研究重点、研究方法、经验教训、主要结论、争议的问题、进一步的研究方向、待解决的问题等。所谓客观,是指资料的收集、选择是依据研究问题本身的性质、文献本身的内在逻辑、研究过程的客观需要等因素,而非依据教师个人的好恶。

2. 要摒弃资料收集的随意性和盲目性

有的教师在收集研究资料准备开展研究时,往往由于掌握的资料较为偏狭,而且受研究素养所限,所以干脆手里有什么资料就用什么资料,对资料的选择也比较主观随意。这种情况下得出的研究结论往往会失之偏颇,偏颇的结论会误导他人,误导在此基础上的实践。

3. 研究资料的收集要准确精当,提高效益

在资料收集过程中,应注意对当前最新的研究动态的跟踪与把握,了解国内外最新的研究理论、方法、进展。这样才能避免重复劳动。部分研究者对图书资料的收集整理、文献体系、检索工具等知识缺乏应有的了解，导致重复劳动，不仅浪费了大量的时间、精力，所得出的研究成果也失去了应有的价值，低水平的重复研究等于制造"科研垃圾"，造成了研究资源的浪费。

（二）数据真实

数据是支持论点并最终得出研究结论的重要依据。所呈现的研究数据是否真实直接反映了研究者的学术道德。

1. 数据收集要避免以偏概全，甚至篡改数据

在收集和运用数据的过程中应避免以偏概全、断章取义，更不能为了迎合需要而篡改数据。此类的典型做法是研究者只选择支持自己理论预设的数据，故意放大和结论相符的数据，以偏概全，甚至不惜篡改数据；而不支持自己理论预设的数据则一笔带过，轻描淡写，甚至不予呈现。如此一来，研究数据的收集、整理与分析也就成了摆设，学术研究也失去了其应有的价值和意义。这些都是严重违背学术道德的学术不端行为。

2. 警惕隐性的不真实的数据

有的数据表面看起来不存在任何问题，但是，进一步推敲就会发现其中隐藏的虚假和无意识的偏颇。比如，教育科研中常用的调查法，在许多情况下，无论是问卷调查还是访谈调查，都可能得到一些不真实的数据，常见的情况主要有以下几种：记忆有误等导致对事实回答有误，为迎合调查者而虚假作答，问题局限导致出现默认倾向，道义理论与事实相悖，有态度但无回答，等等。

（三）调研合宜

使用调查研究方法时，应当注意对调查对象人格的尊重，具体运用在学术研究活动时须注意以下道德问题。

1. 避免涉及或严格保护个人隐私

对访谈、调研对象的个人隐私的尊重是最基本的学术道德要求，不必要时，不应涉及调查对象的相关问题；研究确有需要而必须涉及时，则应严格保护调查对象的个人隐私。在调研时，应该告知访谈对象、调查对象调研的用途，是否录音、录影，信息是否公开及公开到什么程度、什么范围等，都应征得对象的同意。对未成年人更不能采取强迫、诱导的方式获

取个人或家庭隐私。无端涉及访谈、调研对象的隐私或故意泄露其私隐，调查研究就可能演变成为一种科学研究名义掩盖下的人格或人权侵犯，给调查对象带来困扰、伤害，甚至构成犯罪。

2. 在做访谈或问卷设计时，应消除主观成见和偏见

科学研究往往会有理论预设，这也容易导致研究者形成先入为主的成见或偏见。一些研究者会在访谈过程中，预先安排、策划事件，设计话题"陷阱"，然后步步"诱敌深入"，最终使受访者说出自己想要的答案。还有一些研究者在设计问卷时，会有意强调某些选项或有意缺省某些选项，这样的调研所获得的数据也是不真实的，学术研究也就失去了应用的价值。

三、研究结果的呈现

在对研究数据、资料进行整理分析的基础上，得出研究结论，并以研究报告或研究论文的形式把研究结果呈现出来，用于解决问题、指导实践、传播交流等，这是学术研究的最后阶段，也是学术研究的重要目的。一般而言，教育科学研究的成果主要有用事实说明问题的研究报告、用理论推演阐释问题的研究论文等呈现形式。在呈现研究成果时，应注意遵循以下几种学术道德规范。

（一）关于署名

只有为本项研究做出贡献的真正参与者才可以署名。出于功利性目的，一些教师本没有参与某项研究，却在别人发表研究成果时署名，甚至个别教师干脆找人代写论文。这些做法都是有违学术本意和学术道德规范的。关于署名顺序，一般而言，是根据对成果贡献的大小而定。那些领导在先、高职称在先、导师在先等不按贡献按资历的署名方式，都有违学术道德规范，属于学术不端行为。

（二）关于抄袭

抄袭实际上是侵犯或损害他人的著作权，属于严重的学术不端行为之一。学术抄袭是对他人研究成果的窃取，对原研究者、著作者的人格与学术成果的不尊重，也有辱自己的人格和科学精神。

第九章　教师的学术道德

（三）关于注释

注释是非常重要的研究环节，是对研究资料、图表、文献注明出处或进行补充说明的方法。在对研究成果进行呈现时，注释应当符合规范。引用他人的研究成果或需要做出解释的文献资料，都应该核实原出处并清晰准确地标注出来。否则，标注不清晰，会给人带来不便或误解；引用却不标注，则涉嫌抄袭。

（四）一稿多发

造成一稿多发现象的原因有二：一是投稿者把自己的研究成果故意一稿多投或稍加改头换面后多投，造成相同成果或类似成果重复发表，这属于学术道德问题；二是发表机构的工作延误或失误（审稿周期过长、审稿结果通知滞后或遗漏等），导致作者另投他处，造成一稿多发。

此外，呈现研究结果时还要注意以下几个方面：①不能隐瞒不利的结果；②不必要时，不能泄露个人或机构信息，尤其是涉及私密的信息；③不能泄露国家机密；④不应浮夸吹嘘，制造"学术泡沫"；等等。

第三节　教师学术诚信的缺失与重建

学术诚信建设是科学研究发展的必然结果。学术诚信，主要是指研究者在学术研究活动中，树立以追求真理、实事求是、创新协作为核心的科学精神，遵守法律法规，恪守道德准则，遵循科学共同体公认的行为规范。个别教师在从事学术研究时偏离学术求真的初衷，趋于功利价值取向，最终导致学术诚信的丧失。学术诚信的缺失实质上是科研工作者学术道德的丧失和学术精神的颓废。

一、学术诚信缺失的原因

(一) 违背学术研究求真的初衷

学术研究要求真实、客观地反映事物,即体现求真的本质。求真是学术研究的核心价值和本质特征,也是研究事物本质的目的。不当竞争与利益诱惑使一些教师的科研活动脱离了求真的初衷,背离了科学的精神,导致学术诚信缺失,学术不端行为频发。竞争是激发教师从事科研的巨大动力。良性的科研竞争,确实可以促使教师队伍化压力为动力,激发更多的创造力和行动力,进而创造出更多的具有优秀学术价值的成果。然而,教师与同事之间的不当竞争,也让一些科研能力不强且缺乏自控的教师做出违背学术道德的不端行为。学术研究是教师的本职工作。当教师做出一定成绩时,学术研究能够给教师带来额外的名利。于是,一些教师为了追名逐利就放弃学术理想,抛弃学术诚信,变成了唯利是图、唯名是取的贪婪之辈。

(二) 过度功利主义的倾向

功利主义是从个体的直观感受或经验体会出发,趋乐避苦,追求所谓的体感享受,认为追求功利是人的本性。功利主义的理论基础是感觉论或经验论。个体或群体的学术行为失范,往往是在过度功利主义的价值取向驱使下,只考虑眼前利益而忽略长远利益,只看个体(群体)利益而忽视社会整体利益的集中表现。在功利思想的主导下,部分教师盲目追求发表成果的数量,追求学术论文发表的报刊级别,导致了大量的重复劳动,而一些真正亟待解决的教育教学实践问题和理论问题却无人问津。一些教师盲目追随政策风向,追逐学术热点,不愿意"坐冷板凳",反而忽略了自身的学术优势和研究专长,以至于沦为政策理论的解释者、翻译者,而非研究者。

(三) 极端工具性的价值取向

学术研究追求科学理论与社会实践的整体统一。学术思想融入人类社会实践,与经济社会发展进程相伴相促,互为作用。学术研究推动问题的解决，并以此推动经济社会的进步；经济社会的发展及产生的新问题反过来又促进了学术研究的需求和繁荣。学术研究既关注客观事物的本质与规律，也致力于解决现实问题，具有一定的工具价值。但时，过于追求或者只追求其工具价值，则会导致学术活动的极端工具性异化。一些教师为满足私欲而把学术变成塑造形象、追求声誉的手段，一些教师则把学术权力兑换成了经济利益和政治权力。

（四）缺乏有效的监督处罚机制

教师专业团体的自我管理、自我监督机制不健全；教育行政部门和学校也缺乏专门处理学术不端行为的机制，甚或本身也与所辖教师的学术成绩存在利益纠葛而处置不力。这些情况导致教师的学术不端行为难以被发现，发现了也不易被查处，查处了也无关痛痒。现有机制无法真正起到监督教师学术道德行为的作用。

二、学术诚信的培养与建设

学术诚信的培养与建设应注重学术研究的内在自律机制和外在约束机制的相融相促。没有强大的内在自律机制就不可能有学术自由和学术热情，没有强制性的约束机制就不可能有学术规范与学术评价。

（一）教师加强学术自律

教师要努力提高学术素养，做到学术"慎独"。任何时代，真正献身于学术研究的人都是需要勇气的。一个从事科学研究的人除了聪慧，还需要有"板凳能坐十年冷"的功夫，耐得住寂寞去认清事物的本质；更需要一颗学术的良心，在没有任何监管的情况下，个体有"定力"去遵从学术道德规范，洁身自爱。教师应当有高度的道德自律意识，在进行学术研究时，始终秉持学术良心，恪守学术道德。

教师须保持内心的本真和对真理的绝对尊崇，把学问当作一种信仰，把求真当成一种追求和信念。学术研究专业性很强，专业团体提倡学术自由和专业自治，但是，这并不代表他们可以打着"做学术"的幌子凌驾于道德和法律之上。在学术造假、学术泡沫层出不穷之时，教师应格外加强自省意识，培育"慎独"精神，自觉抵制学术不端行为和不正之风，在法律、道德的框架内开展学术研究，以促进人类文明的进步。即便有的教师为了自身的生存和追求，必须去参加一些工作之余的课题研究、学术活动，也应笃定地坚守学术良心的基准，坚决摒弃商业化的投机心理、利益最大化和化公为私的欲念，避免偏离事实和真理的轨道，做到恪守良知，为追寻真理而做学术。

教师要对学术存敬畏之心，坚守学术的本真，回归内心信念世界。教育科学研究要以真理为信仰，与崇高为伍，与良心为伴。教师应对学术研究怀有敬畏之心，愿意在寂寞中去追求，在清静无为中为人类进步而思考。作为一个思想与行动的主体，教师只有从自身以外回归自身内心，聆听自己良知的呼唤，享受真理的教诲，方可在繁杂的人世乱象中，寄托灵魂，和谐静穆，安身立命，从而实现关怀人性与美好社会的最终目的。回归内心世界，在于尊重自己、相信自己、做好自己。

总之，教师、教育管理者都应把学术研究当作一件良心事业来不懈追求。良心看不见、摸不着，对人的作用也是有限的，不可能解决教育事业发展中的所有问题，但是，它是人的内心坚持的信念和法则。它也需要与法律等其他社会规范、制度密切配合，更需要文明社会中个体人格的完善。外在的法律规范约束越是严肃，内在的尊严和道德自律越是崇高。归根结底，作为道德主体内心——"道德法庭"的良心对个体活动和社会秩序一直具有强大的约束力和规范力。①

（二）注重学术诚信教育

学术诚信教育，从广义上讲，泛指社会生活中所有围绕学术诚信原则、学术规范和学术道德的教育活动。从狭义上讲，学术诚信教育则是指"社会或社会群体用科学共同体公认的诚信道德准则和要求，对科研主体施加有目的、有计划、有组织的影响，使其形成符合一定社会所要求的诚信品德的社会实践活动"②。教师群体中少数人出现学术诚信问题，一个重要的内在原因是缺乏自觉的学术意识和系统规范的学术素养。部分教师缺乏应有的学术训练和学术道德教育，在很多情况下，并不是他故意触犯

---

① 参见胡弼成、李斌《教育工作是一项良心事业》，载《湖南师范大学教育科学学报》2015年第14卷第3期，第34—39页。
② 肖周录、王永智、许光县等：《诚信教育论》，中国社会科学出版社2012年版，第8页。

学术道德规范而导致学术不端行为，而是因为缺乏基本训练，所以他根本没有意识到自己的学术不端行为。

在师范教育和教师职业培训中，行政管理部门、师范院校和教师培训机构要依据学术共同体公认的学术道德准则和研究规范，有目的、有计划地通过教育培训增强教师的学术研究能力，提高学术诚信意识，规范学术研究行为。比如，可以结合教育部、各地各部门制定的法律法规，结合不同层级、不同群体的中小学教师发展特点和要求，落实并完善符合各地实际的学术道德和学术规范实施细则、指引等，以供教师学习。在学校日常工作中，将学术道德、学术规范的宣传教育常态化，使广大中小学教师自觉将学术道德和学术规范内化为自身科研道路的价值取向，外化为每个个体从事科研和教研活动的行为准则。

（三）优化学术诚信环境

要加强社会诚信环境建设，诚信和谐的社会风气有利于营造学术诚信的社会大环境。相关职能部门可以采取有效措施，在妥善解决中青年教师的"后顾之忧"的同时，加强中青年教师的职业道德、学术素养和规范等培训；加强专家库管理，优化课题评审制度；强化期刊出版管理，优化论文出版环境；等等。这些都是确保学术诚信建设顺利推进，保证科研成果公开、透明、公平、公正的有效手段。

教育行政部门和学校要通过制度建设，培育公正公平、健康有序的学术氛围。良好的制度环境是孕育优秀学术成果、培养优秀人才、激发学术创新活力的重要基础。不可否认，在当前体制机制下，公开发表学术论文、成功申报课题项目仍然是衡量教师学术成就的重要标准。即使如此，在现有的制度框架之内，仍有较大的作为空间。建立健全相应层级的学术委员会、学术道德委员会等组织机构，制定和推进更为合理的、符合时代发展要求的学术评价制度与体系，真正把同行评价、匿名评审等落实落细。一方面，要将学术道德、学术评价机制与学术成果质量相结合，建立行之有效的奖惩机制，在加强过程性监督和评价的同时，支持和鼓励教师投身学术研究，拿出更多、更高水平的学术成果；另一方面，在教师的职称晋升、人才选拔上，实行师德一票否决制，并改革科研绩效评估机制，提高学术道德的占比，正确指导广大教师的学术行为。

延伸思考

"学术诚信是保障学术共同体信任的基础性规范。学术研究作为一种社会共同体的事业,还让学术诚信具有更加广泛的社会伦理意义。学术研究不是一个人的事情,学术是共同体的事业。人不能违背客观规律,如果人不按客观规律办事,就必然受到客观规律的惩罚。如果不诚实地推出虚假的研究成果,就会造成更加严重的伦理后果。一是错误引导他人的研究活动,使别人的探索脱离实事求是的轨道;二是妨碍人类认识自然规律和社会规律活动的深入,影响知识的发现和传播进程;三是学术不诚信必定削弱社会对学术活动的信任,让学术研究无法顺畅地发挥其社会功能。

"学术诚信是守望学人成长的前提性规范。人是通过实践和学习而逐渐成为特定时代和特定社会的人的。同样,学者也是一个生成性的存在。人的认识活动对人的成长是具有根本的生成意义的,人必须在持续的学习中才能持续地生成为人。当出现不诚信的认识活动时,人的学习活动实际上就停滞下来了,人就变得不成其为人,或不成其为人之本质意义上的人。人是在社会中学以成人的。学,就要有可以学的真实知识、客观的社会现实、真诚的社会理解,人是在不断扩大的交往中学以成人的,交往范围的扩大让人学以成为更丰富、更有内涵的人。这就需要真诚的学术态度、实事求是的研究活动加以保障。人在学以成人中成为历史的真实的人,成为有真实民族特色和文化传统的人,成为有实际意义和真诚价值的人,成为有真实实践活动能力和创造力的人。"①

---

① 韩震:《学术诚信是学术发展和社会进步的基石》,载《光明日报》2019年4月10日第11版。

捧着一颗心来,不带半根草去。

——陶行知①

第十章 教师职业道德规范

为了保证社会关系的和谐稳定,任何社会都要通过多种社会规范对人们的言行做出必要的指引与约束。这些规范包括道德的、法律的、行政的、宗教的、经济的、组织的等,不同的社会规范起着各自不同的作用,并最终共同保障社会的和谐稳定。教师职业道德规范是对教师职业的特殊道德要求,是教师从事教育教学活动时应该遵循的行为规范与基本准则,是对教师应以怎样的思想、感情、态度和操守做好本职工作所做出的道义性的规定。

一般而言,教师职业道德规范是以善恶评价为标准,依靠社会舆论、传统习惯和内心信念的力量影响和约束教师的职业行为的,因此,教师职业道德规范具有道德规范的典型特征,主要表现为一种以自律为主要特征的社会规范。教师职业道德规范主要有三种功能:一是教育功能,即通过颁布一套符合社会主流价值观念的道德准则,为教师专业共同体中的人员提供实践指导;二是监管功能,即要求教师群体中的所有成员遵守该道德规范,对破坏、违反规范的人员,可能做出某种程度的处罚;三是激励功能,即通过道德规范激励教师作为专业人士朝着一个理想的专业实践去努力。三种功能交互作用于教师职业道德规范之中,监督教师坚守专业原则,促使教师发挥专业价值,激励教师践行专业角色。

教师职业道德规范,明确了教师对学生、对职业和社会的责任,同时,要求教师做出得体、积极的举动,避免不当行为。但是,让教师职业道德规范在教师的职业实践中发挥指导作用并不容易,与此相关的争论也颇多。显然,仅仅记住这些教师职业道德规范的条文内容是远远不够的。

---

① 陶行知著、朱永新编:《陶行知教育箴言》,福建教育出版社2014年版,第2页。

外在的指导原则需要内化为预备教师的道德立场，变成内心的指南针，才能指导教师的行为，塑造教师的品格。

第一节　教师职业道德规范的内容

一、我国教师职业道德规范

教师职业道德规范总是与时代进步和社会发展相适应的。我国于1984年、1991年、1997年、2008年先后四次由教育部和全国教育工会颁布（修订）《中小学教师职业道德规范》。这四个文本对教师职业道德规范的阐述保持了一定的延续性，"爱国守法""爱岗敬业""热爱学生"等内容被稳定地延续下来。[①]

（一）1984年颁发的《中小学教师职业道德要求（试行草案）》

一、热爱祖国，热爱中国共产党，热爱社会主义，热爱人民教育事业。

二、执行教育方针，遵循教育规律，面向全体学生，教书育人，培养学生德、智、体全面发展。

三、认真学习马列主义、毛泽东思想，学习科学文化知识和教育理论，钻研业务，精益求精，勇于创新。

四、热爱学生，了解学生，循循善诱，诲人不倦，不歧视、讽刺、体罚学生，建立民主、平等、亲密的师生关系。

五、奉公守法，遵守纪律；热爱学校，关心集体；谦虚谨慎，团结协作；与家长、社会紧密配合，共同教育学生。

---

① 参见刘良华《"中小学教师职业道德规范"的四个文本的比较》，载《教育观察》2012年第1期，第34—40页。

第十章 教师职业道德规范

六、衣着整洁,举止端庄,语言文明,礼貌待人,以身作则,为人师表。①

(二) 1991年颁发的《中小学教师职业道德规范》

一、热爱社会主义祖国,拥护中国共产党的领导,学习和宣传马列主义、毛泽东思想,热爱教育事业,发扬奉献精神。

二、执行教育方针,遵循教育规律,尽职尽责,教书育人。

三、不断提高科学文化和教育理论水平,钻研业务,精益求精,实事求是,勇于探索。

四、面向全体学生,热爱、尊重、了解和严格要求学生,循循善诱,诲人不倦,保护学生身心健康。

五、热爱学校,关心集体,谦虚谨慎,团结协作,遵纪守法,作风正派。

六、衣着整洁、大方,举止端庄,语言文明,礼貌待人,以身作则,为人师表。②

(三) 1997年修订颁发的《中小学教师职业道德规范》

一、依法执教。学习和宣传马列主义、毛泽东思想和邓小平同志建设有中国特色社会主义理论,拥护党的基本路线,全面贯彻国家教育方针,自觉遵守《教师法》等法律法规,在教育教学中同党和国家的方针政策保持一致,不得有违背党和国家方针、政策的言行。

二、爱岗敬业。热爱教育、热爱学校,尽职尽责、教书育人,注意培养学生具有良好的思想品德。认真备课上课,认真批改作业,不敷衍塞责,不传播有害学生身心健康的思想。

三、热爱学生。关心爱护全体学生,尊重学生的人格,平等、公正对

---

① 转引自常生禾主编《学校德育指南》,中国华侨出版社1991年版,第426页。
② 转引自朱小蔓等《教育职场:教师的道德成长》,教育科学出版社2004年版,第251页。

待学生。对学生严格要求，耐心教导，不讽刺、挖苦、歧视学生，不体罚或变相体罚学生，保护学生合法权益，促进学生全面、主动、健康发展。

四、严谨治学。树立优良学风，刻苦钻研业务，不断学习新知识，探索教育教学规律，改进教育教学方法，提高教育、教学和科研水平。

五、团结协作。谦虚谨慎、尊重同志，相互学习、相互帮助，维护其他教师在学生中的威信。关心集体，维护学校荣誉，共创文明校风。

六、尊重家长。主动与学生家长联系，认真听取意见和建议，取得支持与配合。积极宣传科学的教育思想和方法，不训斥、指责学生家长。

七、廉洁从教。坚守高尚情操，发扬奉献精神，自觉抵制社会不良风气影响。不利用职责之便谋取私利。

八、为人师表。模范遵守社会公德，衣着整洁得体，语言规范健康，举止文明礼貌，严于律己，作风正派，以身作则，注重身教。①

（四）2008年修订颁发的《中小学教师职业道德规范》

一、爱国守法。热爱祖国，热爱人民，拥护中国共产党领导，拥护社会主义。全面贯彻国家教育方针，自觉遵守教育法律法规，依法履行教师职责权利。不得有违背党和国家方针政策的言行。

二、爱岗敬业。忠诚于人民教育事业，志存高远，勤恳敬业，甘为人梯，乐于奉献。对工作高度负责，认真备课上课，认真批改作业，认真辅导学生。不得敷衍塞责。

三、关爱学生。关心爱护全体学生，尊重学生人格，平等公正对待学生。对学生严慈相济，做学生良师益友。保护学生安全，关心学生健康，维护学生权益。不讽刺、挖苦、歧视学生，不体罚或变相体罚学生。

四、教书育人。遵循教育规律，实施素质教育。循循善诱，诲人不倦，因材施教。培养学生良好品行，激发学生创新精神，促进学生全面发展。不以分数作为评价学生的唯一标准。

五、为人师表。坚守高尚情操，知荣明耻，严于律己，以身作则。衣

---

① 转引自中国法制出版社编《教育法律法规教师工作手册》，中国法制出版社2004年版，第198—199页。

着得体，语言规范，举止文明。关心集体，团结协作，尊重同事，尊重家长。作风正派，廉洁奉公。自觉抵制有偿家教，不利用职务之便谋取私利。

六、终身学习。崇尚科学精神，树立终身学习理念，拓宽知识视野，更新知识结构。潜心钻研业务，勇于探索创新，不断提高专业素养和教育教学水平。①

二、外国教师职业道德规范

不少国家，尤其是发达国家，重视编制教师职业道德规范，对教师的行为规范做出具体明确的要求，以保证教师在职业道德养成以及社会对教师道德行为的评价上有规可依，有章可循。

1929年，美国全国教育协会（National Education Association，简称"NEA"）制定了《教育专业伦理规范》，后经多次修订；1975年，美国全国教育协会代表大会正式通过了《教育专业伦理规范》（简称"NEA准则"，2010年修订），并沿用至今。NEA准则强调了教师在教育职业活动中恪守职业伦理准则的重要性，强调了教书育人是教师的道德责任。在教育教学实践中，美国教育界也有一些关于教师道德责任的共识，比如：对学生和自己持有高期望值，恰当地使用权利，保持健康距离，公平评价学生的表现，保护隐私，行为适当，始终如一，避免个人价值判断或将个人价值强加于学生，等等。② 2015年6月，美国教师教育与认证州管理者协会（National Association of State Directors of Teacher Education and Certification，简称"NASDTEC"）发布了美国《教育工作者专业道德标准》，旨在为各州的学校、教育培训机构提供一份更有针对性的、可供普遍参考的教师职业道德规范，以有效帮助教师理解并遵守相应的职业道德要求。《教育工作者专业道德标准》将教师应遵守的职业道德要求划分为五大类：①对职业本身负责，教师要认识到选择教师作为职业意味着要承担高

---

① 转引自张利洪、胡莉《幼儿教育政策法规与职业道德》，西南师范大学出版社2018年版，第211页。

② 参见［美］费奥斯坦、［美］费尔普斯著，王建平等译《教师新概念——教师教育理论与实践》，中国轻工业出版社2002年版，第242—246页。

于法律最低要求的道德责任；②对专业能力负责，教师在对知识和技能的运用、个人性格展示等方面追求最高的专业水平；③对学生负责，尊重学生，教师为学生营造健康、安全、良好的教育环境；④对学校集体负责，教师与集体成员建立良好、有效的互动关系；⑤合理运用科学技术，遵循伦理道德，教师要充分意识到通过技术手段交流、运用、创造和扩散信息的影响，慎重考虑技术手段的使用时间、地点及方式。①

日本明治维新时期，文部大臣森有礼积极推动规范办学、确立学制，制定了师范学校令，规定教师应具"顺良""信受""威重"之气质，这对以后日本教师职业道德规范的形成具有重大影响。1903 年，日本把教师职业道德规范表述为："眷恋自然，热爱人类，洞察自身于国家社稷中所处之地位与应尽之职责；遂领悟自身对全宇宙所应具备的崇高温文之情操，并且崇尚之，完善之。"② 第二次世界大战日本战败，广大教师从政府发动侵略战争的反思中觉醒，力图追求民主主义的"现代教师形象"。1947 年，日本成立教职员组织，并通过宣言，提出把提高教职员地位和建设民主主义教育文化作为目标。1952 年，日本教师联合大会通过了《伦理纲领》，并以之作为全日本正式的教师职业道德规范。③ 从 1959 年起，日本把"道德教育研究"列为师资培训课程的必修课目，道德教育受到普遍重视。④

新西兰的注册执业教师必须在促进学生学习过程中，充分照顾到学生的能力、文化背景、性别、年龄和发展阶段，努力为学生提供最高水平的专业服务。教育作为复杂的专业工作，是教师在与同行、学生及其家长（监护人）和家人，以及更广泛的社会成员的合作中完成的。《新西兰注册教师职业道德规范》分别提出了对学生的责任、对家长（监护人）及家人的责任和对社会的责任，要求教师做到三个步骤：①努力鼓励学生对

---

① 参见李琦《全美首份教师职业道德规范发布》，载《世界教育信息》2015 年第 28 卷第 16 期，第 74 页。

② ［日］筑波大学教育学研究会著、钟启泉译：《现代教育学基础》，上海教育出版社 1986 年版，第 461 页。

③ 参见冯益谦、谢文新主编《教师职业道德导论》，华中师范大学出版社 2014 年版，第 154 页。

④ 参见冯益谦、谢文新主编《教师职业道德导论》，华中师范大学出版社 2014 年版，第 125 页。

民主社会的基本价值观有明智的理解和认同;②与学生家长合作,尊重家长的权利;③促进人人机会平等,把学校建设成为民主典范。①

三、相关国际组织的倡议

(一)《国际教师团体协商委员会教师宪章》

国际教师团体协商委员会是国际非政府组织。1954年8月,该组织在莫斯科举行第19次会议,参加会议的有中、法、德、英、苏、意等国家的教师代表。会上通过了《国际教师团体协商委员会教师宪章》,该宪章提出了各国应遵循的教师职业道德规范,包括以下四个方面。

第一,教师必须尊重学生的思想自由,并鼓励他们发展独立判断力。

第二,教师要致力于培养作为未来成人及公民的道德意识,并以民主、和平与民族友谊的精神教育儿童。

第三,教师不能因性别、种族、肤色及个人信仰和见解的不同,将个人信仰和见解强加于儿童。

第四,教师要在符合学生自尊心的范围内实施仁慈的纪律,不得采用强制和暴力。②

这些基本规范在各国教师中得到广泛的认同。

(二)联合国教科文组织《关于教师地位的建议书》

联合国是世界上最大的政府间国际组织,联合国教科文组织是联合国的专门机构之一,是处理国际教育、科学、文化事务的权威机构,成立以来发表的有关教师和教育工作等的文件中,有不少涉及教师职业道德问题的论述。1966年10月,联合国教科文组织通过了《关于教师地位的建议书》,其中提出了教师职业道德的原则与要求,具体包括以下九个方面。

---

① 参见赵国杜、陈旭光主编《师德新说——中小学教师职业道德经典读本》,开明出版社2009年版,第295—296页。

② 崔福林、王国英、许春华主编:《教师职业道德修养》,河北大学出版社2005年版,第59页。

教师职业道德教育

第一,教师不得以种族、肤色、性别、宗教、政治见解、民族或社会成分或经济状况为理由,以任何形式歧视学生。

第二,教师要为每一个学生提供可能的、最充分的受教育机会,应适当注意对教育活动有特殊要求的儿童。

第三,教师应具有必要的德、智、体的品质,并且具有必要的专业知识和技能。

第四,教师要尽一切可能与家长紧密合作,但也不能在教师专业职责等方面受到家长不公正和不应有的干涉。

第五,教师要积极参加社会和公共活动。

第六,为了学生、教育工作和全社会的利益,教师要力求与各行政主管部门充分合作。

第七,教师应参加课程、教学方法和教学设备的改进工作。

第八,教师要公正地评定学生的学业成绩。

第九,教师应避免学生发生意外事故。①

《关于教师地位的建议书》可以说是对世界范围内的教师职业道德提出的要求。虽然对《关于教师地位的建议书》的实施没有强制性,但是,它在国际上产生了广泛的影响,并得到普遍的认同。

(三) 国际教育组织《关于教师职业道德的宣言》

国际教育组织(Educational International)于 2001 年 7 月 25 日—29 日在泰国举办第三届国际教育组织世界大会,通过了《关于教师职业道德的宣言》。《关于教师职业道德的宣言》的"序言"提出,关于教师职业核心道德问题的讨论有利于教师职业的发展。对职业标准和伦理意识的加强,不仅可以提高教师与教育工作者的工作满意度和自我批评意识,也可以提高社会对教师职业的尊敬。为了引导教师、其他教育工作者和他们的工会达到教师职业应有的职业道德标准,国际教育组织宣言如下②。

---

① 郑金洲、黄向刚:《联合国教科文组织、美、日、俄师德规范简介》,载《教育参考》(师德教育专辑),1997 年。转引自石哲界、宋玉梅《中小学教师职业道德概论》,黑龙江人民出版社 2006 年版,第 122 页。

② 转引自朱小蔓《教育职场:教师的道德成长》,教育科学出版社 2004 年版,第 256—258 页。

第十章 教师职业道德规范

1. 对职业的承诺：教育工作者应该——

（A）为所有学生提供高水平的教育，以加强公众对教育工作者的信心，赢取他们对教师职业的尊敬。

（B）确保定期更新并增进专业知识。

（C）安排自身的终身学习计划，包括计划的内容、程序和时间，以表现教师的专业精神。

（D）声明并不隐瞒任何相关专业资格的资料。

（E）通过积极参与工会活动，达到良好的工作状况，以吸引高素质的人士加入教师职业。

（F）通过教育，全力支持并推进民主和人权。

2. 对学生的承诺：教育工作者应该——

（A）尊重所有儿童（特别是他们的学生）的权利，以确保他们受到联合国《儿童权利公约》（尤其是所有有关教育的条款）的保护。

（B）保护和提倡学生的人身安全和利益，确保他们不受到任何形式的欺负以及任何生理或心理的伤害。

（C）尽所有可能保护儿童不让他们受到性伤害。

（D）以应有的照顾，努力对待任何有关学生的安全和利益的事项，并同时保护学生的隐私。

（E）协助学生建立一套符合国际人权标准的价值观。

（F）与学生保持师生之间的专业关系。

（G）认识到每个学生的特殊性、特点和特殊的需求。

（H）让学生认同一个富有互助精神，却也有个人空间的社会。

（I）以公正与慈悲发挥教师的权威。

（J）确保师生之间的特殊关系，不受任何宗教或意识形态的影响和控制。

3. 对教育界同事的承诺：教育工作者应该——

（A）通过对彼此（尤其是对刚从事教师职业或在培训中的同事）的职业等级和观点的尊重，提高教师与同事之间的交流和帮助。

（B）除非有严格的专业或法律原因，不可透露在就业中得到的关于同事的任何资料。

（C）协助同事完成由教师工会和雇主所同意的、同事互相审查的审查程序。

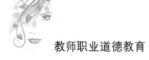

（D）保障同事的人身安全和利益，确保他们不受到任何形式的欺侮以及任何生理或心理的伤害和性侵犯。

（E）为了此声明的实践得到最佳效果，确保内容的落实和执行是国家级的工会组织内透彻讨论的结果。

4. 对管理层的承诺：教育工作者应该——

（A）熟悉他们的法律和行政的权利和职责，并且尊重集体合同中列出的条例和学生的权利。

（B）执行管理者合理的指示，并有权利通过清晰的、规定的程序对该指示提出质疑。

5. 对家长的承诺：教育工作者应该——

（A）认识到家长有权利通过双方（教育工作者和家长）同意的渠道对他们孩子的安全和利益进行咨询。

（B）尊重父母的法定权利，但可为了儿童的最大利益从专业的角度向他们提出建议。

（C）做最大的努力让家长积极参与他们孩子的教育以及积极支持教育过程，避免孩子参与任何形式的不利于他们教育的工作。

6. 对教师的承诺：社区和社会应该——

（A）让教师感受到就业中得到公平的对待。

（B）认识到教师有保留隐私、照顾自身和在社区内正常生活的权利。

第二节　教师职业道德规范的边界

对教师职业道德的理解与运用的泛化和窄化现象，值得我们深思。泛化，是指当某一反应与某种刺激形成条件联系后，这一反应也会与其他类似的刺激形成某种程度的条件联系的现象；窄化，是指人们对事物的感觉、认知、情感或思维意识向某一方面或某一方向高度集中，使其所及的范围越来越狭小、越来越受局限。对教师职业道德的理解与运用的泛化与窄化，借指在教师职业道德的问题上，过于扩大或者过于缩小教师职业道德这一概念的合理内涵与外延。

第十章 教师职业道德规范

一、职业道德规范的泛化

每一种职业都具有特定的业务要求和职责规定，会形成相应的社会关系和利益关系。社会也会对不同的职业有不同的道德规范，对不同的社会角色有不同的期望；同时，长期从事某种职业活动的人也会逐渐养成特定的职业心理、职业习惯、职业责任心、职业荣誉感等。这都要求我们在教师职业道德规范的讨论、研究、评价、判断中对教师这一特定职业有一个清晰的界定。

教师职业道德规范的泛化现象主要表现在两个方面：一是把学校里出现的一些不是在教师职业的人员身上发生的道德现象视为教师职业道德问题；二是把教师身上发生的非道德现象视为教师职业道德问题。对教师职业道德规范的泛化理解与运用，使我们对当前的师德状况的判断与评价变得困难和模糊，不利于教师职业道德建设，也不利于教师队伍建设和教育事业本身的发展。教师职业道德规范泛化有社会发展程度、对师德的认知水平、教育活动的复杂性等多方面的宏观因素，也有教师职业身份和道德规范界限不够清晰等具体原因。

学校是一个复杂的社会组织，教师是学校里工作人员的主要群体，但并不是唯一群体，学校里还有相当数量的行政人员、服务人员、教辅人员和其他专业技术人员。2009年颁布的《中华人民共和国教师法》第一章第三条明确规定："教师是履行教育教学职责的专业人员。"也就是说，只有从事教育教学工作的专业人员才是教师。在一些国家，教师职业道德规范会明确针对包括专业教师在内的所有教育工作者。目前，在我国学校内部，通常会把教师与其他工作人员准确区分开来；学校外部对教师这一职业身份则少有清晰的认识，在很多语境中未被准确界定，常常把学校里的行政人员、教学辅助工作人员都视为教师。如此一来，究竟该如何界定教师的职业身份成了一个有争议的问题。

在教育实践中，教师职业身份不易清晰界定还在于身份的多重性。包括教师在内的学校工作人员往往具有多重身份，这在各级各类学校都是普遍现象。例如，教师本身从事科学研究，也是科研工作者；法学院的一些教师身兼律师，医学院的一些教师身兼医师；中小学校长基本上都是从教师岗位走上来的，一些教师也身兼学校的行政管理职务。当然，学校作为社会特定的教育组织，专业教师之外的其他工作人员也负有育人的责任，这也是我们一直以来所提倡的"教书育人、管理育人、服务育人"的全员育人要求。从这个意义上看，教师职业道德规范同样应该对学校的其他工作人员有一定的适用性。但是，从教师职业的专业性角度看，没有接受过专业训练、不从事教育教学专业工作的人，即使在学校环境中工作，也未必会产生教师职业的道德体验。

教师身上发生的非道德现象也较为常见。例如，教师的宗教信仰、政治面貌、婚姻状况乃至籍贯、民族等，都可能会与其从事的教师职业联系起来。相关问题详见本章第二节"三、道德规范与其他规范"。

二、职业道德规范的窄化

首先，教师职业道德规范的适用对象相对狭窄。我国的教师职业道德规范的适用范围是"教师"，包括中小学教师［《中小学教师职业道德规范（2008年修订）》］和高校教师［《高等学校教师职业道德规范》（教人〔2011〕11号）］，但是，不包括幼儿园教师和保育员、各级各类学校的行政人员和教辅人员、相关教育研究机构人员及其他社会教育机构人员等教育从业者。相比较而言，美国全国教育协会制定的《教育专业伦理守则》的适用对象包括各级各类学校的教师和教育行政人员，其适用对象为教育者（educator）而非教师（teacher）。中国香港的《香港教育专业守则》的适用对象是"专业教育工作者"，也不是"教师"，是包括幼儿园、中小学教师和行政人员在内的教育工作者。有学者建议，尽管教育专业人员的主体是教师，但是，教育行政人员不应被排除在专业伦理规范之外，否则容易造成教师和行政人员的对立，也对同样作为教育者的学校行政人员的专业行为缺乏必要的指引和约束。因此，我国的教师职业道德规范应转变成教育专业伦理，并将其适用的范围扩大到全体教育工作者，或者明确把教师的外延扩大到包括各级各类学校的全体教育工作者，而不要再约定俗成地限定在从事教学的一线教师。①

其次，教师职业道德规范的适用范围被有意收窄。有一种观点认为，

---

① 参见黄路阳《中国大陆、香港、美国教师专业伦理比较》，载《安康学院学报》2007年第2期，第97—101页。

第十章 教师职业道德规范

教师作为一种普通的社会职业，本身不应该具有任何特殊性，也不应该在职业道德方面对教师有什么特殊的要求。教师群体中也有不少人有类似的观点：教师只有在学校才是教师，离开了工作岗位，教师就是普通人，不应时时处处以师德的高标来要求教师；教师本应归于平凡，只有平凡的教师才是人格健全的教师；把高尚的师德形象作为普遍的道德规范要求所有教师，是对广大普通教师的道德绑架，是"剥夺了教师作为普通人的合法权利"[①]。也有教师认为，不应该把教师比作牺牲自己照亮他人的"红烛"，要求教师"甘为人梯，乐于奉献"，是把师德标准拔得过高了。实际上，以上观点是在认识上有意窄化了教师职业道德规范的适用范围。

教师职业道德规范窄化的原因主要有两点。第一，曾经有较长的一段时期，社会对教师职业道德标准过于拔高，然而薪酬待遇却又过低，这种较高道德地位与较低经济地位所造成的矛盾，使部分教师对教师职业道德出现认知的偏差。教师可以淡泊名利，也应该淡泊名利，但这绝不应该成为教师薪酬水平不高的借口。随着社会的进步和人民生活水平的不断提高，各级各地政府也在想方设法不断提高教师的薪酬待遇。教师只有不必为生计烦恼，没有工作以外、生活当中的后顾之忧，才能"不为稻粱谋""不为五斗米折腰"，从而坚守崇高的职业道德和职业理想。教师职业不能没有情怀，也不能只讲奉献，而是应该在个人利益和社会价值之间找到平衡点。第二，教师职业道德规范窄化是对教师职业的误解，错把教师的生活与教师的职业混为一谈。现代社会中的私人领域和公共领域相分离，社会个体成员的"生活"属于私人领域，而"职业"则属于公共领域。无论从事何种职业，任何人的私人领域的生活都是平凡的，在生活中都是普通人。在"生活"的意义上，教师当然是平凡的，但是，生活的平凡不等于职业的平凡。在职业的意义上，教师不能平凡，师德不能平庸；教师职业从来都是要求甘于奉献，要求道德高尚。另外，实际上，很多时候要把职业与生活真正分开并不容易，教师在学校是教师，在家庭或其他社会环境中也一样是教师，也应该自觉遵守相应的道德规范；能在道德规范层面把职业与生活截然分开的人，也很难成为一位好教师。

---

① 刘海波：《从神圣化到妖魔化：教师媒体道德形象的变迁》，载《中小学德育》2016年第7期，第22页。

三、道德规范与其他规范

教师职业道德规范是教师从事教育活动时所应遵守的道德准则,它不同于经济规范、政治规范与技术规范等。不同的社会规范反映着人们之间不同的社会关系,也规定着个体之间不同类型的交往行为,因此,其各自有着不同的内容、性质与功能,不可相互取代或混淆。

(一)道德规范与经济规范

教师职业道德规范作为一种道德力量,理应牵制和制衡教师不合理的经济活动。因为经济活动以利益为取向,可能与学生教育利益的实现发生冲突。但是,限制教师的经济活动必须以侵害学生利益为前提,如果教师的经济利益和学生的教育利益并不冲突,教师职业道德规范就应该考虑满足教师合理的经济需求,不能一概否定教师对经济利益的追逐。从经济人假设出发,追逐利益是人的本能,也是人社会行动的动力。如果每个社会个体都能在社会交往中获得最大化的自身利益,整个社会的财富也会随之增加。反之,当个体追逐利益的本能被持续压抑时,个体在社会生活中会表现得消极退缩,继而整个社会的发展也会减缓,甚至停滞。作为社会成员之一,教师同样具有趋利的本能,也有谋求正当的经济利益的权利。

经济地位决定社会地位,提高教师的薪酬待遇已经成为社会共识。但是,仍然有一些人、一些职能部门对教师为自己争取经济利益的言行斥之为师德水平低下,这种捆绑严重失当。教师经济利益的实现与否,不仅关系到教师个人幸福的实现与否和教育行为动力的强弱,也影响着教育整体利益的最大化程度。

(二)道德规范与政治规范

道德规范与政治规范有着密切的联系,以教师的自身素质保证教育活动正确的政治方向是必要的,但是,政治和道德也体现着不同的社会关系,发挥着不同的社会功能。

政治可以依靠国家权力发挥强制作用,道德凭借人的内心自觉和舆论的力量作用于人。用道德的视角考察政治,主张政治道德,将促进政治更加合乎正义和公平这类道德价值,能对人类社会的发展产生积极作用。但是，从政治的视角要求道德，用政治权力实施道德或者将政治要求扩展到道德范围内，就表现为道德政治化，极有可能给人类社会造成消极影响。道德的政治化事实上是用政治否定道德，造成外在的政治人格和内在的道德人格的彻底分离。① 从实践来看，政治理论水平与道德水准没有直接联系，也不是一个层次的要求。如果只是希望教师自觉拥护和遵守党的路线方针政策，用道德的方式来实施它，就削弱了这一政治规定本身的力量。政治规范的实施必须用政治权力作为保障，一旦教师背离了党的基本路线和方针政策，那么就要接受行政权力的干预，而不只是社会舆论的道德谴责。因此，"在教师职业道德规范中涉及政治规范，既不利于政治规范自身的执行，也无益于道德规范的整体实施"②。

（三）道德规范与技术规范

教育本身关乎价值，教师教学具有明显的示范作用，教师自身既是劳动主体，又是劳动工具。因此，教师在教学中应该运用恰当的技术，选择合适的方法，使用规范的语言，遵照科学的程序。但是，技术和语言本身是价值中立的，通常不直接具有道德含义，只是技术和语言的使用关乎道德价值。

目前，启发式教学和普通话等技术规范之所以被赋予教育价值含义，是因为整个社会推崇创造力和共同语言。启发式教学被认为比其他方法更能促进学生的创造力，普通话是我国大力推广的共同语言。但是，创造力和普通话只是特定区域、特定时期的部分社会目标，知识的传承、传统的守护、语言的多样性等同样具有社会价值。所以，在教育教学中，我们绝不可以认为，启发式教学在道德上就优于其他教学方法，普通话在道德上就优于某种方言。不能简单地根据教师是否运用了启发式教学、是否使用了普通话，或者是否使用了相应的教育技术手段，来考核教师的职业道德水准。"技术和语言的道德涵义来自于其与社会价值的吻合程度，来自于其与学习类型和内容的适切性，来自于教学情境需要的满足和教师自身特

---

① 参见马啸原《论政治的道德化和道德的政治化》，载《思想战线》1994年第3期，第8—13、45页。

② 冯婉桢：《教师职业道德规范的边界》，载《教师教育研究》2009年第1期，第18页。

点的表现。"① 把技术规范与道德规范等同或者在道德规范中提出技术要求是不合适的,这种做法在某种程度上剥夺了教师的教学自主权,是对教师教育活动的一种束缚。

第三节 教师职业道德规范的讨论

一、道德规范与行为准则

教师职业道德规范,包括对道德思想、道德情感、道德态度、道德行为等的指引与约束,而教师职业行为准则主要是对职业行为的指引与约束。从两者的关系上看,职业道德规范包含了职业行为准则,职业行为准则是职业道德规范的一部分,当然也是其中最重要的、显性的部分。

教师职业行为准则,是教育行政管理部门为加强教师管理而依法制定的教师职业行为方面的规范性要求,具有自上而下的权威性、强制性。既然是对职业行为的着力指引和强力约束,那么职业行为准则的实施方式也有了不同于道德规范的一些新特征。从实施的特点看,教师职业行为准则兼具道德的、行政的、法律的、契约的等多重性质。职业道德规范的实施主要靠自律,而职业行为准则的实施既要靠自律,更要有他律。自律机制是他律机制的基础,他律机制是自律机制的保障,教师职业行为准则需要教师自觉遵守来加以实施,同时也需要学校、教育行政部门和相关机构来保证实施。教师对职业行为准则的遵守一般属于自律机制,而学校、教育行政部门和相关机构为实施规范所采取的措施则属于他律机制。从保障规范有效实施的角度来看,他律机制应包括学校实施机制、教育行政实施机制、司法实施机制和其他实施机制等。

长期以来,我国的教师职业道德规范被质疑缺乏可操作性,不但让很多教师自身、学校管理人员乃至社会都难以对教师职业道德做出合理判断,甚至还在一定程度上增生了人们对师德现象的误解。为了使教师职业

---

① 杨吉荣:《教师职业道德研究现状及对策分析》,载《亚太教育》2016 年第 13 期,第 172 页。

道德更具有层次性，也使道德规范更具有操作性，教育部于2018年制定了《新时代高校教师职业行为十项准则》《新时代中小学教师职业行为十项准则》《新时代幼儿园教师职业行为十项准则》（统称准则），在发布准则的通知中，教育部指出"准则是教师职业行为的基本规范"，制定教师职业行为准则是为了"明确新时代教师职业规范，针对主要问题、突出问题划定基本底线"。① 与教师职业道德规范相比较，职业行为准则更为具体，更具操作性。

二、道德规范与法律法规

从本质上讲，道德与法律有同一性，都是调节人的社会关系的规范。就外在而言，道德与法律所关注的核心问题和评价标准不同。道德关注的核心问题是善和恶，而法律关注的核心问题是权利与义务。道德的基本价值判断是善的就是道德的，恶的就是不道德的，道德鼓励人向善，法律则要求人"不为恶"；法律规范往往是该社会成员必须遵守的最基本的价值准则。从这个意义上讲，法律规范是社会的价值底线，道德规范是社会的价值高标。因此，道德和法律有着不同的目的、作用方式和应用范畴。

法律是国家立法机关制定和实施的需要强制执行的行为准则；职业道德规范是由行业团体制定的、职业团体成员一致认同的、对职业活动提供正确指导的行为准则，它体现了职业共同体努力追求的理想，是依靠内在自觉和团体舆论来维护的。教师职业道德规范的道德属性，决定了它对教师职业操守提出的要求不能像《中华人民共和国教育法》《中华人民共和国教师法》《中华人民共和国义务教育法》《教师资格条例》等法律法规那样，仅仅规范教育者最基本的行为，而应该对教师提出更高的思想要求和更具体的行为准则，使之成为引领教师职业精神发展的航标和灯塔，成为促进教师育人实践和专业发展的行动指南。但是，与此同时，道德规范也应该是引导性的而不是强制性的，是广大教师认同并愿意积极践行的，是每一位教师经过努力都能够做到的。否则，无论那道德多么高尚和令人景仰，也无法转化为大多数教师的现实行为，终究会失去其引领教师职业精神发展的功效，失去它应有的美好价值和意义。

---

① 参见本书附录三"十项行为准则"。

由于制定主体、制定程序和制定技术等因素的影响，我们的教师职业道德规范与相关法律规范存在一些交叉重复与界限模糊的现象，这会直接影响规范本身制定的科学性与适宜性，间接影响教师对规范的认同与内化。① 本该由教师职业道德规范调整的内容被纳入教育法律法规，或本该由教育法律法规调整的内容却被纳入职业道德规范，都极为不妥。以职业道德标准评价教师的违规行为，教师应当承受的是社会舆论的谴责，严重的后果也无非是受到纪律处分。以法律标准评价教师的违法行为，教师需要承担的是不利的法律后果，可能是民事责任，也可能是行政、法律责任。但是，目前教师职业道德规范与法律规范的趋同，可能会造成同样一个行为既受到职业道德规范标准的评价，又受到法律规范标准的评价，这样就模糊了教师职业道德规范与法律规范在底线道德上的区别。

三、道德规范与道德理想

教师职业的特殊性决定了教师职业道德既要有理想性，又要有现实性；既要有引领性，又要有具体可操作性。② 教师职业道德理想是对教师职业行为的最高要求，指引着教师应该努力的目标与方向，比如为人师表、教书育人等。教师职业道德规范属于对教师职业道德的一般要求或者是教师个人必须达到的基本要求，应当规定得更明确具体、更具有操作性，直接影响与限定教师在课堂内外的表现和教学行为。道德理想是抽象的，道德规范则应该是具体的。

道德理想，是教师在对教育事业的不懈追求中所表现出来的崇高的敬业精神和无私的奉献精神；而道德规范，则是教师道德行为的一般要求，

---

① 参见孟俊红《论教师职业道德规范的边界》，载《河南教育学院学报（哲学社会科学版）》2010年第6期，第70—73页。

② 有学者提出借鉴美国的做法，把教师职业道德规范分为道德理想、道德原则、道德规则三个层次；也有学者提出，道德的三个层位为道德理想、道德基准和道德底线。参见王颖《国外教师职业道德规范建设概况及启示》，载《教学与管理》2009年第5期，第78—80页；黄向阳《德育的层次与重心》，载《思想理论教育》2008年第8期，第40—44页；徐万山《教师需要什么样的职业道德规范》，载《河南教育学院学报（哲学社会科学版）》2010年第6期，第68—70页；崔素芹《对我国〈中小学教师职业道德规范〉的思考及建议》，载《基础教育研究》2009年第12期，第9—10、13页；钱倩《我国师德规范文本存在的问题与建设路径——以〈中小学教师职业道德规范（2008年修订）〉为例》，载《教师教育论坛》2016年第2期，第59—61、65页。

是教师必须遵守的规定，具有操作性。这样的教师职业道德既有高度，又有可操作性，也给教师职业发展在道德层面以不同的境界。从职业发展看，教师的职业道德也有层次之分：有的教师处于职业生存的境界，有的教师处于专业发展的境界，有的教师处于事业追求的境界。就从业态度分层而言，有的教师处于敬业层次，有的教师处于勤业层次，有的教师处于乐业层次。就教师爱生分层而言，有的教师处于尊重层次，有的教师处于理解层次，有的教师处于关爱层次，有的教师处于严爱层次。①

《中小学教师职业道德规范（2008年修订）》在强调人民教师崇高的职业理想与追求的同时，也紧密结合教书育人的岗位工作实际，提出了更为具体的、针对性更强的行为规范，以充分发挥师德规范不同层次要求的不同功能作用。例如，为人师表是对教师提出的抽象的宏观要求，指引了教师应当努力的方向，也对为人师表做了更为具体的解释："坚守高尚情操，知荣明耻，严于律己，以身作则。衣着得体，语言规范，举止文明。关心集体，团结协作，尊重同事，尊重家长。作风正派，廉洁奉公。自觉抵制有偿家教，不利用职务之便谋取私利。"② 这是对教师更为具体的要求与规范，具有很强的指导性、规范性和可操作性。

教师职业道德不应该仅仅有空洞的师德理想，也应该包括具体的行为规范，可以直接制约教师个人的从教行为和教师群体的道德修养。如此，才能更加有效地引领教师的道德发展和专业成长，才能更好地建设与我国教育改革和发展需要相适应的教师队伍。

四、道德规范与专业伦理

有学者通过对中国、美国、新西兰、英国、加拿大（安大略省）五个国家的教师职业道德规范的对比研究，发现中国与其他四国在规范的名称上不同。我国称为"教师职业道德规范"，其他四国均强调教师的"专业伦理"，从专业的视角对教师职业提出了针对性较强的伦理规范，强调

---

① 参见孟俊红《论教师职业道德规范的边界》，载《河南教育学院学报（哲学社会科学版）》2010年第6期，第70—73页。
② 转引自张利洪主编《幼儿教育政策法规与职业道德》，西南师范大学出版社2018年版，第211页。

了教师作为一个专业人员，如何在教育教学实践中处理自身与学生、同事、专业及家长等各种伦理关系。① 中国香港也把相关规范表述为"教育专业守则"。伦理学的研究对象就是道德现象，所以职业道德与专业伦理有着相似的目的和意义。但对比"伦理"和"道德"概念在中西方语境中的含义，伦理更具有客观性和理性特征，适用于团体领域及专业语境，更强调理性规范；道德更具有主观性与人文特征，适合运用于非专业情景，更强调个人道德。

也正因此，有学者认为，我国对教师专业伦理的认识仍停留在一般意义上的行业道德规范层面，只是为教师的行为提供基本的一般性的德行要求，容易导致教师对道德规范的理解变得抽象、模糊，或随意解读道德规范，专业性不够。教师专业伦理，更强调从专业出发，讨论伦理规范的建立，而不再是一般道德在教育行业里的简单演绎与应用；所建立的伦理标准都有较为充足的专业和理论依据，也能够考虑到教师专业工作和专业发展的特点与实际。应该说，把教师的专业行为规范理解为专业伦理，实现由职业道德向专业伦理的转换，代表了教师行为准则的发展方向。

自20世纪50年代起，教师职业的专业化就已经成为世界教育领域所关注的重要问题。《中华人民共和国教师法》第一章第三条也指出："教师是履行教育教学职责的专业人员。"各国政府和教育研究人员都逐步认识到，推进教师专业化是改善教师社会地位和提高教育质量的关键策略。因此，有不少研究者建议，我国在教师职业道德规范的名称上，也应以"专业"代替"职业"，以"伦理"代替"道德"。将教师群体作为专业团体进行伦理考量，不仅是对我国新时代提高教师地位、促进教师专业化发展的回应，更是对从教师职业专业化的角度重建师德规范的期望，可以使道德规范更加凸显教师的自主性和专业性。

---

① 参见陈黎明《如何完善我国教师职业道德规范？——基于对五个国家教师职业道德规范的质性内容分析》，载《教育科学研究》2019年第2期，第74—81页。

第十章 教师职业道德规范

日本《教师伦理纲领》[①]

一、教师要肩负起日本社会的使命，与青少年一道生活

维护和平、赢得民族的完全独立、建立宪政民主社会是教师的使命。希望我们通过深刻自省，可以担当起这一使命。同时，要把青少年培养成为可以担当起这一使命的优秀人才。

二、教师要为教育机会均等而奋斗

由于所处的社会环境及经济条件差异，青少年的教育机会受到限制，尤其是对勤工俭学的青年及残疾儿童（盲、聋、肢体残疾儿童等）的教育被弃之不顾，宪法的条款最终成为一纸空文。教师为了维护教育机会均等的原则，必须努力推动社会采取有效措施。

三、教师要捍卫和平

和平是人类的共同理想。没有和平，也不可能实现日本的繁荣与民主。教师要认识到自己是人类大爱的倡导者、生活改造的指导者、尊重人权的先锋，必须勇敢地与战争发动者斗争到底。

四、教师要站在科学的真理立场之上

社会的进步建立在科学真理的基础之上。无视科学会使人性受到压抑。教师应当尊重人性，科学地探索自然与社会，与专家学者们通力合作，创造一个有助于青少年茁壮成长的良好环境。

五、教师不容许教育自由遭到侵犯

教育研究和教育活动屡次被不正当的外力所压制，虽然宪法保障言论、思想、学习、集会的自由，但实际上这些权利仍然是被限制、被压迫的。对教育自由的侵害不仅妨碍青少年的自由学习、自由活动，也会贻误民族的未来。因此，我们要坚决与侵犯自由的行为做斗争。

六、教师要追求正确的政治立场

迄今为止，教师虽然名义上是政治中立的，但是实际上都是为当权者服务的。战后，我们要团结起来，为了公正廉明的政治而战斗。为了追求能够满足全体国民愿望的政治，教师在做大量工作的同时，还要追求正确

[①] 转引自檀传宝主编《教师职业道德》，北京师范大学出版社2015年版，第207—209页。

的政治立场。这就要求我们教师今后要更加努力地战斗。

七、教师要同家长共同与社会颓废现象做斗争，创造新文化

如今各种颓废的社会现象包围着青少年。教师们要与家长通力合作，通过大规模的宣传，创造健康的新文化，保护青少年免受社会颓废现象的侵蚀。

八、教师是劳动者

教师是以学校为工作场所的劳动者。但是，部分想主宰教育的人一再强调教师是"效忠天皇的圣职者"，对于"我们是劳动者"的宣言找出各种反对的理由。劳动者推动社会进步。教师以自己是劳动者而自豪，为实现人类进步的理想而存在。

九、教师要维护生活权益

迄今为止，教师一直被教导要安于清贫，甚至连要求得到最低生活保障都很忌惮。但是，要做好教育，必须保障教育工作者的基本生活。要求正当的劳动报酬，既是教师的权利又是教师的义务。

十、教师要团结一致

教师要完成历史使命需要团结一致。组织和团结不断地赋予教师以勇气和力量。也只有通过组织和团结，教师的力量才能得到发挥。

在加强自身团结的同时，为了保护一些强权统治下的国民教育，我们不仅要和全世界的同仁团结一致，还要和所有劳动者联合起来。

参 考 文 献

[1] 布鲁克菲尔德. 大学教师的技巧：论课堂教学中的方法、信任和回应［M］. 周心红，洪宁，译. 杭州：浙江大学出版社，2005.
[2] 陈景磐. 中国近代教育史［M］. 2版. 北京：人民教育出版社，1983.
[3] 陈永明. 现代教师论［M］. 上海：上海教育出版社，1999.
[4] 杜威. 杜威教育论著选［M］. 赵祥麟，王承绪，编译. 上海：华东师范大学出版社，1981.
[5] 杜威. 民主主义与教育［M］. 王承绪，译. 北京：人民教育出版社，2001.
[6] 樊浩，田海平，等. 教育伦理［M］. 南京：南京大学出版社，2000.
[7] 费奥斯坦，费尔普斯. 教师新概念：教师教育理论与实践［M］. 王建平，等译. 北京：中国轻工业出版社，2002.
[8] 哈耶克. 自由秩序原理［M］. 邓正来，译. 北京：生活·读书·新知三联书店，1997.
[9] 韩东才，罗芝馨. 教师职业道德教程［M］. 广州：广东世界图书出版公司，2004.
[10] 贺来. 宽容意识［M］. 长春：吉林教育出版社，2001.
[11] 赫尔巴特. 普通教育学［M］. 李其龙，译. 北京：人民教育出版社，2015.
[12] 厉以贤. 现代教育原理［M］. 北京：北京师范大学出版社，1988.
[13] 联合国教科文组织. 反思教育：向"全球共同利益"的理念转变？［M］. 联合国教科文组织总部中文科，译. 北京：教育科学出版社，2017.
[14] 联合国教科文组织国际教育发展委员会. 学会生存：教育世界的今

天和明天［M］．华东师范大学比较教育研究所，译．北京：教育科学出版社，1996．

［15］联合国教科文组织．教育：财富蕴藏其中［M］．联合国教科文组织总部中文科，译．北京：教育科学出版社，2014．

［16］刘新科．国外教育发展史纲［M］．北京：中国社会科学出版社，2002．

［17］卢梭．爱弥儿：精华本［M］．王媛，编译．北京：中国妇女出版社，2015．

［18］卢梭．爱弥儿：论教育［M］．李平沤，译．北京：商务印书馆，2017．

［19］罗国杰，钱逊，陈瑛．中国传统道德：理论卷［M］．北京：中国人民大学出版社，1995．

［20］罗国杰，宋希仁．中国传统道德：规范卷［M］．北京：中国人民大学出版社，1995．

［21］罗国杰，唐凯麟，杨丙安．中国传统道德：德行卷［M］．北京：中国人民大学出版社，1995．

［22］罗国杰，许抗生．中国传统道德：教育修养卷［M］．北京：中国人民大学出版社，1995．

［23］罗国杰，朱贻庭，张锡勤．中国传统道德：名言卷［M］．北京：中国人民大学出版社，1995．

［24］洛克．教育漫话［M］．毕慧慧，编译．北京：北京出版社，2012．

［25］毛礼锐，瞿菊农，邵鹤亭．中国古代教育史［M］．2版．北京：人民教育出版社，1983．

［26］穆雷尔，迪茨，费曼－纳姆塞，等．中小学教师职业道德培训手册：师德的定义、养成与评估［M］．麦丽斯，译．北京：中国青年出版社，2016．

［27］裴斯泰洛齐．裴斯泰洛齐教育论著选［M］．夏之莲，等译．北京：人民教育出版社，2001．

［28］钱焕琦．教师职业道德［M］．上海：华东师范大学出版社，2016．

［29］石中英．教育哲学导论［M］．北京：北京师范大学出版社，2002．

［30］司继伟．青少年心理学［M］．北京：中国轻工业出版社，2010．

［31］斯宾塞．教育论：智育、德育和体育［M］．胡毅，译．北京：人

民教育出版社，1962.

[32] 苏霍姆林斯基. 教育的艺术［M］. 肖勇，译. 长沙：湖南教育出版社，1983.

[33] 孙义农. 小学生心理辅导［M］. 杭州：浙江大学出版社，2003.

[34] 塔布斯. 教师的哲学［M］. 王红艳，杨帆，沈文钦，等译. 济南：山东教育出版社，2014.

[35] 檀传宝. 教师职业道德［M］. 北京：北京师范大学出版社，2015.

[36] 陶行知. 中国教育改造［M］. 北京：人民出版社，2008.

[37] 王宏甲. 教育的良心［M］. 广州：广东教育出版社，2011.

[38] 王双宏，黄胜. 学前儿童发展心理学［M］. 成都：西南交通大学出版社，2018.

[39] 王卫东. 现代化进程中的教育价值观：西方之鉴与本土之路［M］. 北京：中国社会科学出版社，2002.

[40] 王正平. 教育伦理学［M］. 上海：上海人民出版社，1988.

[41] 小原国芳. 小原国芳教育论著选：上卷［M］. 由其民，刘剑乔，吴光威，译. 北京：人民教育出版社，1993.

[42] 肖周录，王永智，许光县，等. 诚信教育论［M］. 北京：中国社会科学出版社，2012.

[43] 薛俊楠，马璐. 学前儿童发展心理学［M］. 北京：北京理工大学出版社，2018.

[44] 杨雪. 小学教育中的宽容及其实践研究［D］. 西安：陕西师范大学，2017.

[45] 杨颖东. 失衡与反拨：我国学校教育价值取向的偏差反思和调整［D］. 上海：华东师范大学，2014.

[46] 张世英. 哲学导论［M］. 北京：北京大学出版社，2002.

[47] 朱旭东. 教师专业发展理论研究［M］. 北京：北京师范大学出版社，2011.

附录一 中小学教师职业道德规范

教育部 中国教科文卫体工会全国委员会关于重新修订和印发《中小学教师职业道德规范》的通知[①]

教师〔2008〕2号

各省、自治区、直辖市教育厅（教委）、教科文卫体（教育）工会，新疆生产建设兵团教育局、教育工会，有关部门（单位）教育司（局）：

为贯彻落实党的十七大精神和胡锦涛总书记"8·31"重要讲话精神，进一步加强教师队伍建设，全面提高中小学教师队伍的师德素质和专业水平，在广泛征求意见的基础上，对1997年国家教委和全国教育工会联合印发的《中小学教师职业道德规范》进行了修订，现予印发，并就学习宣传和贯彻实施工作提出如下要求：

一、充分认识新时期加强教师职业道德建设的重要意义

教师是人类灵魂的工程师，是青少年学生成长的引路人。教师的思想政治素质和职业道德水平直接关系到中小学德育工作状况和亿万青少年的

[①] 《教育部 中国教科文卫体工会全国委员会 关于重新修订和印发〈中小学教师职业道德规范〉的通知》（教师〔2008〕2号），中华人民共和国教育部网，见 http://www.moe.gov.cn/s78/A10/s7058/201410/t20141021_ 178929.html。

健康成长，关系到国家的前途命运和民族的未来。加强中小学教师职业道德建设，提高教师的师德素养，对于确保党的事业后继有人和社会主义事业兴旺发达，全面建设小康社会，构建社会主义和谐社会，实现中华民族伟大复兴，具有十分重要的意义。

长期以来，广大教师教书育人，敬业奉献，赢得了全社会的尊重，教师队伍中不断涌现出一批又一批可歌可泣的模范人物。在今年发生的四川汶川大地震中，震区广大教师奋不顾身地保护学生，表现了崇高的师德精神。在新形势下修订并重新印发《中小学教师职业道德规范》，对于激励和引导广大教师向全国教育系统的模范教师，特别是抗震救灾英模教师学习，树立崇高的职业理想，自觉规范思想行为和职业行为，做让人民满意的教师，具有重要的现实意义。

二、全面准确地理解《中小学教师职业道德规范（2008年修订）》的基本内容

《规范》的基本内容继承了我国的优秀师德传统，并充分反映了新形势下经济、社会和教育发展对中小学教师应有的道德品质和职业行为的基本要求。《规范》对教师的职业道德起指导作用，是调节教师与学生、教师与学校、教师与国家、教师与社会相互关系的基本行为准则。《规范》不是对教师的全部道德行为和教育教学工作的要求，不能取代学校的其他各项规章制度。《规范》的许多内容是《中华人民共和国教师法》相关条文的具体化，各地教育行政部门和学校在学习贯彻时应注意和教育法规的学习结合进行。

三、认真做好《中小学教师职业道德规范（2008年修订）》的学习宣传和贯彻实施工作

1. 各级教育行政部门、教育系统工会和中小学校要高度重视，并认真组织好《规范》的学习宣传。要通过开展主题学习、研讨会、座谈会等形式多样和扎实有效的教育活动，组织广大教师深入学习和贯彻《规范》，帮助广大教师全面了解新时期教师职业道德的基本要求，统一思想认识，规范职业行为，全面提高师德素养，营造良好的教书育人环境。学

校领导要言传身教,率先垂范。

2. 各级教育行政部门、教育系统工会和学校要把贯彻实施《规范》列入师德建设的重要议事日程,结合当地的实际情况,制订具体的实施办法和工作计划。要将学习《规范》的内容和要求列入教师的继续教育计划,把教师贯彻落实《规范》的情况列为教师岗位责任制的要求,定期考核检查。

各地学习贯彻《规范》的情况请及时报送教育部师范教育司。

附件:中小学教师职业道德规范(2008 年修订)

中华人民共和国教育部
二〇〇八年九月一日

附件　中小学教师职业道德规范(2008 年修订)

一、爱国守法。热爱祖国,热爱人民,拥护中国共产党领导,拥护社会主义。全面贯彻国家教育方针,自觉遵守教育法律法规,依法履行教师职责权利。不得有违背党和国家方针政策的言行。

二、爱岗敬业。忠诚于人民教育事业,志存高远,勤恳敬业,甘为人梯,乐于奉献。对工作高度负责,认真备课上课,认真批改作业,认真辅导学生。不得敷衍塞责。

三、关爱学生。关心爱护全体学生,尊重学生人格,平等公正对待学生。对学生严慈相济,做学生良师益友。保护学生安全,关心学生健康,维护学生权益。不讽刺、挖苦、歧视学生,不体罚或变相体罚学生。

四、教书育人。遵循教育规律,实施素质教育。循循善诱,诲人不倦,因材施教。培养学生良好品行,激发学生创新精神,促进学生全面发展。不以分数作为评价学生的唯一标准。

五、为人师表。坚守高尚情操,知荣明耻,严于律己,以身作则。衣着得体,语言规范,举止文明。关心集体,团结协作,尊重同事,尊重家长。作风正派,廉洁奉公。自觉抵制有偿家教,不利用职务之便谋取私利。

六、终身学习。崇尚科学精神,树立终身学习理念,拓宽知识视野,更新知识结构。潜心钻研业务,勇于探索创新,不断提高专业素养和教育教学水平。

附录二　高等学校教师职业道德规范

教育部　中国教科文卫体工会全国委员会
关于印发《高等学校教师职业道德规范》的通知[①]
教人〔2011〕11号

各省、自治区、直辖市教育厅（教委）、教科文卫体（教育）工会，新疆生产建设兵团教育局、教育工会，有关部门（单位）教育司（局），教育部直属各高等学校：

为贯彻落实党的十七届六中全会精神，全面提高高校师德水平，教育部、中国教科文卫体工会全国委员会研究制定了《高等学校教师职业道德规范》（以下简称《规范》），现印发给你们，请结合实际认真贯彻执行。

教育规划纲要明确提出，要加强教师职业理想和职业道德建设，增强广大教师教书育人的责任感和使命感。制定并实施《规范》，对于加强和改进高校师德建设，引导广大教师自觉践行社会主义核心价值体系，加强自身修养，弘扬高尚师德，提高高等教育质量具有重要现实意义；对于深入开展社会主义荣辱观教育，全面加强学校德育体系建设，提高全民族文明素质也具有广泛的社会意义。

长期以来，广大高校教师自觉贯彻党的教育方针，学为人师、行为世

[①]《教育部　中国教科文卫体工会全国委员会　关于印发〈高等学校教师职业道德规范〉的通知》（教人〔2011〕11号），中华人民共和国教育部网，见 http://old.moe.gov.cn/publicfiles/business/htmlfiles/moe/s5972/201201/129190.html。

范、默默耕耘、无私奉献,为我国教育事业发展和社会主义现代化建设做出了重要贡献,涌现出一大批优秀教师和先进模范人物,在他们身上集中体现了新时期人民教师的高尚师德,体现了教师职业的崇高和伟大,赢得了全社会广泛赞誉和普遍尊重。但也应该看到,在市场经济和开放的条件下,高校师德建设还存在一些亟待解决的突出问题。有的教师责任心不强,教书育人意识淡薄,缺乏爱心;有的学风浮躁,治学不够严谨,急功近利;有的要求不严,言行不够规范,不能为人师表;个别教师甚至师德失范、学术不端,严重损害人民教师的职业声誉。这些问题的存在,虽不是主流,但必须高度重视,采取切实措施加以解决。

《规范》是推动高校师德建设的指导性文件。当前和今后一段时期,要把学习贯彻《规范》作为加强高校师德建设的首要任务,与深入贯彻落实胡锦涛总书记在庆祝清华大学建校100周年大会上讲话精神结合起来,与深入贯彻落实教育规划纲要、全面提高高等教育质量的实践紧密结合起来,建立健全自律与他律并重的师德建设长效机制,引导广大教师切实肩负起"立德树人、教书育人"的光荣职责。

一要认真抓好《规范》学习宣传。各地各校要组织宣讲会、讨论会、座谈会等形式多样的学习活动,迅速掀起学习宣传、贯彻落实《规范》的热潮。充分利用报刊、电视、网络等各类媒体平台,大力宣传《规范》精神,努力营造重德养德的浓厚氛围。通过学习宣传活动,帮助广大教师全面理解《规范》的基本内容,准确把握《规范》倡导性要求和禁行性规定,使师德规范成为广大教师普遍认同和自觉践行的行为准则。

二要全面落实师德规范要求。各地各校要根据《规范》要求抓紧制订或修订本地本校的师德规范实施细则,进一步完善教育教学规范、学术研究规范、校外兼职兼薪规范等配套政策措施,将师德规范要求落实到教师日常管理之中。要大力营造尊师重教的良好环境,将教师权益保障与责任义务要求相结合,科学引导和规范教师言行。

三要切实加强师德教育。各地各校要将学习师德规范纳入教师培训计划,作为新教师岗前培训和教师在职培训的重要内容。积极探索典型宣传和警示教育相结合的有效形式,全面加强和改进师德教育。通过定期开展评选教书育人楷模和师德标兵等活动,大力宣传和表彰奖励优秀教师,激励广大教师自觉遵守师德规范,树立高校教师良好职业形象。

四要改进和完善师德考核。各地各校要将师德纳入教师考核评价体系,并作为教师绩效评价、聘任(聘用)和评优奖励的首要标准,严格执行"一票否决制"。完善师德考核办法,将《规范》作为师德考核的基本要求,结合教学科研日常管理和教师年度考核、聘期考核全面评价师德表现。建立健全师德考核档案。对师德表现突出的,要予以重点培养、表彰奖励;对师德表现不佳的,要及时劝诫、督促整改;对师德表现失范的,要依法依规严肃处理。

五要加强师德建设的组织领导。各地各校要紧密结合实际,制订本地本校贯彻实施《规范》的工作方案,提出落实的具体措施,精心实施,扎实推进,务求实效。要以实施《规范》为契机,及时总结交流好经验好做法,加快推进师德建设的改革创新。要紧密结合创先争优活动,充分发挥高校基层党组织的政治核心作用和广大党员教师的先锋模范作用,不断把师德建设工作引向深入。各地各高校学习宣传和贯彻落实《规范》情况要及时报送教育部和中国教科文卫体工会。

附件:高等学校教师职业道德规范

中华人民共和国教育部　中国教科文卫体工会全国委员会
二〇一一年十二月二十三日

附件　高等学校教师职业道德规范

一、爱国守法。热爱祖国,热爱人民,拥护中国共产党领导,拥护中国特色社会主义制度。遵守宪法和法律法规,贯彻党和国家教育方针,依法履行教师职责,维护社会稳定和校园和谐。不得有损害国家利益和不利于学生健康成长的言行。

二、敬业爱生。忠诚人民教育事业,树立崇高职业理想,以人才培养、科学研究、社会服务和文化传承创新为己任。恪尽职守,甘于奉献。终身学习,刻苦钻研。真心关爱学生,严格要求学生,公正对待学生,做学生良师益友。不得损害学生和学校的合法权益。

三、教书育人。坚持育人为本,立德树人。遵循教育规律,实施素质教育。注重学思结合,知行合一,因材施教,不断提高教育质量。严慈相济,教学相长,诲人不倦。尊重学生个性,促进学生全面发展。不拒绝学生的合理要求。不得从事影响教育教学工作的兼职。

四、严谨治学。弘扬科学精神,勇于探索,追求真理,修正错误,精

益求精。实事求是,发扬民主,团结合作,协同创新。秉持学术良知,恪守学术规范。尊重他人劳动和学术成果,维护学术自由和学术尊严。诚实守信,力戒浮躁。坚决抵制学术失范和学术不端行为。

五、服务社会。勇担社会责任,为国家富强、民族振兴和人类进步服务。传播优秀文化,普及科学知识。热心公益,服务大众。主动参与社会实践,自觉承担社会义务,积极提供专业服务。坚决反对滥用学术资源和学术影响。

六、为人师表。学为人师,行为世范。淡泊名利,志存高远。树立优良学风教风,以高尚师德、人格魅力和学识风范教育感染学生。模范遵守社会公德,维护社会正义,引领社会风尚。言行雅正,举止文明。自尊自律,清廉从教,以身作则。自觉抵制有损教师职业声誉的行为。

附录三 十项行为准则

教育部关于印发《新时代高校教师职业行为十项准则》《新时代中小学教师职业行为十项准则》《新时代幼儿园教师职业行为十项准则》的通知[①]

教师〔2018〕16号

各省、自治区、直辖市教育厅（教委），新疆生产建设兵团教育局，有关部门（单位）教育司（局），部属各高等学校、部省合建各高等学校：

为深入贯彻习近平新时代中国特色社会主义思想和党的十九大精神，深入贯彻落实全国教育大会精神，扎实推进《中共中央 国务院关于全面深化新时代教师队伍建设改革的意见》的实施，进一步加强师德师风建设，我部研究制定了《新时代高校教师职业行为十项准则》《新时代中小学教师职业行为十项准则》《新时代幼儿园教师职业行为十项准则》（以下统称准则）。现印发给你们，请结合实际，认真贯彻执行。

一、准则是教师职业行为的基本规范。师德师风是评价教师队伍素质的第一标准。长期以来，广大教师牢记使命、不忘初心，爱岗敬业、教书育人，改革创新、服务社会，作出了重大贡献，党和国家高度肯定，学

[①] 《教育部关于印发〈新时代高校教师职业行为十项准则〉〈新时代中小学教师职业行为十项准则〉〈新时代幼儿园教师职业行为十项准则〉的通知》（教师〔2018〕16号），中华人民共和国教育部网，见 http://www.moe.gov.cn/srcsite/A10/s7002/201811/t20181115_354921.html，有改动。

生、家长和社会普遍尊重。但是，也有个别教师放松自我要求，不能认真履职尽责，甚至出现严重违反师德行为，损害教师队伍整体形象。制定教师职业行为准则，明确新时代教师职业规范，针对主要问题、突出问题划定基本底线，是对广大教师的警示提醒和严管厚爱，是深化师德师风建设，造就政治素质过硬、业务能力精湛、育人水平高超的高素质教师队伍的关键之举。

二、立即部署扎实开展准则的学习贯彻。各地各校要立即行动，结合落实师德师风建设长效机制，开展准则的学习贯彻。要结合本地区、本学校实际进行细化，制定具体化的教师职业行为负面清单及失范行为处理办法，提高针对性、操作性。要做好宣传解读，坚持全覆盖、无死角，采取多种形式帮助广大教师全面理解和准确把握，做到人人应知应做、必知必做，真正把教书育人和自我修养结合起来，时刻自重、自省、自警、自励，自觉做以德立身、以德立学、以德施教、以德育德的楷模，维护教师职业形象，提振师道尊严。

三、把准则要求落实到教师管理具体工作中。要把好教师入口关，在教师招聘、引进时组织开展准则的宣讲，确保每位新入职教师知准则、守底线。要将准则要求体现在教师聘用、聘任合同中，明确有关责任。要强化考核，在教师年度考核、职称评聘、推优评先、表彰奖励等工作中必须进行师德考核，实行师德失范"一票否决"。改进师德考核方式方法，避免形式化、随意化。完善师德考核指标体系，提高科学性、实效性。

四、以有力措施坚决查处师德违规行为。各地各校要按照准则及相应的处理指导意见、处理办法要求，严格举报受理和违规查处。对于发生准则中禁止行为的，要态度坚决，一查到底，依法依规严肃惩处，绝不姑息。对于有虐待、猥亵、性骚扰等严重侵害学生行为的，一经查实，要撤销其所获荣誉、称号，追回相关奖金，依法依规撤销教师资格、解除教师职务、清除出教师队伍，同时还要录入全国教师管理信息系统，任何学校不得再聘任其从事教学、科研及管理等工作。涉嫌违法犯罪的要及时移送司法机关依法处理。要严格落实学校主体责任，建立师德建设责任追究机制，对师德违规行为监管不力、拒不处分、拖延处分或推诿隐瞒等失职失责问题，造成不良影响或严重后果的，要按照干部管理权限严肃追究责任。

各地贯彻落实准则的情况，请及时报告教育部。教育部将适时对落实

附录三 十项行为准则

情况进行督查。

教育部
二〇一八年十一月八日

附件1 新时代高校教师职业行为十项准则

教师是人类灵魂的工程师,是人类文明的传承者。长期以来,广大教师贯彻党的教育方针,教书育人,呕心沥血,默默奉献,为国家发展和民族振兴作出了重大贡献。新时代对广大教师落实立德树人根本任务提出新的更高要求,为进一步增强教师的责任感、使命感、荣誉感,规范职业行为,明确师德底线,引导广大教师努力成为有理想信念、有道德情操、有扎实学识、有仁爱之心的好老师,着力培养德智体美劳全面发展的社会主义建设者和接班人,特制定以下准则。

一、坚定政治方向。坚持以习近平新时代中国特色社会主义思想为指导,拥护中国共产党的领导,贯彻党的教育方针;不得在教育教学活动中及其他场合有损害党中央权威、违背党的路线方针政策的言行。

二、自觉爱国守法。忠于祖国,忠于人民,恪守宪法原则,遵守法律法规,依法履行教师职责;不得损害国家利益、社会公共利益,或违背社会公序良俗。

三、传播优秀文化。带头践行社会主义核心价值观,弘扬真善美,传递正能量;不得通过课堂、论坛、讲座、信息网络及其他渠道发表、转发错误观点,或编造散布虚假信息、不良信息。

四、潜心教书育人。落实立德树人根本任务,遵循教育规律和学生成长规律,因材施教,教学相长;不得违反教学纪律,敷衍教学,或擅自从事影响教育教学本职工作的兼职兼薪行为。

五、关心爱护学生。严慈相济,诲人不倦,真心关爱学生,严格要求学生,做学生良师益友;不得要求学生从事与教学、科研、社会服务无关的事宜。

六、坚持言行雅正。为人师表,以身作则,举止文明,作风正派,自重自爱;不得与学生发生任何不正当关系,严禁任何形式的猥亵、性骚扰行为。

七、遵守学术规范。严谨治学,力戒浮躁,潜心问道,勇于探索,坚守学术良知，反对学术不端；不得抄袭剽窃、篡改侵吞他人学术成果，或滥用学术资源和学术影响。

八、秉持公平诚信。坚持原则，处事公道，光明磊落，为人正直；不得在招生、考试、推优、保研、就业及绩效考核、岗位聘用、职称评聘、评优评奖等工作中徇私舞弊、弄虚作假。

九、坚守廉洁自律。严于律己，清廉从教；不得索要、收受学生及家长财物，不得参加由学生及家长付费的宴请、旅游、娱乐休闲等活动，或利用家长资源谋取私利。

十、积极奉献社会。履行社会责任，贡献聪明才智，树立正确义利观；不得假公济私，擅自利用学校名义或校名、校徽、专利、场所等资源谋取个人利益。

附件2　新时代中小学教师职业行为十项准则

教师是人类灵魂的工程师，是人类文明的传承者。长期以来，广大教师贯彻党的教育方针，教书育人，呕心沥血，默默奉献，为国家发展和民族振兴作出了重大贡献。新时代对广大教师落实立德树人根本任务提出新的更高要求，为进一步增强教师的责任感、使命感、荣誉感，规范职业行为，明确师德底线，引导广大教师努力成为有理想信念、有道德情操、有扎实学识、有仁爱之心的好老师，着力培养德智体美劳全面发展的社会主义建设者和接班人，特制定以下准则。

一、坚定政治方向。坚持以习近平新时代中国特色社会主义思想为指导，拥护中国共产党的领导，贯彻党的教育方针；不得在教育教学活动中及其他场合有损害党中央权威、违背党的路线方针政策的言行。

二、自觉爱国守法。忠于祖国，忠于人民，恪守宪法原则，遵守法律法规，依法履行教师职责；不得损害国家利益、社会公共利益，或违背社会公序良俗。

三、传播优秀文化。带头践行社会主义核心价值观，弘扬真善美，传递正能量；不得通过课堂、论坛、讲座、信息网络及其他渠道发表、转发错误观点，或编造散布虚假信息、不良信息。

四、潜心教书育人。落实立德树人根本任务，遵循教育规律和学生成长规律，因材施教，教学相长；不得违反教学纪律，敷衍教学，或擅自从事影响教育教学本职工作的兼职兼薪行为。

五、关心爱护学生。严慈相济，诲人不倦，真心关爱学生，严格要求学生，做学生良师益友；不得歧视、侮辱学生，严禁虐待、伤害学生。

六、加强安全防范。增强安全意识，加强安全教育，保护学生安全，防范事故风险；不得在教育教学活动中遇突发事件、面临危险时，不顾学生安危，擅离职守，自行逃离。

七、坚持言行雅正。为人师表，以身作则，举止文明，作风正派，自重自爱；不得与学生发生任何不正当关系，严禁任何形式的猥亵、性骚扰行为。

八、秉持公平诚信。坚持原则，处事公道，光明磊落，为人正直；不得在招生、考试、推优、保送及绩效考核、岗位聘用、职称评聘、评优评奖等工作中徇私舞弊、弄虚作假。

九、坚守廉洁自律。严于律己，清廉从教；不得索要、收受学生及家长财物或参加由学生及家长付费的宴请、旅游、娱乐休闲等活动，不得向学生推销图书报刊、教辅材料、社会保险或利用家长资源谋取私利。

十、规范从教行为。勤勉敬业，乐于奉献，自觉抵制不良风气；不得组织、参与有偿补课，或为校外培训机构和他人介绍生源、提供相关信息。

附件3　新时代幼儿园教师职业行为十项准则

教师是人类灵魂的工程师，是人类文明的传承者。长期以来，广大教师贯彻党的教育方针，教书育人，呕心沥血，默默奉献，为国家发展和民族振兴作出了重大贡献。新时代对广大教师落实立德树人根本任务提出新的更高要求，为进一步增强教师的责任感、使命感、荣誉感，规范职业行为，明确师德底线，引导广大教师努力成为有理想信念、有道德情操、有扎实学识、有仁爱之心的好老师，着力培养德智体美劳全面发展的社会主义建设者和接班人，特制定以下准则。

一、坚定政治方向。坚持以习近平新时代中国特色社会主义思想为指导，拥护中国共产党的领导，贯彻党的教育方针；不得在保教活动中及其他场合有损害党中央权威和违背党的路线方针政策的言行。

二、自觉爱国守法。忠于祖国，忠于人民，恪守宪法原则，遵守法律

法规，依法履行教师职责；不得损害国家利益、社会公共利益，或违背社会公序良俗。

三、传播优秀文化。带头践行社会主义核心价值观，弘扬真善美，传递正能量；不得通过保教活动、论坛、讲座、信息网络及其他渠道发表、转发错误观点，或编造散布虚假信息、不良信息。

四、潜心培幼育人。落实立德树人根本任务，爱岗敬业，细致耐心；不得在工作期间玩忽职守、消极怠工，或空岗、未经批准找人替班，不得利用职务之便兼职兼薪。

五、加强安全防范。增强安全意识，加强安全教育，保护幼儿安全，防范事故风险；不得在保教活动中遇突发事件、面临危险时，不顾幼儿安危，擅离职守，自行逃离。

六、关心爱护幼儿。呵护幼儿健康，保障快乐成长；不得体罚和变相体罚幼儿，不得歧视、侮辱幼儿，严禁猥亵、虐待、伤害幼儿。

七、遵循幼教规律。循序渐进，寓教于乐；不得采用学校教育方式提前教授小学内容，不得组织有碍幼儿身心健康的活动。

八、秉持公平诚信。坚持原则，处事公道，光明磊落，为人正直；不得在入园招生、绩效考核、岗位聘用、职称评聘、评优评奖等工作中徇私舞弊、弄虚作假。

九、坚守廉洁自律。严于律己，清廉从教；不得索要、收受幼儿家长财物或参加由家长付费的宴请、旅游、娱乐休闲等活动，不得推销幼儿读物、社会保险或利用家长资源谋取私利。

十、规范保教行为。尊重幼儿权益，抵制不良风气；不得组织幼儿参加以营利为目的的表演、竞赛等活动，或泄露幼儿与家长的信息。

附录四　中小学教师违反职业道德行为处理办法

教育部关于印发《中小学教师违反职业道德行为处理办法（2018年修订）》的通知[①]
教师〔2018〕18号

各省、自治区、直辖市教育厅（教委），新疆生产建设兵团教育局：

为深入贯彻习近平新时代中国特色社会主义思想和党的十九大精神，深入贯彻落实全国教育大会精神，扎实推进《中共中央　国务院关于全面深化新时代教师队伍建设改革的意见》的实施，进一步加强师德师风建设，我部对2014年印发的《中小学教师违反职业道德行为处理办法》进行了修订，现印发给你们，请遵照执行。

教育部
二〇一八年十一月八日

附件　中小学教师违反职业道德行为处理办法（2018年修订）

第一条　为规范教师职业行为，保障教师、学生的合法权益，根据《中华人民共和国教育法》《中华人民共和国未成年人保护法》《中华人民共和国教师法》《教师资格条例》和《新时代中小学教师职业行为十项准

[①] 《教育部关于印发〈中小学教师违反职业道德行为处理办法（2018年修订）〉的通知》（教师〔2018〕18号），中华人民共和国教育部网，见 http://www.moe.gov.cn/srcsite/A10/s7002/201811/t20181115_354924.html，有改动。

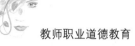

则》等法律法规和制度规范，制定本办法。

第二条　本办法所称中小学教师是指普通中小学、中等职业学校（含技工学校）、特殊教育机构、少年宫以及地方教研室、电化教育等机构的教师。

前款所称中小学教师包括民办学校教师。

第三条　本办法所称处理包括处分和其他处理。处分包括警告、记过、降低岗位等级或撤职、开除。警告期限为6个月，记过期限为12个月，降低岗位等级或撤职期限为24个月。是中共党员的，同时给予党纪处分。

其他处理包括给予批评教育、诫勉谈话、责令检查、通报批评，以及取消在评奖评优、职务晋升、职称评定、岗位聘用、工资晋级、申报人才计划等方面的资格。取消相关资格的处理执行期限不得少于24个月。

教师涉嫌违法犯罪的，及时移送司法机关依法处理。

第四条　应予处理的教师违反职业道德行为如下：

（一）在教育教学活动中及其他场合有损害党中央权威、违背党的路线方针政策的言行。

（二）损害国家利益、社会公共利益，或违背社会公序良俗。

（三）通过课堂、论坛、讲座、信息网络及其他渠道发表、转发错误观点，或编造散布虚假信息、不良信息。

（四）违反教学纪律，敷衍教学，或擅自从事影响教育教学本职工作的兼职兼薪行为。

（五）歧视、侮辱学生，虐待、伤害学生。

（六）在教育教学活动中遇突发事件、面临危险时，不顾学生安危，擅离职守，自行逃离。

（七）与学生发生不正当关系，有任何形式的猥亵、性骚扰行为。

（八）在招生、考试、推优、保送及绩效考核、岗位聘用、职称评聘、评优评奖等工作中徇私舞弊、弄虚作假。

（九）索要、收受学生及家长财物或参加由学生及家长付费的宴请、旅游、娱乐休闲等活动，向学生推销图书报刊、教辅材料、社会保险或利用家长资源谋取私利。

（十）组织、参与有偿补课，或为校外培训机构和他人介绍生源、提供相关信息。

(十一)其他违反职业道德的行为。

第五条 学校及学校主管教育部门发现教师存在违反第四条列举行为的,应当及时组织调查核实,视情节轻重给予相应处理。作出处理决定前,应当听取教师的陈述和申辩,听取学生、其他教师、家长委员会或者家长代表意见,并告知教师有要求举行听证的权利。对于拟给予降低岗位等级以上的处分,教师要求听证的,拟作出处理决定的部门应当组织听证。

第六条 给予教师处理,应当坚持公平公正、教育与惩处相结合的原则;应当与其违反职业道德行为的性质、情节、危害程度相适应;应当事实清楚、证据确凿、定性准确、处理恰当、程序合法、手续完备。

第七条 给予教师处理按照以下权限决定:

(一)警告和记过处分,公办学校教师由所在学校提出建议,学校主管教育部门决定。民办学校教师由所在学校决定,报主管教育部门备案。

(二)降低岗位等级或撤职处分,由教师所在学校提出建议,学校主管教育部门决定并报同级人事部门备案。

(三)开除处分,公办学校教师由所在学校提出建议,学校主管教育部门决定并报同级人事部门备案。民办学校教师或者未纳入人事编制管理的教师由所在学校决定并解除其聘任合同,报主管教育部门备案。

(四)给予批评教育、诫勉谈话、责令检查、通报批评,以及取消在评奖评优、职务晋升、职称评定、岗位聘用、工资晋级、申报人才计划等方面资格的其他处理,按照管理权限,由教师所在学校或主管部门视其情节轻重作出决定。

第八条 处理决定应当书面通知教师本人并载明认定的事实、理由、依据、期限及申诉途径等内容。

第九条 教师不服处理决定的,可以向学校主管教育部门申请复核。对复核结果不服的,可以向学校主管教育部门的上一级行政部门提出申诉。

对教师的处理,在期满后根据悔改表现予以延期或解除,处理决定和处理解除决定都应完整存入人事档案及教师管理信息系统。

第十条 教师受到处分的,符合《教师资格条例》第十九条规定的,由县级以上教育行政部门依法撤销其教师资格。

教师受处分期间暂缓教师资格定期注册。依据《中华人民共和国教师法》第十四条规定丧失教师资格的，不能重新取得教师资格。

教师受记过以上处分期间不能参加专业技术职务任职资格评审。

第十一条　教师被依法判处刑罚的，依据《事业单位工作人员处分暂行规定》给予降低岗位等级或者撤职以上处分。其中，被依法判处有期徒刑以上刑罚的，给予开除处分。教师受到剥夺政治权利或者故意犯罪受到有期徒刑以上刑事处罚的，丧失教师资格。

第十二条　学校及主管教育部门不履行或不正确履行师德师风建设管理职责，有下列情形的，上一级行政部门应当视情节轻重采取约谈、诫勉谈话、通报批评、纪律处分和组织处理等方式严肃追究主要负责人、分管负责人和直接责任人的责任：

（一）师德师风长效机制建设、日常教育督导不到位；

（二）师德失范问题排查发现不及时；

（三）对已发现的师德失范行为处置不力、方式不当或拒不处分、拖延处分、推诿隐瞒的；

（四）已作出的师德失范行为处理决定落实不到位，师德失范行为整改不彻底；

（五）多次出现师德失范问题或因师德失范行为引起不良社会影响；

（六）其他应当问责的失职失责情形。

第十三条　省级教育行政部门应当结合当地实际情况制定实施细则，并报国务院教育行政部门备案。

第十四条　本办法自发布之日起施行。

附录五　关于加强和改进新时代师德师风建设的意见

教育部等七部门印发《关于加强和改进新时代师德师风建设的意见》的通知[①]

教师〔2019〕10号

各省、自治区、直辖市教育厅（教委）、党委组织部、党委宣传部、发展改革委、财政厅（局）、人力资源社会保障厅（局）、文化和旅游厅（局），新疆生产建设兵团教育局、党委组织部、党委宣传部、发展改革委、财政局、人力资源社会保障局、文化体育广电和旅游局，有关部门（单位）教育司（局），部属各高等学校、部省合建各高等学校：

　　为深入贯彻落实习近平总书记关于教育的重要论述和全国教育大会精神，落实《新时代公民道德建设实施纲要》和《中共中央　国务院关于全面深化新时代教师队伍建设改革的意见》，加强和改进新时代师德师风建设，倡导全社会尊师重教，教育部、中央组织部、中央宣传部、国家发展改革委、财政部、人力资源社会保障部、文化和旅游部研究制定了《关于加强和改进新时代师德师风建设的意见》，现印发给你们，请结合实际认真贯彻执行。

教育部　中央组织部　中央宣传部
国家发展改革委　财政部
人力资源社会保障部　文化和旅游部
二〇一九年十一月十五日

---

① 《教育部等七部门印发〈关于加强和改进新时代师德师风建设的意见〉的通知》（教师〔2019〕10号），中华人民共和国教育部网，见 http://www.moe.gov.cn/srcsite/A10/s7002/201912/t20191213_411946.html，有改动。

附件　关于加强和改进新时代师德师风建设的意见

为认真贯彻落实《新时代公民道德建设实施纲要》，深入推进实施《中共中央　国务院关于全面深化新时代教师队伍建设改革的意见》，全面提升教师思想政治素质和职业道德水平，现就加强和改进新时代师德师风建设提出如下意见。

一、加强师德师风建设的总体要求

1. 指导思想。以习近平新时代中国特色社会主义思想为指导，深入学习贯彻习近平总书记关于教育的重要论述和全国教育大会精神，把立德树人的成效作为检验学校一切工作的根本标准，把师德师风作为评价教师队伍素质的第一标准，将社会主义核心价值观贯穿师德师风建设全过程，严格制度规定，强化日常教育督导，加大教师权益保护力度，倡导全社会尊师重教，激励广大教师努力成为"四有"好老师，着力培养德智体美劳全面发展的社会主义建设者和接班人。

2. 基本原则

——坚持正确方向。加强党对教育工作的全面领导，坚持社会主义办学方向，确保教师在落实立德树人根本任务中的主体作用得到全面发挥。

——坚持尊重规律。遵循教育规律、教师成长发展规律和师德师风建设规律，注重高位引领与底线要求结合、严管与厚爱并重，不断激发教师内生动力。

——坚持聚焦重点。围绕重点内容，针对突出问题，强化各地各部门的领导责任，压实学校主体责任，引导家庭、社会协同配合，推进师德师风建设工作制度化、常态化。

——坚持继承创新。传承中华优秀师道传统，全面总结改革开放特别是党的十八大以来师德师风建设经验，适应新时代变化，加强创新，推动师德师风建设工作不断深化。

3. 总体目标。经过5年左右努力，基本建立起完备的师德师风建设制度体系和有效的师德师风建设长效机制。教师思想政治素质和职业道德水平全面提升，教师敬业立学、崇德尚美呈现新风貌。教师权益保障体系基本建立，教师安心、热心、舒心、静心从教的良好环境基本形成，师道尊严进一步提振。全社会对教师职业认同度加深，教师政治地位、社会地位、职业地位显著提高，尊师重教蔚然成风。

二、全面加强教师队伍思想政治工作

4. 坚持思想铸魂，用习近平新时代中国特色社会主义思想武装教师头脑。健全教师理论学习制度，开展习近平新时代中国特色社会主义思想系统化、常态化学习，重点加强习近平总书记关于教育的重要论述的学习，使广大教师学懂弄通、入脑入心，自觉用"四个意识"导航，用"四个自信"强基，用"两个维护"铸魂。依托高水平高校建设一批教育基地，同时统筹党校（行政学院）资源，定期开展教师思想政治轮训，使广大教师更好掌握马克思主义立场观点方法，认清中国和世界发展大势，增进对中国特色社会主义的政治认同、思想认同、理论认同、情感认同。

5. 坚持价值导向，引导教师带头践行社会主义核心价值观。将社会主义核心价值观融入教育教学全过程，体现到学校管理及校园文化建设各环节，进一步凝聚起师生员工思想共识，使之成为共同价值追求。弘扬中华优秀传统文化、革命文化和社会主义先进文化，培育科技创新文化，充分发挥文化涵养师德师风功能。身教重于言教，引导教师开展社会实践，深入了解世情、党情、国情、社情、民情，强化教育强国、教育为民的责任担当。健全教师志愿服务制度，鼓励支持广大教师参加志愿服务活动，在服务社会的实践中厚植教育情怀。重视高层次人才、海外归国教师、青年教师的教育引导，增强工作针对性。

6. 坚持党建引领，充分发挥教师党支部和党员教师作用。建强教师党支部，使教师党支部成为涵养师德师风的重要平台。建好党员教师队伍，使党员教师成为践行高尚师德的中坚力量。重视在高层次人才和优秀青年教师中发展党员工作，完善学校领导干部联系教师入党积极分子等制度。开展好"三会一课"，健全党的组织生活各项制度，通过组织集中学习、定期开展主题党日活动、经常开展谈心谈话、组织党员教师与非党员教师结对联系等，充分发挥教师党支部的战斗堡垒作用和党员教师的先锋模范作用。涉及教师利益的重要事项、重点工作，应征求教师党支部意见。

三、大力提升教师职业道德素养

7. 突出课堂育德，在教育教学中提升师德素养。充分发挥课堂主渠道作用，引导广大教师守好讲台主阵地，将立德树人放在首要位置，融入

渗透到教育教学全过程，以心育心、以德育德、以人格育人格。把握学生身心发展规律，实现全员全过程全方位育人，增强育人的主动性、针对性、实效性，避免重教书轻育人倾向。加强对新入职教师、青年教师的指导，通过老带新等机制，发挥传帮带作用，使其尽快熟悉教育规律、掌握教育方法，在育人实践中锤炼高尚道德情操。将师德师风教育贯穿师范生培养及教师生涯全过程，师范生必须修学师德教育课程，在职教师培训中要确保每学年有师德师风专题教育。

8. 突出典型树德，持续开展优秀教师选树宣传。大力宣传新时代广大教师阳光美丽、爱岗敬业、甘于奉献、改革创新的新形象。深入挖掘优秀教师典型，综合运用授予荣誉、事迹报告、媒体宣传、创作文艺作品等手段，充分发挥典型引领示范和辐射带动作用。开展多层次的优秀教师选树宣传活动，形成校校有典型、榜样在身边、人人可学可做的局面。组织教师中的"时代楷模"、全国教书育人楷模、国家教学名师、最美教师等开展师德宣讲。鼓励各地各校采取实践反思、情景教学等形式，把一线优秀教师请进课堂，用真人真事诠释师德内涵。

9. 突出规则立德，强化教师的法治和纪律教育。以学习《中华人民共和国教师法》、新时代教师职业行为十项准则系列文件等为重点，提高全体教师的法治素养、规则意识，提升依法执教、规范执教能力。制订教师法治教育大纲，将法治教育纳入各级各类教师培训体系。强化纪律建设，全面梳理教师在课堂教学、关爱学生、师生关系、学术研究、社会活动等方面的纪律要求，依法依规健全规范体系，开展系统化、常态化宣传教育。加强警示教育，引导广大教师时刻自重、自省、自警、自励，坚守师德底线。

四、将师德师风建设要求贯穿教师管理全过程

10. 严格招聘引进，把好教师队伍入口。规范教师资格申请认定，完善教师招聘和引进制度，严格思想政治和师德考察，充分发挥党组织的领导和把关作用，建立科学完备的标准、程序，坚决避免教师招聘引进中的唯分数、唯文凭、唯职称、唯论文、唯帽子等倾向。鼓励有条件的地方和学校结合实际探索开展拟聘人员心理健康测评，作为聘用的重要参考。严格规范教师聘用，将思想政治和师德要求纳入教师聘用合同。加强试用期考察，全面评价聘用人员的思想政治和师德表现，对不合格人员取消聘用，及时解除聘用合同。高度重视从海外引进人才的全方位考察，提升人

才引进质量。

11. 严格考核评价，落实师德第一标准。将师德考核摆在教师考核的首要位置，坚持多主体多元评价，以事实为依据，定性与定量相结合，提高评价的科学性和实效性，全面客观评价教师的师德表现。发挥师德考核对教师行为的约束和提醒作用，及时将考核发现的问题向教师反馈，并采取针对性举措帮助教师提高认识、加强整改。强化师德考核结果的运用，师德考核不合格者年度考核应评定为不合格，并取消在教师职称评聘、推优评先、表彰奖励、科研和人才项目申请等方面的资格。

12. 严格师德督导，建立多元监督体系。完善多方广泛参与、客观公正科学合理的师德师风监督机制。加强政府督导，将各级各类学校师德师风建设长效机制落实情况作为对地方政府履行教育职责评价的重要测评内容，针对群众反映强烈的问题、师德师风问题多发的地方开展专项督导。加强学校监督，各级各类学校要在校园显著位置公示学校及教育主管部门举报电话、邮箱等信息，依法依规接受监督举报。强化社会监督，探索建立师德师风监督员制度，定期对学校师德师风建设情况进行监督评议，向教育主管部门反馈，将监督评议情况作为学校及领导班子年度考核的重要内容。

13. 严格违规惩处，治理师德突出问题。推动地方和高校落实新时代教师职业行为十项准则等文件规范，制定具体细化的教师职业行为负面清单。把群众反映强烈、社会影响恶劣的突出问题作为重点从严查处，针对高校教师性骚扰学生、学术不端以及中小学教师违规有偿补课、收受学生和家长礼品礼金等开展集中治理。一经查实，要依规依纪给予组织处理或处分，严重的依法撤销教师资格、清除出教师队伍。建立师德失范曝光平台，健全师德违规通报制度，起到警示震慑作用。建立并共享有关违法信息库，健全教师入职查询制度和有关违法犯罪人员从教限制制度。

五、着力营造全社会尊师重教氛围

14. 强化地位提升，激发教师工作热情。制定教育改革发展和教师队伍建设重大决策、重要文件充分听取教师代表意见。各地重要节庆日活动，邀请优秀教师代表参加。做好优秀教师表彰奖励，依法依规在作出重大贡献、享有崇高声誉的教师中开展"人民教育家"荣誉称号评选授予工作，健全教书育人楷模、模范教师、优秀教师等多元的教师荣誉表彰体系。完善表彰奖励及管理办法，依法依规确定荣誉获得者享受的政治、生活待遇，加强对荣誉获得者后续支持服务。

15. 强化权利保护，维护教师职业尊严。维护教师依法执教的职业权利，推动完善相关法律法规，明确教师教育管理学生的合法职权，研究出台教师惩戒权办法。学校和相关部门依法保障教师履行教育职责，对无过错但客观上发生学生意外伤害的，教师依法不承担责任。教师尊严不可侵害，对发生学生、家长及其亲属等因为教师履职行为而对教师进行侮辱、谩骂、肢体侵害，或者通过网络对教师进行诽谤、恶意炒作等行为，有关部门要高度重视，从严处理，构成违法犯罪的，依法追究相应责任。学校及教育部门应为教师维护合法权益提供必要的法律等方面支持。

16. 强化尊师教育，厚植校园师道文化。从幼儿园开始加强尊师教育，加快形成接续我国优秀传统、符合时代精神的尊师重教文化。推进尊师文化进教材、进课堂、进校园，通过尊师第一课、9月尊师主题月等形式，将尊师重教观念渗透进学生的价值体系。有条件的地方和学校可结合实际统筹有关资源，因地制宜安排一线教师特别是长期从教教师进行疗休养，重点向符合条件的班主任和乡村教师倾斜。做好教师荣休工作，礼敬退休教师，弘扬尊师风尚。建立健全教职工代表大会制度，保障教师参与学校决策的民主权利。加强家庭教育，健全家校联系制度，引导家长尊重学校教育安排，尊敬教师创造发挥，配合学校做好学生的学习教育。

17. 强化各方联动，营造尊师重教氛围。加强展现新时代教师风貌的影视文学作品创作，善用微博、微信、微视频、微电影等新媒体形式，传递教师正能量，让全社会广泛了解教师工作的重要性和特殊性。支持鼓励行业企业在向社会公众提供服务时"教师优先"。鼓励图书馆、博物馆、科技馆、体育场馆以及历史文化古迹和革命纪念馆（地）等对教师实行优待。鼓励社会团体、企业、民间组织对教师出资奖励，或通过依法成立基金、设立项目等方式，支持教师提升能力素质、进行疗休养或予以奖励激励。

六、推进师德师风建设任务落到实处

18. 加强工作保障，强化责任落实。各地各校要把加强师德师风建设、弘扬尊师重教传统作为教师队伍建设的首要任务，夯实学校主体责任，压实学校主要负责人第一责任人责任。高校要强化党委教师工作部建设，明确将教师思想政治和师德师风建设作为其主要职责。各地各校要建立健全责任落实机制，坚持失责必问、问责必严。财政部门要坚持将教师

附录五　关于加强和改进新时代师德师风建设的意见

队伍建设作为教育投入重点予以优先保障，按规定统筹现有资金渠道支持师德师风建设。依托现有资源，建设一批师德师风建设基地，加强工作支撑，提高师德师风建设工作的科学性、实效性。

后　记

　　教师职业道德并不仅限于本书中所涉及的内容。本书是编者在教学讲义的基础上，结合多年的师德教学经验和中小学教师实际工作中经常面对的问题与现象，概括出的若干常见论题。本书侧重于理论阐释，可作为师范生和教师培训教材使用，不过最好与案例教学和讨论课相配合。

　　本书为广东第二师范学院2019年度教材建设项目成果，并得到了2016年度广东省高校特色创新项目（教育科研类）的资金支持。本书前言、第一章、第二章、第三章、第六章、第十章由陈华编撰，第四章、第五章由张钰编撰，第七章由李泽民编撰，第八章由吕洪刚编撰，第九章由蔡英谦编撰。全书由陈华统改定稿，根据本书的编写体例设计，在统稿时不得不对编撰者提供的初稿进行一些删改。所以，若书中出现问题，应主要由陈华负责。

　　本书在编写过程中，借鉴和吸收了国内外学术界的有关研究成果，也参考了很多同类教材，在此一并致谢。对他人成果的借鉴和引用可能存在标注不准确、不完整的情况。如果有这种情况，请及时联系我们（chen-hua@gdei.edu.cn），我们将尽可能地弥补过失。

　　感谢中山大学出版社翁慧怡编辑的辛勤工作！她一丝不苟、精益求精的工作态度让我深受感动。

陈　华

2020年5月1日